应用型本科财务管理、会计学专业精品系列教材

基础会计

主 编　王 勇　刘砚华　崔 伟

副主编　张子学　冯素珍　柴林和

北京理工大学出版社

BEIJING INSTITUTE OF TECHNOLOGY PRESS

内 容 简 介

本书介绍了会计核算的基本理论和会计实务的基本操作技能。全书共九章，包括总论，会计要素、会计科目与账户，复式记账，借贷记账法的应用，会计凭证，会计账簿，财产清查，会计报表和会计核算组织程序。

本书既可以作为会计类专业的本科、专科教材，也可以作为经管人员学习、考试的参考用书。

版权专有　侵权必究

图书在版编目（CIP）数据

基础会计 / 王勇，刘砚华，崔伟主编. —北京：北京理工大学出版社，2021.1
（2021.2 重印）

ISBN 978-7-5682-9420-1

Ⅰ. ①基…　Ⅱ. ①王…　②刘…　③崔…　Ⅲ. ①会计学-高等学校-教材　Ⅳ. ①F230

中国版本图书馆 CIP 数据核字（2021）第 001710 号

出版发行 / 北京理工大学出版社有限责任公司		
社　　址 / 北京市海淀区中关村南大街 5 号		
邮　　编 / 100081		
电　　话 / （010）68914775（总编室）		
（010）82562903（教材售后服务热线）		
（010）68948351（其他图书服务热线）		
网　　址 / http：//www.bitpress.com.cn		
经　　销 / 全国各地新华书店		
印　　刷 / 三河市天利华印刷装订有限公司		
开　　本 / 787 毫米×1092 毫米　1/16		
印　　张 / 14.25	责任编辑 / 王晓莉
字　　数 / 335 千字	文案编辑 / 王晓莉
版　　次 / 2021 年 1 月第 1 版　2021 年 2 月第 2 次印刷	责任校对 / 周瑞红
定　　价 / 42.00 元	责任印制 / 李志强

图书出现印装质量问题，请拨打售后服务热线，本社负责调换

前　言

　　《基础会计》是高等院校会计专业和经济类专业的基础课教材，内容应新颖丰富。本书根据会计制度和企业会计准则的相关规定，同时吸收最新的会计理论、方法，全面、科学地阐述会计的基本理论和会计核算的基本方法。本书的主要特色体现在以下三个方面。

　　(1) 实用性强。简化教学示例，突出会计业务的账务处理，并配有大量实训题，让学生了解会计实践工作中可能遇到的实际问题及解决方法，注重培养学生用会计方法与手段去解决实际问题的能力。

　　(2) 系统全面。本书较为系统全面地介绍了会计核算的基础理论和基本核算方法，包括会计理论概述、会计对象和会计要素、会计科目和账户、复式记账、借贷记账法的应用、会计凭证、会计账簿、财产清查、会计报表和会计核算组织程序等，体系完整，内容精练。

　　(3) 内容新颖。把握会计学理论的新动态与发展方向，结合我国最新修订的会计准则，对各种会计方法和手段的解释兼顾稳定性与前瞻性。

　　本书由山东青年政治学院王勇、刘砚华、崔伟任主编，泰山职业技术学院张子学、山东青年政治学院冯素珍、济南广电传媒有限公司柴林和任副主编。具体编写分工如下：第一章由崔伟编写，第二章至第五章由王勇编写，第六章、第七章由刘砚华编写，第八章由冯素珍编写，第九章由张子学、柴林和编写。此外，山东青年政治学院卞坤、张莹负责练习题和教学课件的编写。全书审稿工作由山东青年政治学院白洁完成。

　　由于编者水平有限，书中疏漏与不妥之处在所难免，恳请读者批评指正。

编　者

2020 年 10 月

目 录

第一章

总 论

■/\ **学习目标** · · · ·

◆掌握会计的含义及职能，理解会计目标。

◆掌握会计基本假设、会计基础及会计信息质量要求。

◆了解会计核算方法。

■/\ **重点、难点** · · · ·

◆会计的含义。

◆会计基本假设、会计基础和会计信息质量要求。

第一节 会计概述

一、会计产生与发展

会计是随着社会生产的发展和经济管理的要求而产生、发展并不断完善的。会计作为一门学科，基于人类生产管理活动的需要而产生，并随着经济关系和经济管理活动的日趋复杂而不断发展与进步。人们通过长期的生产实践，逐渐认识到在进行生产时，有必要把生产活动过程记录下来，并对生产活动的数量进行计算、分析与比较，会计便应运而生。从原始社会人们单凭头脑记忆，运用"结绳记事""刻石记数"的简单方法，发展到今天具有科学理论和实践规范的现代会计，会计经历了漫长的历史过程。从世界范围来看，大致经历了以下几个阶段。

1. 古代会计阶段

考证发现，人类最早的会计思想和会计行为源于旧石器时代的中晚期，距今约 2 万～10 万年。最初的计量、记录方法只是简单刻记。比如，大约 4 000 年前，古巴比伦就开始在金属和瓦片上做商业交易的记录。古埃及、古印度和古希腊等国家，都有自己独特的单式簿记方法体系。在我国，"会计"二字最早出现于西周。据史料记载，我国古代为保护王朝财产、计算财政收支，委任专职官员从事会计工作，比如，西周时期的司书、司会等官吏。其中，司书负责记账，主要对财物收支进行登记；司会负责会计监管，掌管全国财物收支。早期会计管理比较简单，只对财物收支进行实物数量的记录和计算。随着社会生产的发展、生产规模的社会化以及商品货币经济的产生与发展，货币逐步成为衡量和计算一切商品的价值尺度，会计从实物计量发展到货币计量，专门的会计核算方法也就出现了。比如，我国唐宋时期形成了较为完善的会计核算方法——"四柱清册法"，通过"旧管（即期初结存）+新收（即本期收入）-开除（即本期支出）=实在（即期末结存）"的平衡式进行记账。明末清初的"龙门账"，运用"进-缴=存-该"的平衡公式计算盈亏。总之，这一时期的会计都采用单式记账法，账簿设置不完善，会计理论不成熟，会计方法不科学，属于会计发展史上的初始阶段。

2. 近代会计阶段

12—13 世纪，地中海沿岸国家的经济迅速发展，银行业随之发展并促进了银行记账方法的变革。借贷记账法开始从银行出现并逐渐普及。1494 年，意大利数学家卢卡·帕乔利的《算术、几何、比及比例概要》一书出版，其中最为著名的"簿记论"，系统地介绍了复式簿记，标志着近代会计的产生。

18 世纪 60 年代，在西欧开始的产业革命，使社会生产力大大提高，对经济管理工作的客观要求越来越高，会计就显得尤为重要。1890 年，大陆式会计理论奠基人雪尔的《簿记理论》，1900 年前后英国特许会计师弗朗西斯·威廉·皮克斯利的《会计学》和狄克西的《高级会计学》等著作，都标志着会计理论有了很大的发展。18 世纪末 19 世纪初，美国的生产组织和经营形式发生了重大变革，资本所有权和经营权相分离的适应社会化大生产的股份公司应运而生，发展于商业革命的意大利式簿记已经不能适应经济形势的需求。企业的会计信息要为各方面的信息使用者负责，这就要求企业所提供的会计报表必须经过执业会计师的检查，证明其公允可靠，才能作为报表使用者决策的依据。这样就产生了审核经营者履行职责、维护股东和债权人利益的代理人——独立职业会计师，进行查账和公证业务。1854 年，苏格兰的爱丁堡会计师公会的成立是近代会计发展史上的另一个里程碑。

进入 20 世纪，特别是第一次世界大战后，美国经济迅猛发展，世界的经济和科学技术、管理理论和会计理论中心从欧洲转移至美国。劳伦斯的《成本会计》和陀尔的《成本会计原理与实务》相继出版。会计理论研究的重点也从原来的商业变成工商业。第二次世界大战后，资本主义国家生产社会化程度大大提高，股份公司兴旺发达，跨国公司发展迅速，现代西方会计职能、作用、范围日趋扩大。20 世纪 30 年代以后，美国等西方国家先后拟定和颁布了会计准则，使会计核算工作更加规范化，会计的理论、方法达到了新的水平。

综上所述，近代会计发展阶段实现了一个基本的转变，即从单式簿记向复式簿记的转变。

3. 现代会计阶段

20世纪40年代，在新技术革命的推动下，现代市场经济迅速朝系统化、信息化与科学化方向发展。进入50年代，生产和管理科学迅猛发展，竞争更加激烈，随着电子技术、空间技术的发展，各学科相互渗透，为会计与电子计算机的结合和管理会计的形成奠定了基础。传统的财务会计已不能满足企业生存和发展的需要。企业内部管理要求科学化，就要加强事前与事中的预测、决策分析和事后的考核和评价，以适应竞争日趋激烈的市场。由此，以加强经营管理为核心职能的管理会计就诞生了。这是现代会计开端的重要标志。财务会计和管理会计是现代会计的两大分支。

20世纪六七十年代，随着电子计算机在会计数据处理中的应用，会计电算化出现，从而提高了会计信息的及时性和精确性。这是现代会计的另一个重要标志。

随着经济的发展，会计面临新的挑战和机遇，这为会计理论、方法和思想带来新的要求。会计发展的历史说明，会计是基于生产力的发展和经济管理的需要而产生的。经济越发展，会计越重要。

二、会计的含义与特征

1. 会计的含义

会计是以货币为主要计量单位，采用专门的程序和方法，对企业和行政事业单位的经济活动进行完整的、连续的、系统的核算和监督，以提供经济信息和反映受托责任履行情况为主要目的的经济管理活动。

关于会计的定义，会计理论界主要形成了两大观点：一是信息系统论，认为会计是为提高单位的经济效益、加强经营管理而建立的一个以提供财务信息为主的经济信息系统；二是管理活动论，认为会计的本质是一种经济管理活动，是企业管理的重要组成部分。尽管专家对会计的定义描述有所不同，但观点之间并不存在矛盾，只是侧重点有所不同。比如，信息系统论侧重于会计的结果，是一种时点性或者静态表述，说明现代会计就是为信息使用者提供财务信息；管理活动论侧重于会计的操作过程和内容，是一种时期性或者动态表述，说明在形成会计信息的过程中要采用适当的手段对经济活动进行核算和监督。因此，在理解会计的含义时，应当和当时的会计理论发展形势及提出相关观点的学者的研究角度相联系。

2. 会计的特征

从会计的产生和发展过程可以看出，与其他经济管理活动相比，会计具有以下几个特征。

（1）会计的本质是一种经济管理活动。

会计是社会生产发展到一定阶段的产物，是为适应生产发展和管理需要而产生的。会计的内容和形式也在不断地完善和变化，由单纯的记账、算账、主要办理账务业务、对外报送会计报表，发展为参与事前经营预测、决策，对经济活动进行事中控制、监督，开展事后分析、检查。在商品经济条件下，由于存在商品生产和商品交换，经济活动中的财产物资都是以价值形式表现的，会计就利用价值形式对财产物资进行管理。

（2）会计的对象是特定单位的经济活动。

会计对象，是会计核算和监督的内容，也就是特定单位的以货币表现的经济活动。由于企业、行政事业单位的经营活动内容和方式不同，经济活动各有特点，其会计的具体对象也不同。我们将在第二章详细阐述。

（3）会计以货币为主要的计量单位。

一个单位的经济活动千差万别，若不采用统一的计量单位，就无法进行综合与比较。要全面、系统、连续地反映一个单位的经济活动情况，客观上需要有一种统一的计量单位。常用的计量单位有劳动量度、实物量度和货币量度三大类。其中，货币是商品的一般等价物，是衡量商品价值的共同尺度。会计采用货币量度，能对一个单位经济活动的各个方面进行综合核算和监督。当然，会计在以货币为主要计量单位的同时，仍需以实物量度和劳动量度为辅助量度，这样才能向会计信息使用者提供所需的信息，以便于他们做出正确的决策。

（4）会计具有专门的程序和方法。

为了正确地反映单位的经济活动，会计在长期发展过程中形成了一系列科学且行之有效的会计方法。这些方法相互联系、相互配合，构成一个完整的体系。会计采用这些专门方法，遵循相关程序，对经济活动进行核算与监督，为经济管理提供必要的会计信息。

（5）会计信息具有完整性、连续性、系统性和综合性。

所谓完整性，是指对属于会计核算的所有经济活动都必须进行记录，不能遗漏，不能避重就轻或选择性地记录。所谓连续性，是指在会计核算中，对各种经济活动按发生的先后顺序进行不间断的记录。所谓系统性，是指在会计核算中，要按科学的方法对经济活动进行分类、汇总、加工处理，以生成经济管理所需的各项信息。所谓综合性，是指以货币为统一的计量单位，将大量分散的数据进行集中核算，从而获取反映经济活动的各项总括指标。

三、会计职能

会计职能是指会计在企业经济管理中所具有的功能，通俗地讲，就是人们在经济管理中用会计干什么。会计职能包括核算、监督、预测、决策、规划和业绩考评等。会计的基本职能是会计核算职能和会计监督职能。

1. 会计核算职能

会计核算职能也称会计反映职能，是指会计以货币为主要计量单位，对特定主体的经济活动进行确认、计量和报告。会计确认解决的是定性问题，以判断发生的经济活动是否属于会计核算的内容，归属于哪类性质的业务，是作为资产还是负债或其他会计要素等；会计计量解决的是定量问题，即在会计确认的基础上确定具体金额；会计报告是确认和计量的结果，即通过报告，将确认、计量和记录的结果进行归纳和整理，以财务报告的形式提供给财务信息使用者。会计核算职能是会计的首要职能，也是整个经济管理活动的基础，贯穿单位经济活动全过程。

2. 会计监督职能

会计监督职能又称会计控制职能，是指对特定主体经济活动和相关会计核算的真实性、合法性和合理性进行审查。会计监督包括事前监督、事中监督和事后监督，贯穿经济活动的全过程。会计监督具有以下基本特点。

（1）会计监督主要是利用各种价值指标进行货币监督。会计核算通过价值指标综合反映经济活动的过程和结果，会计监督也需借助这些价值指标。会计监督通过价值指标可以全面、及时、有效地控制各单位的经济活动。

（2）会计监督要对单位经济活动的全过程进行监督，包括事前监督、事中监督和事后监督。事前监督是在经济活动开始前进行的监督，即审查未来的经济活动是否符合有关法律、法规、规章和政策，是否符合市场经济规律的要求；事中监督是对正在发生的经济活动过程及取得的核算资料进行审查，并以此纠正经济活动中的偏差及失误，促使有关部门合理组织经济活动；事后监督是对已发生的经济活动及相应的核算资料进行审查、分析。

（3）会计监督的依据是国家现行政策、法律法规，会计监督应遵循合法性和合理性。

会计核算职能与会计监督职能是相辅相成的。只有对经济业务活动进行正确核算，才可能提供可靠资料作为监督的依据；同时，也只有搞好会计监督，保证经济业务按规定的要求进行，并且达到预期的目的，才能发挥会计核算的作用。会计核算是会计监督的基础，会计监督是会计核算的保证。

四、会计目标

会计目标，是要求会计工作完成的任务或达到的标准，即向财务报告使用者提供与企业财务状况、经营成果和现金流量等有关的会计信息，反映企业管理层受托责任履行情况，有助于财务报告的使用者做出经济决策。

财务报告外部使用者主要包括投资者、债权人、政府及其有关部门和社会公众等。满足投资者的信息需要是企业财务报告编制的首要出发点，企业编制财务报告、提供会计信息必须与投资者的决策密切相关。因此，财务报告提供的信息应当如实反映企业所拥有或者控制的经济资源，对经济资源的要求权，以及经济资源及其要求权的变化情况；如实反映企业的各项收入、费用和利润的金额及其变动情况；如实反映企业各项经营活动、投资活动和筹资活动等所形成的现金流入和现金流出情况等，从而有助于现在的或者潜在的投资者正确、合理地评价企业的资产质量、偿债能力、盈利能力和营运效率等，有助于投资者根据相关会计信息做出理性的投资决策，有助于投资者评估与投资有关的未来现金流量的金额、时间和风险等。除投资者以外，企业财务报告的外部使用者还有债权人、政府及其有关部门、社会公众等。由于投资者是企业资本的主要提供者，如果财务报告能够满足这一群体的会计信息需求，通常情况下也可以满足其他使用者的大部分信息需求。

第二节 会计基本假设、会计基础与会计信息质量要求

一、会计基本假设

会计基本假设也称会计基本前提，是对会计核算所处时间、空间环境等所做的合理假定，是企业会计确认、计量和报告的前提。会计基本假设包括会计主体、持续经营、会计分期和货币计量。

1. 会计主体

会计主体，是指会计工作服务的特定对象，是企业会计确认、计量和报告的空间范围。

会计主体假设明确了会计人员的立场和会计核算的空间范围。为了向财务报告使用者反映企业财务状况、经营成果和现金流量，提供与其决策有用的信息，会计核算和财务报告的编制应当集中于反映特定对象的活动，并将其与其他经济实体区别开来。在会计主体假设下，企业应当对其本身发生的交易或事项进行会计确认、计量和报告，反映企业本身所从事的各项生产经营活动和其他相关活动。

2. 持续经营

持续经营，是指在可以预见的将来，企业将会按当前的规模和状态继续经营下去，不会停业，也不会大规模削减业务。在持续经营假设下，会计确认、计量和报告应当以企业持续、正常的生产经营活动为前提。

持续经营假设明确了会计工作的时间范围，为企业会计核算程序和方法的稳定提供了保障。例如，在持续经营假设下，企业取得的固定资产可按历史成本计价，并将历史成本分摊到各个会计期间。如果企业不能持续经营下去，固定资产就不应采用历史成本进行记录并按期计提折旧。

当然，持续经营是根据企业发展的一般规律所做出的理论假定。实务中，企业存在破产、清算或被并购的风险，如果有客观证据表明企业不会持续经营下去，即应改变会计核算的方法。

3. 会计分期

会计分期，是指将一个企业持续经营的生产经营活动划分为一个个连续的、长短相同的期间。会计分期的目的，在于通过会计期间的划分，将持续经营的生产经营活动划分成连续、相等的期间，据以结算盈亏，按期编报财务报告，从而及时向财务报告使用者提供有关企业财务状况、经营成果和现金流量的信息。

会计分期明确规定了会计工作的具体时间范围。会计期间对会计政策的形成和选用有重要的影响。由于会计分期，收入和费用的收付期与归属期不一致，产生了权责发生制和收付实现制，产生了应收、应付等会计事项。会计期间分为年度和中期。以一年为一个会计期间

的称为会计年度。中期是指短于一个完整的会计年度的会计期间,包括半年度、季度和月度。我国的会计年度采用公历年度,即公历每年的 1 月 1 日至 12 月 31 日。

4. 货币计量

货币计量,是指会计主体在会计确认、计量和报告时以货币计量,反映会计主体的生产经营活动,并假定在不同时期货币本身的币值不变。

货币是商品的一般等价物,是衡量一般商品价值的共同尺度,具有价值尺度、流通手段、贮藏手段和支付手段等功能。选择"货币"这一共同尺度进行计量,能够全面、综合反映企业的生产经营情况。在会计核算中,日常登记账簿、编制财务报表的货币,也就是单位进行会计核算所使用的货币,称为记账本位币。会计准则规定,我国企事业单位会计核算以人民币为记账本位币。

会计核算的四项基本假设,具有相互依存、相互补充的关系。具体来说,会计主体确定了会计核算的空间范围,持续经营和会计分期确立了会计核算的时间长度,而货币计量则为会计核算提供了必要手段。没有会计主体,就不会有持续经营;没有持续经营,就不会有会计分期;没有货币计量,就不会有现代会计。

二、会计基础

会计基础,是指会计确认、计量和报告的基础,具体包括权责发生制和收付实现制。

1. 权责发生制

权责发生制,是指收入、费用的确认应当以收入和费用的实际发生而非实际收支作为确认的标准。根据权责发生制,凡是当期已经实现的收入和已经发生或者应当负担的费用,无论款项是否收付,都应当作为当期的收入和费用;相反,凡是不属于当期的收入和费用,即使款项已在当期收付,也不应当作为当期的收入和费用。

在实务中,企业交易或者事项的发生时间与相关货币收支时间有时并不完全一致。例如,款项已经收到,但销售并未实现而不能确认为本期的收入;或者款项已经支付,但与本期的生产经营活动无关而不能确认为本期的费用。为了真实、公允地反映特定时点的财务状况和特定期间的经营成果,企业应当以权责发生制为基础进行会计确认、计量和报告。

2. 收付实现制

收付实现制,是指以实际收到或支付现金作为确认收入和费用的标准。在收付实现制下,凡是本期已收到或付出现金,不论是否应归属于本期,都作为本期的收入和费用进行会计处理;相反,凡是本期没有收到或支付现金,就不作为本期的收入和费用处理。

权责发生制是持续经营和会计分期假设的产物,其目的在于合理地确定每一个会计期间的收入和费用,进而正确计量企业的损益,为会计信息使用者提供正确判断、评价和决策的信息。企业会计准则规定,企业应当以权责发生制为基础进行会计确认、计量、记录和报告。政府会计中的预算会计采用收付实现制,财务会计采用权责发生制。

三、会计信息质量要求

会计信息质量要求是对企业财务报告所提供的会计信息质量的基本要求，是使财务报告所提供会计信息对投资者等信息使用者决策有用应具备的基本特征，主要包括可靠性、相关性、可理解性、可比性、实质重于形式、重要性、谨慎性和及时性等。

1. 可靠性

可靠性要求企业应当以实际发生的交易或者事项为依据进行确认、计量和报告，如实反映符合确认和计量要求的会计要素及其他相关信息，保证会计信息真实可靠、内容完整。

可靠性是高质量会计信息的重要基础和关键。如果企业以虚假的交易或者事项进行确认、计量和报告，不仅会严重损害会计信息质量，而且会误导投资者，干扰资本市场，导致会计秩序、财经秩序混乱，属于违法行为。

2. 相关性

相关性要求企业提供的会计信息应当与投资者等财务报告使用者的经济决策需要相关，有助于投资者等财务报告使用者对企业过去、现在或未来的情况做出评价或者预测。

相关的会计信息应当有助于使用者评价企业过去的决策，证实或者修正过去的有关预测，因而具有反馈价值。相关的会计信息还应当具有预测价值，有助于使用者根据财务报告提供的会计信息预测企业未来的财务状况、经营成果和现金流量。

3. 可理解性

可理解性要求企业提供的会计信息应当清晰明了，便于投资者等财务报告使用者理解和使用。

企业编制财务报告、提供会计信息的目的在于使用，要想让使用者有效使用会计信息，就应当让其了解会计信息的内涵，弄懂会计信息的内容，这就要求财务报告提供的会计信息清晰明了、易于理解。只有这样，才能提高会计信息的有用性，实现财务报告的目标，满足向投资者等财务报告使用者提供决策有用信息的要求。

4. 可比性

可比性要求企业提供的会计信息应当相互可比，主要包括两层含义。

（1）同一企业不同时期可比。

为了便于财务报告使用者比较企业在不同时期的会计信息，同一企业不同时期发生的相同或相似的交易或者事项，应当采用一致的会计政策，不得随意变更。但是，如果按照规定或者在会计政策变更后能够提供更可靠、更相关的会计信息，企业可以变更会计政策。有关会计政策变更的情况，应当在报表附注中予以说明。

（2）不同企业相同会计期间可比。

不同企业同一会计期间发生的相同或者相似的交易或者事项，应当采用规定的会计政策，确保会计信息口径一致、相互可比，以使不同企业能够按照一致的确认、计量和报告要求提供有关会计信息。

5. 实质重于形式

实质重于形式要求企业应当按照交易或者事项的经济实质进行会计确认、计量和报告，而不仅仅以交易或者事项的法律形式为依据。

在实际工作中，企业发生的交易或者事项在多数情况下，其经济实质和法律形式是一致的，但在有些情况下，交易或者事项的外在法律形式并不总能完全反映其实质内容。例如，以融资租赁方式租入的资产，虽然从法律形式来讲，承租企业并不拥有其所有权，但是由于租赁合同规定的租赁期较长，往往接近于该资产的使用寿命，且租赁期结束时承租企业有优先购买该资产的权利，在租赁期内承租企业有权支配资产并从中受益，因此，从其经济实质来看，企业在会计确认、计量和报告时，就应当将以融资租赁方式租入的资产视为企业的资产，在企业的报表中进行反映。

6. 重要性

重要性要求企业提供的会计信息应当反映与企业财务状况、经营成果和现金流量有关的所有重要交易或者事项。

在实务中，如果某会计信息的省略或者错报会影响投资者等财务报告使用者据此做出的决策，该信息就具有重要性。重要性的应用需要依赖职业判断，企业应当根据其所处环境和实际情况，从项目的性质和金额大小两方面加以判断。例如，企业发生的某些支出，金额较小，从支出的受益期来看，可能需要在若干会计期间进行分摊，但根据重要性要求，可以一次性计入当期损益。

7. 谨慎性

谨慎性要求企业对交易或者事项进行会计确认、计量和报告时应当保持应有的谨慎，不应高估资产或者收益、低估负债或者费用。

在市场经济环境下，企业的生产经营活动面临许多风险和不确定性，由于会计信息质量的谨慎性要求，企业在面临不确定性因素的情况下做出职业判断时，应当保持应有的谨慎，充分估计各种风险和损失，既不高估资产或者收益，也不低估负债或者费用。例如，计提资产减值准备、对售出商品可能发生的保修义务确认预计负债等，就体现了会计信息质量的谨慎性要求。

8. 及时性

及时性要求企业对于已经发生的交易或者事项，应当及时进行确认、计量和报告，不得提前或延后。

在会计确认、计量和报告过程中贯彻及时性要求，一是要求及时收集会计信息，即在交易或者事项发生后，及时收集整理各种原始单据或者凭证；二是要求及时处理会计信息，即按照会计准则的规定，及时对交易或者事项进行确认或者计量，并编制财务报告；三是要求及时传递会计信息，即按照国家规定的有关时限，及时将编制的财务报告传递给财务报告使用者，便于其及时使用和决策。

第三节　会计核算方法

会计方法，是指用来核算和监督会计主体经济活动，实现会计目标所采用的手段，是从事会计工作所使用的各种技术方法。广义上说，会计方法包括会计核算方法、会计分析方法、会计检查方法、会计预测决策方法等；狭义上说，会计方法一般仅指会计核算方法。会计核算方法是指对某一个会计主体的经济活动进行连续、系统、全面、综合的核算和监督时所使用的专门方法，具体包括设置会计科目和账户、复式记账、填制和审核会计凭证、登记账簿、成本计算、财产清查和编制财务会计报告等内容。

一、设置会计科目和账户

设置会计科目和账户是对会计对象的具体内容进行分类核算和监督的一种专门方法。由于会计主体的经济活动内容复杂多样，要对其进行系统的核算和监督，就必须对经济业务进行科学的分类，设置会计科目和账户，以便分门别类地连续登记，据以获取多种不同性质、符合经营管理所需的信息和指标。

二、复式记账

复式记账是指对所发生的每项经济业务，都要以相等的金额，同时在两个或两个以上相互联系的账户中进行登记的一种记账方法。复式记账有明显的特点，它可以全面反映每一笔经济业务的来龙去脉及账户的对应关系，便于检查账簿记录的正确性和完整性。复式记账法是一种比较科学的记账方法。

三、填制和审核会计凭证

会计凭证是记录经济业务、明确经济责任的书面证明，是登记账簿的重要依据。经济业务是否发生、执行、完成，关键要看是否取得或填制了会计凭证。只有审核无误的会计凭证才能成为登记账簿的依据。因此，填制和审核凭证是核算和监督经济活动的基础，是做好会计核算工作的起点。

四、登记账簿

记录在会计凭证中的经济业务虽然起有据可查的作用，但是这些凭证非常多，而且比较分散，不能够提供有关企业总括的、分类的、序时的信息，因此需要会计人员对这些资料进行分类处理。登记账簿是以审核无误的会计凭证为依据，在账簿中分类、连续、完整地记录各项经济业务，以便为经济管理提供完整、系统的会计核算资料。

五、成本计算

成本计算是按照一定成本计算对象归集和分配生产经营过程中发生的各种费用，以便确定各种成本计算对象的总成本和单位成本的一种专门方法。正确地进行成本计算，可以考核企业生产经营过程中的费用支出，制定产品价格，确定企业盈亏，并为企业进行经营决策提供重要数据。

六、财产清查

财产清查是指通过盘点实物、核对账目，查明各项财产物资实有数额的一种专门方法。为了保证会计信息真实正确，必须定期或不定期地对各项财产物资、货币资金、债权债务等进行盘点和核对。通过财产清查，可以提高会计记录的正确性，保证账实相符；同时，还可以查明各项财产物资的保管和使用情况以及各项结算款项的执行情况，以便对积压或毁损的物资和逾期未收到的款项及时采取措施，加强对财产物资的管理。财产清查有助于企业摸清家底，核实资产，杜绝管理中的漏洞，提高管理水平。

七、编制财务会计报告

编制财务会计报告是指在账簿记录的基础上，以书面报告的形式，定期总括地反映单位的财务状况、经营成果和现金流量的一种专门方法。财务会计报告是指企业对外提供的反映企业在某一特定日期财务状况和某一会计期间的经营成果、现金流量等会计信息的文件，为信息使用者提供决策信息。

上述会计核算的各种方法相互联系、密切配合，构成了一个完整的方法体系。在会计核算中，必须正确运用这些会计核算方法。对于日常发生的各项经济业务，按照规定手续填制和审核会计凭证，并归入相应的会计科目和账户，应用复式记账法在有关账簿中进行登记；期末还要对生产经营过程中发生的各项费用进行成本计算和财产清查，在账证、账账、账实相符的基础上，根据账簿记录编制财务会计报告。

本章小结

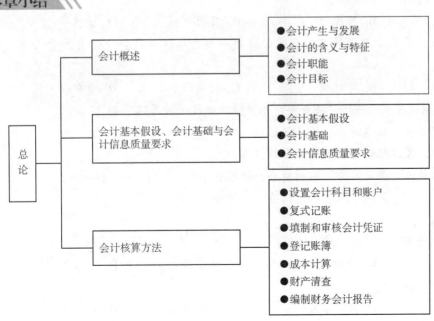

练习题

一、单项选择题

1. 会计的基本职能是（　　）。

    A. 记录和计算　　　　B. 考核和收支　　　　C. 核算和监督　　　　D. 分析和考核

2. 会计核算经济活动、提供会计信息以（　　）为主要计量单位。

    A. 货币量度　　　　　B. 实物量度　　　　　C. 劳动量度　　　　　D. 时间量度

3. 企业对固定资产采取加速折旧法，这一做法体现的会计信息质量要求是（　　）。

    A. 实质重于形式　　B. 重要性　　　　　　C. 谨慎性　　　　　　D. 可比性

4. 会计主体假设对会计工作范围从（　　）上进行了限定。

    A. 内容　　　　　　　B. 人员　　　　　　　C. 时间　　　　　　　D. 空间

5. 会计分期是从（　　）中引申出来的。

    A. 权责发生制　　　B. 会计目标　　　　　C. 持续经营　　　　　D. 会计主体

6. 在可预见的未来，会计主体不会破产清算，所持有的资产将正常营运，所负有的债务将正常偿还，这属于（　　）假设。

    A. 会计主体　　　　　B. 持续经营　　　　　C. 会计分期　　　　　D. 货币计量

7. 会计信息应当符合国家宏观经济管理的要求，满足有关各方了解企业财务状况、经营成果和现金流量的需要，满足企业加强内部经营管理的需要，这主要体现了会计信息质量的（　　）要求。

    A. 相关性　　　　　　B. 客观性　　　　　　C. 重要性　　　　　　D. 谨慎性

8. 某国有企业在8月份将存货计价的方法由先进先出法改为加权平均法，在当年的会计年报中没有说明变动理由及对当年财务状况和经营成果的影响，这一做法违背会计信息质量的（　　）要求。

    A. 可靠性　　　　　　B. 可比性　　　　　　C. 及时性　　　　　　D. 谨慎性

9. 在会计核算中，要求合理估计可能发生的费用和损失体现的是会计信息质量的（　　）要求。

    A. 谨慎性　　　　　　B. 可比性　　　　　　C. 相关性　　　　　　D. 重要性

10. 在一个会计期间发生的一切经济业务，都要依次经过的核算环节是（　　）。

    A. 设置会计科目、成本计算、复式记账

    B. 财产清查、复式记账、编制财务会计报告

    C. 填制审核凭证、登记账簿、编制财务会计报告

    D. 填制审核凭证、复式记账、编制财务会计报告

二、多项选择题

1. 会计信息使用者有（　　）。

    A. 股东　　　　　　　B. 债权人　　　　　　C. 供应商　　　　　　D. 政府管理部门

2. 现代会计的两大分支是（　　）。

    A. 财务会计　　　　　B. 成本会计　　　　　C. 管理会计　　　　　D. 税务会计

3. 会计核算的基本前提应包括（ ）。

 A. 持续经营   B. 会计主体   C. 会计分期   D. 货币计量

4. 根据权责发生制，应记入本期收入和费用的会计事项有（ ）。

 A. 本期实现的收入并已收款   B. 本期实现的收入尚未收款

 C. 属于本期的费用尚未支付   D. 属于以后各期的费用但已支付

5. 会计核算职能是指会计以货币为主要计量单位，通过（ ）等环节，对特定主体的经济活动进行记账、算账、报账。

 A. 确认   B. 记录   C. 计量   D. 报告

6. 会计期间可以分为（ ）。

 A. 月度   B. 季度   C. 年度   D. 半年度

7. 及时性的含义有（ ）。

 A. 及时传递会计信息，会计报表应在会计期间结束后按规定的日期报送有关部门

 B. 对已收集的会计信息及时进行加工处理

 C. 会计记录和会计报表清晰、简明、易懂

 D. 对发生的经济业务及时准确地收集

8. 以下关于会计职能的说法中，正确的是（ ）。

 A. 核算和监督是会计的基本职能

 B. 会计的核算和监督职能是相辅相成、不可分割的

 C. 核算职能是会计最基本的职能

 D. 会计的职能将逐渐地发展、扩大

9. 有关权责发生制，下列说法正确的有（ ）。

 A. 它是和收付实现制相对的一个概念

 B. 凡是当期已经实现的收入，不论款项是否收到，均应作为当期的收入处理

 C. 根据该原则，凡是有现金流出的支出均应作为当期的费用

 D. 该原则适用于所有单位

10. 根据收付实现制，应计入本期收入和费用的有（ ）。

 A. 本期实现的收益并已收款   B. 本期实现的收益但尚未收款

 C. 属于本期的费用但尚未支付   D. 属于以后期间的费用但已预付

三、判断题

1. 会计的基本职能是核算和监督，而核算职能是会计的首要职能。 （ ）

2. 会计的方法就是指会计核算的方法。 （ ）

3. 会计主体与法律主体是同一概念。 （ ）

4. 我国企业会计年度自公历 1 月 1 日起至 12 月 31 日止。 （ ）

5. 可比性解决的不仅是企业之间横向可比的问题，还包括同一企业纵向可比的问题。

                       （ ）

6. 在我国境内设立的企业，会计核算都必须以人民币作为记账本位币。 （ ）

7. 可比性要求在任何时候、任何情况下企事业单位都不可以变更会计处理方法。 （ ）

8. 谨慎性要求对某项经济业务有几种处理方法可供选择时，在合理选择的前提下，尽可能选择不虚增利润或夸大收益的处理方法。　　　　　　　　　　　　　　（　　）

9. 会计核算和会计监督是会计工作的两项重要内容，在实际工作中应该严格区分开来，单独进行。　　　　　　　　　　　　　　　　　　　　　　　　　　　　（　　）

10. 按照我国会计制度的规定，所有单位都应该以权责发生制为基础进行会计核算。（　　）

四、名词解释

1. 会计　　　2. 会计核算　　　3. 会计监督　　　4. 会计基本前提　　　5. 会计主体

6. 持续经营　　　7. 会计分期　　　8. 权责发生制　　　9. 谨慎性　　　10. 实质重于形式

五、简答题

1. 什么是会计基本假设？会计基本假设包括哪些？

2. 什么是会计信息质量要求？会计信息质量要求有哪些？

3. 会计核算方法有哪些？它们之间关系是什么？

六、实务题

1. 【目的】熟悉权责发生制与收付实现制的运用。

【资料】某企业20××年7月份发生经济业务如下。

（1）销售产品5 000元，货款存入银行。

（2）销售产品10 000元，货款尚未收到。

（3）支付7-12月份的租金3 000元。

（4）收到6月份赊销货款8 000元。

（5）收到购货单位预付款4 000元，约定下月15号交货。

（6）本月应付水电费400元，下月初缴纳。

【要求】根据资料，按权责发生制和收付实现制分别计算该企业7月份的收入和费用，并填入表1-1中。

表1-1　某企业20××年7月收入与费用

业务号	权责发生制		收付实现制	
	收入	费用	收入	费用
（1）				
（2）				
（3）				
（4）				
（5）				
（6）				

2. 【目的】熟悉企业会计核算和监督的内容。

【资料】某企业20××年8月份发生的经济活动如表1-2所示。

【要求】根据所学知识，判断上述活动哪些应纳入会计核算和监督的范畴，并将结果填写在表1-2中。

表1-2 某企业20××年8月份发生的经济活动

经济活动内容	属于	不属于
1. 人力资源部长报销差旅费1 200元		
2. 总经理与供货商会面，就第四季度材料购买签订意向书		
3. 支付电视台广告费10 000元		
4. 仓库将采购的原材料验收入库，总价值150 000元		
5. 董事会研究决定初步达成向A公司投资的意向		
6. 收到销售款32 000元存入银行		
7. 销售部门收到订货单，金额100 000元		
8. 供应部门签订一项购买合同，财务部门同时支付定金20 000元		

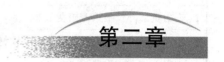

会计要素、会计科目与账户

学习目标

◆明确会计对象的含义。

◆掌握会计要素，了解会计计量属性，正确理解会计等式。

◆掌握会计科目、账户及其结构，了解会计科目和账户之间的关系。

重点、难点

◆会计六要素的含义、特征及内容。

第一节　会计对象

会计对象是会计核算和监督的内容，有一般对象和具体对象之分。会计的一般对象是社会再生产过程中的资金运动。资金运动是指能够以货币表现的经济活动。再生产过程是由生产、分配、交换和消费四个环节所构成的多种多样的经济活动过程，会计只能核算和监督其中能用货币表现的经济活动。由于企业、行政事业单位的经营活动内容和方式不同，资金运动各有特点，其会计的具体对象也不同。

一、工业企业的会计对象

工业企业的主要经济活动是生产、销售产品或提供劳务，从而创造利润。工业企业的资金运动按其运动程序可分为资金投入、资金周转、资金退出三个环节。

1. 资金投入

工业企业要进行生产经营，必须拥有一定的资金。这些资金的来源包括所有者投入的资金和债权人投入的资金两部分，前者属于企业所有者权益，后者属于企业债权人权益，即企业负债。

2. 资金周转

工业企业的生产经营过程包括供应、生产、销售三个阶段。在供应过程中，企业要购买材料物资，企业的资金由货币资金形态转化为储备资金形态。在生产过程中，劳动者借助于劳动手段将劳动对象加工成特定的产品，同时发生各种耗费，包括材料消耗、固定资产耗费、支付工资和其他费用等。企业的资金由储备资金形态转化为生产资金形态，进而再转化为成品资金形态。在销售过程中，企业将生产的产品销售出去，收回货币，这时企业的资金又由成品资金形态转化为货币资金形态。

工业企业的资金由货币资金开始，依次转化为储备资金、生产资金、成品资金，最后又回到货币资金的过程叫作资金循环。由于再生产过程不断地重复进行而引起资金的不断循环叫作资金周转。在周转的过程中，作为资金循环起点与终点的货币资金是不相等的，其差额形成利润或亏损。

3. 资金退出

当企业偿还债务、上缴税费、分配利润时，资金不再参与周转，而是退出了企业。

在生产经营活动中，资金的取得、周转和退出所引起的各种资金的增减变动，各项生产费用的支出和产品成本的形成，各项收入的取得和利润的分配等经济活动，构成了工业企业的会计对象。

二、商品流通企业的会计对象

商品流通企业的经营活动主要有商品的购进和销售两个过程。在商品购进过程中，以货币购买商品，货币资金转化为商品资金；在商品销售过程中，企业售出商品取得收入，商品资金又转化为货币资金，如此不断循环周转。在商品经营活动中，资金的取得、周转和退出所引起的资金运动构成了商品流通企业的会计对象。

三、行政、事业单位的会计对象

行政、事业单位不从事生产经营活动，是非营利性单位，其职责是完成国家赋予的工作任务。行政、事业单位资金主要是财政拨款，并按照批准的预算来支用，一般称为预算资金。预算资金支出属于非补偿性的，没有资金循环和周转过程，其资金运动主要是预算拨款和预算支出。预算资金的收入和支出构成了行政、事业单位的会计对象。

第二节 会计要素和会计等式

一、会计要素

会计要素是对会计对象进行的基本分类，是会计核算对象的具体化。我国企业会计准则将会计对象分为资产、负债、所有者权益、收入、费用和利润六个会计要素。其中，资产、负债、所有者权益反映企业某一时点的财务状况，是静态会计要素；收入、费用、利润反映企业在一定时期的经营成果，是动态会计要素。

1. 反映财务状况的会计要素

反映企业财务状况的会计要素是资产、负债和所有者权益，是资金运动的静态表现，是资产负债表的构成要素。

（1）资产。

资产是指企业过去的交易或者事项形成的，由企业拥有或者控制的，预期会给企业带来经济利益的资源。资产具有以下特征。

1）资产是由企业过去的交易或事项形成的。企业过去的交易或事项包括购买、生产、建造以及其他的交易或事项。预期在未来发生的交易或者事项不形成资产。资产必须是现实的资产，是由过去已经发生的交易或事项所产生的结果，而不能是预期的资产。例如，已经发生的购入原材料的交易会形成企业的资产，而计划中的原材料购买交易则不会形成企业的资产。

2）资产是由企业拥有或者控制的资源。所谓拥有，是指具有该项资源的法定所有权；所谓控制，是指不具有该项资源的所有权，但可以控制其使用并享有该项资源带来的经济利益，如融资租入固定资产。

3）资产预期会给企业带来经济利益。预期会给企业带来经济利益，是指直接或间接导致现金和现金等价物流入企业的潜力。不能给企业带来经济利益的项目，不作为资产确认。例如，一条在实物形态上仍存在但在技术上已被淘汰的生产线，因其已不能再生产产品，不能给企业带来经济利益，就不再确认为企业的资产。

一项资源是否作为企业的资产确认，除具有上述特征外，还必须同时满足两个条件：一是与该资源有关的经济利益很可能流入企业；二是该资源的成本或者价值能够可靠地计量。

企业资产按流动性可以分为流动资产和非流动资产。流动资产是指在一年内或者超过一年的一个营业周期内变现、出售或者耗用的资产，主要包括货币资金、交易性金融资产、应收及预付款项、存货等。非流动资产是指在一年以上或者超过一年的一个营业周期以上才能变现或者耗用的资产，如长期股权投资、固定资产、无形资产和长期待摊费用等。

（2）负债。

负债是指企业过去的交易或者事项形成的，预期会导致经济利益流出企业的现时义务。负债具有以下特征。

1）负债是由过去的交易或者事项形成的。只有过去的交易或者事项才形成负债，企业将在未来发生的承诺、签订的合同等交易或者事项，不形成负债。

2）负债是企业承担的现时义务。现时义务是指企业在现行条件下已承担的义务，与潜在义务相对应。未来发生的交易或者事项形成的义务，不属于现时义务，不应当确认为负债。

3）负债的清偿预期会导致经济利益流出企业。清偿负债导致经济利益流出企业的形式多种多样，如以货币资金偿还、以实物资产偿还、以提供劳务偿还以及将负债转为所有者权益等。

一项义务是否作为企业的负债确认，除具有上述特征外，还必须同时满足两个条件：一是与该义务有关的经济利益很可能流出企业；二是未来流出的经济利益的金额能够可靠地计量。

企业的负债按其流动性（偿还期的长短）可分为流动负债和非流动负债。流动负债是指将在一年内或者超过一年的一个营业周期内偿还的债务，包括短期借款、应付票据、应付账款、预收账款、应付职工薪酬、应交税费、应付利息、应付股利、其他应付款等。非流动负债是指偿还期在一年以上或者超过一年的一个营业周期以上的债务，包括长期借款、应付债券、长期应付款等。

（3）所有者权益。

所有者权益又称净资产，是指企业资产扣除负债后由所有者享有的剩余权益，其金额取决于资产和负债的计量。公司的所有者权益又称股东权益，具有以下特征。

1）所有者权益没有约定的偿付期。所有者权益不像负债那样有一定的偿还期，除非发生减资、清算，企业不需要偿还所有者，所以可供企业长期使用。

2）所有者权益是一种"剩余权益"。企业清算时，负债往往优先清偿，而只有在清偿所有的负债之后才返还给所有者。

3）所有者有权参与企业的收益分配和经营管理，但同时也承担企业的经营风险。债权人只有收回本金和利息的权利，无权参与企业的收益分配。

所有者权益的来源包括所有者投入的资本、其他综合收益和留存收益等，通常由实收资本（或股本）、资本公积、其他综合收益、盈余公积和未分配利润等构成。所有者投入的资本是指所有者投入企业的资本部分，它既包括构成企业注册资本和股本的金额，也包括投入资本超过注册资本和股本部分的金额，即资本溢价或股本溢价。留存收益是指企业从历年实现的利润中提取或形成的留存于企业的内部积累，包括盈余公积和未分配利润。

实收资本是指企业按照章程规定或合同、协议约定接受投资者投入企业的资本。

资本公积是指投资者出资额超出其在企业注册资本或股本中所占份额的部分，以及直接计入所有者权益的利得和损失等，主要包括资本溢价（或股本溢价）和其他资本公积等。利得是指由企业非日常活动所形成的、会导致所有者权益增加的、与所有者投入资本无关的经济利益的流入。如某些资产公允价值变动所形成的经济利益的流入，就是直接计入所有者权益的利得。损失是指由企业非日常活动所发生的、会导致所有者权益减少的、与向所有者分配利润无关的经济利益的流出。

其他综合收益是指企业根据会计准则规定未在当期损益中确认的各项利得和损失。

盈余公积是指企业按规定从净利润中提取的企业积累资金，包括法定盈余公积和任意盈余公积。

　　未分配利润是指经过弥补亏损、提取盈余公积和向投资者分配利润后的余额，它是企业留待以后年度进行分配的历年结存的利润。

　　2. 反映经营成果的会计要素

　　反映企业经营成果的会计要素是收入、费用和利润，是资金运动的动态表现，是利润表的构成要素。

　　（1）收入。

　　收入是指企业在日常活动中形成的、会导致所有者权益增加的、与所有者投入资本无关的经济利益的总流入。收入具有以下特征。

　　1）收入是从企业的日常活动中产生的，而不是从偶然的交易或事项产生的。如工业企业制造和销售产品、运输企业从事运输劳务，就属于日常活动。企业出售固定资产、无形资产的净收益，取得的罚款收入等，就不属于日常活动产生的收入，而是属于直接计入当期损益的利得。

　　2）收入会导致所有者权益的增加。收入无论是引起资产的增加，还是负债的减少，还是二者兼而有之，都会使所有者权益增加。

　　3）收入只包括本企业经济利益的总流入。经济利益总流入包括销售商品收入、提供劳务收入、让渡资产使用权取得收入等主营业务和其他业务收入，不包括为第三方或客户代收的款项。

　　4）收入与所有者投入资本无关。所有者投入资本形成的经济利益的总流入不构成收入，而应确认为所有者权益。

　　收入只有在经济利益很可能流入从而导致企业资产增加或者负债减少，且经济利益的流入额能够可靠计量时才能予以确认。收入按其在企业经营活动中的主次地位可分为主营业务收入和其他业务收入。主营业务收入是指企业的主要经营业务所取得的收入，如制造企业销售产品的收入、服务业提供服务的收入。其他业务收入是指企业除主营业务以外的其他经营业务所取得的收入，如制造业的材料销售、出租固定资产和包装物取得的收入等。

　　（2）费用。

　　费用是指企业在日常活动中发生的、会导致所有者权益减少的、与向所有者分配利润无关的经济利益的总流出。费用具有以下特征。

　　1）费用是企业在日常活动中发生的经济利益的流出，而不是在偶然的交易或事项中发生的。如企业出售固定资产、无形资产的净损失，违约罚款支出等，不属于费用范畴，而应直接计入当期损益。

　　2）费用能导致企业所有者权益的减少。费用可以表现为资产的减少，或负债的增加，或二者兼而有之，从而引起所有者权益的减少。

　　3）费用与向所有者分配利润无关。向所有者分配利润属于利润分配的内容，不构成企业的费用。

　　费用只有在经济利益很可能流出从而导致企业资产减少或者负债增加，且经济利益的流出额能够可靠计量时才能予以确认。费用按其经济用途可以分为计入产品成本的生产费用和不计入产品成本的期间费用。

生产费用按计入成本的方式不同又划分为直接费用和间接费用。直接费用是指直接因生产产品或提供劳务等发生的费用，包括直接材料、直接人工和其他直接费用。直接费用直接计入产品成本。间接费用是指制造费用，是企业各生产单位（分厂、车间）为组织和管理生产经营活动而发生的各项共同性费用，月末应当按一定标准分配计入产品成本。

期间费用是指不能计入产品成本，而在发生时直接计入当期损益的费用，包括管理费用、财务费用和销售费用。这些费用发生时，应在发生的会计期间直接计入当期损益。

（3）利润。

利润是指企业在一定会计期间的经营成果。利润包括收入减去费用后的净额、直接计入当期利润的利得和损失等。利润金额取决于收入和费用、直接计入当期利润的利得和损失金额的计量。直接计入当期利润的利得和损失是指营业外收入和营业外支出。

利润分为营业利润、利润总额和净利润三部分。

营业利润＝营业收入－营业成本－税金及附加－销售费用－管理费用－
财务费用－资产减值损失＋公允价值变动收益＋投资收益
利润总额＝营业利润＋营业外收入－营业外支出
净利润＝利润总额－所得税费用

二、会计计量属性

会计计量是指为了将符合确认条件的会计要素登记入账并列报于财务报表而确定其金额的过程。会计计量属性主要包括历史成本、重置成本、可变现净值、现值和公允价值。

1. 历史成本

历史成本又称实际成本，是指取得或制造某项财产物资时所支付的现金或现金等价物。在历史成本计量下，资产按照购置时支付的现金或者现金等价物的金额，或者按照购买资产时所付出的对价的公允价值计量；负债按照其因承担现时义务而实际收到的款项或者资产的金额，或者按照承担现时义务的合同金额，或者按照日常活动中为偿还负债预期需要支付的现金或者现金等价物的金额计量。

2. 重置成本

重置成本又称现行成本，是指按照当前市场条件，重新取得同样一项资产所需支付的现金或现金等价物金额。在重置成本计量下，资产按照现在购买相同或者相似资产所需支付的现金或者现金等价物的金额计量；负债按照现在偿付该项债务所需支付的现金或者现金等价物的金额计量。

3. 可变现净值

可变现净值是指在生产经营过程中，以预计售价减去进一步加工的成本和销售所必需的预计税金、费用的净值。在可变现净值计量下，资产按照其正常对外销售所能收到的现金或者现金等价物的金额扣减该资产至完工时估计将要发生的成本、估计的销售费用以及相关税费后的金额计量。

4. 现值

现值是指对未来现金流量以恰当的折现率进行折现后的价值，是考虑货币时间价值因素的一种计量属性。在现值计量下，资产按照预计从其持续使用和最终处置中所产生的未来净现金流入量的折现金额计量，负债按照预计期限内需要偿还的未来净现金流出量的折现金额计量。

5. 公允价值

公允价值是指资产和负债在公平交易中，熟悉情况的交易双方自愿进行资产交换或者债务清偿的金额。

三、会计等式

1. 会计等式的内容

会计等式又称会计方程式，是指表明各会计要素之间基本关系的数学表达式。

企业为了独立地开展生产经营活动，必须拥有一定数量的资金。企业的资金来源，包括向债权人借入和所有者直接投入两个方面。所有者和债权人对企业资产的要求权称为权益。其中，债权人的要求权称作债权人权益，也就是企业的负债；所有者的要求权称作所有者权益。

资产表明企业拥有或控制哪些资源，权益表明这些资源的来源渠道，以及提供者对这些资源的要求权。资产与权益实质上是同一事物的两个不同侧面，有一定数额的资产，必然有相应数额的权益；反之亦然。用公式表示为：

$$资产=权益$$

或 $$资产=负债+所有者权益 \qquad (2-1)$$

该等式反映了资产、负债和所有者权益之间的内在关系，是静态会计等式，是设置账户、复式记账、试算平衡和编制会计报表的理论依据。

此外，反映经营成果的公式为：

$$收入-费用=利润 \qquad (2-2)$$

收入的发生会导致资产的增加或负债的减少，从而引起所有者权益的增加；费用的发生会导致负债的增加或资产的减少，从而引起所有者权益的减少。企业处于生产经营过程时，式（2-1）和式（2-2）可合并为：

$$资产=负债+所有者权益+（收入-费用）$$

$$资产=负债+所有者权益+利润$$

或 $$资产+费用=负债+所有者权益+收入 \qquad (2-3)$$

这个扩展的会计等式，反映了六要素之间的关系，表明了企业在生产经营过程中的增值情况，所以只在会计期内而非期末存在。这个等式表明，利润在分配前是归企业的。企业期末按规定分配给投资者利润之后，余下的部分（留存收益）构成所有者权益的组成部分。因此，式（2-3）又恢复到：

$$资产 = 负债 + 所有者权益$$

由此可见，式（2-1）是会计的基本等式，又称会计恒等式，是静态等式。式（2-2）和式（2-3）虽不是基本会计等式，但式（2-2）是对基本会计等式的补充，是动态等式；式（2-3）是基本会计等式的扩展，它将财务状况要素（即资产、负债和所有者权益）和经营成果要素（即收入、费用和利润）进行有机结合，完整地反映了企业财务状况和经营成果的内在联系。

2. 经济业务对会计等式的影响

企业在生产经营过程中，会发生各种各样的经济业务，可归纳为以下四种类型、九种情况。

（1）资产内部一增一减，增减金额相等。

【例2-1】　用银行存款10 000元购买机器设备。

该项经济业务的发生，会引起"固定资产"和"银行存款"两个资产项目之间以相等的金额发生一增一减的变动，资产总额不变，更不会涉及权益项目。因此，资产与权益的总额仍然保持平衡的关系。

（2）权益内部一增一减，增减金额相等。

1）一项负债增加，另一项负债减少。

【例2-2】　向银行借入短期借款6 000元，直接用来偿还应付账款。

该项经济业务的发生，会引起"短期借款"和"应付账款"两个负债项目之间以相等的金额发生一增一减的变动，不会引起负债总额发生变动，更不会涉及资产和所有者权益项目。因此，资产与权益的总额仍然保持平衡关系。

2）一项负债增加，一项所有者权益减少。

【例2-3】　计算本期应交所得税5 000元。

该项经济业务的发生，一方面使负债项目中的"应交税费"增加5 000元，另一方面使"所得税费用"增加5 000元。所得税费用的发生会减少本期利润，引起所有者权益的减少。一项负债增加，另一项所有者权益减少，不会引起权益总额的变动，更不会涉及资产项目。因此，资产与权益的总额仍然保持平衡的关系。

3）一项负债减少，一项所有者权益增加。

【例2-4】　企业同意将前欠某公司90 000元的货款转为对企业的投资。

该项经济业务的发生，一方面使负债项目中的"应付账款"减少90 000元，另一方面引起所有者权益项目中的"实收资本"增加90 000元。一项负债减少，另一项所有者权益增加，不会引起权益总额的变动，更不会涉及资产项目。因此，资产与权益的总额仍然保持平衡的关系。

4）一项所有者权益增加，另一项所有者权益减少。

【例2-5】　按规定将盈余公积10 000元转增资本。

该项经济业务的发生，会引起"实收资本"和"盈余公积"两个所有者权益项目之间以相等的金额发生一增一减的变动，所有者权益总额不变，更不会涉及资产项目和负债项目。因此，资产与权益的总额仍然保持平衡关系。

（3）资产与权益同时增加，增加金额相等。

1）一项资产增加，一项负债增加。

【例2-6】 购进原材料6 000元，货款未付。

该项经济业务的发生，使资产项目中的"原材料"和负债项目中的"应付账款"同时增加6 000元，等式两边发生等额变动，资产与权益的总额仍然保持平衡关系。

2）一项资产增加，一项所有者权益增加。

【例2-7】 收到投资者的投资50 000元，存入银行。

该项经济业务的发生，使资产项目中的"银行存款"和所有者权益项目中的"实收资本"同时增加50 000元，等式两边发生等额变动，资产与权益的总额仍然保持平衡关系。

（4）资产与权益同时减少，减少金额相等。

1）一项资产减少，一项负债减少。

【例2-8】 用银行存款30 000元偿还短期借款。

该项经济业务的发生，使资产项目中的"银行存款"和负债项目中的"短期借款"同时减少30 000元，等式两边发生等额变动，资产与权益的总额仍然保持平衡关系。

2）一项资产减少，一项所有者权益减少。

【例2-9】 企业依法以银行存款退回A公司原投资额10 000元。

该项经济业务的发生，使资产项目中的"银行存款"和所有者权益项目中的"实收资本"同时减少10 000元，等式两边发生等额变动，资产与权益的总额仍然保持平衡关系。

上述四种类型、九种情况可用图2-1和表2-1表示。

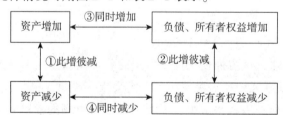

图2-1 经济业务的四种类型、九种情况

表2-1 经济业务的四种类型、九种情况

经济业务		资产	负债+所有者权益
（1）		增加、减少	
（2）	1）		增加、减少
	2）	增加	减少
	3）	减少	增加
	4）		增加、减少

续表

经济业务		资产	负债+所有者权益	
（3）	1）	增加	增加	
	2）	增加		增加
（4）	1）	减少	减少	
	2）	减少		减少

任何经济业务的发生都不会超出上述九种类型，因此都不会打破会计恒等式的平衡关系，资产和权益的金额永远相等。

第三节　会计科目和账户

一、会计科目的设置

1. 设置会计科目的意义

会计科目是指对会计要素的具体内容进行分类核算的项目。尽管会计对象已经分为六大会计要素，但由于企业发生的经济业务多种多样，必然引起会计要素的增减变动。即便是同一会计要素，其内部项目的性质和内容也往往不同，比如，"固定资产"和"原材料"都属于资产要素，但其经济内容、在生产中的作用和价值转移方式都不相同。为了全面、系统、分类地核算和监督各会计要素的增减变化，就有必要设置会计科目。会计科目就是对会计要素的具体内容进行分类的标志，每一个会计科目都应明确反映某一特定的经济内容。设置会计科目，为正确设置会计凭证、登记账簿和编制报表提供了依据。

2. 设置会计科目的原则

会计科目作为反映会计要素的构成及其变化情况，为投资者、债权人、企业经营管理者等提供会计信息的重要手段，在其设置过程中应努力做到科学、合理、适用。因此，会计科目在设置过程中应遵循下列原则。

（1）合法性原则。

合法性原则指所设置的会计科目应当符合国家统一的会计制度的规定。在我国，总分类科目原则上是由财政部统一制定的，主要是为了保证会计信息的可比性。对于国家统一会计制度规定的会计科目，企业可以根据自身的生产经营特点，在不影响会计核算要求以及对外提供统一的财务报表的前提下，自行增加、减少或者合并某些会计科目。

（2）相关性原则。

相关性原则指所设置的会计科目应当为有关各方所需要的会计信息服务，满足对外报告与对内管理的要求。这主要是为了提高会计核算所提供的会计信息的相关性，满足相关各方的信息需求。

（3）适用性原则。

适用性原则指所设置的会计科目应符合单位自身特点，满足单位实际需要。例如，对于制造企业，由于主要的经营活动是制造产品，因而需要设置反映生产耗费的科目，如"生产成本"，还需要设置反映生产成果的科目，如"库存商品"等；而对于商品流通企业而言，由于主要的生产经营活动是购进和销售产品，不进行产品生产，因此一般不需要设置"生产成本"科目，但需要设置反映商品采购、商品销售，以及在购、销、存等环节发生的各项费用的会计科目。

3. 会计科目表

部分常用会计科目如表2-2所示。

表2-2 部分常用会计科目

序号	编号	会计科目名称	序号	编号	会计科目名称	序号	编号	会计科目名称
一、资产类			28	1603	固定资产减值准备	四、所有者权益类		
1	1001	库存现金	29	1604	在建工程	54	4001	实收资本
2	1002	银行存款	30	1605	工程物资	55	4002	资本公积
3	1012	其他货币资金	31	1606	固定资产清理	56	4101	盈余公积
4	1101	交易性金融资产	32	1701	无形资产	57	4103	本年利润
5	1121	应收票据	33	1702	累计摊销	58	4104	利润分配
6	1122	应收账款	34	1703	无形资产减值准备	五、成本类		
7	1123	预付账款	35	1711	商誉	59	5001	生产成本
8	1131	应收股利	36	1801	长期待摊费用	60	5101	制造费用
9	1132	应收利息	37	1811	递延所得税资产	61	5201	劳务成本
10	1221	其他应收款	38	1901	待处理财产损溢	62	5301	研发支出
11	1231	坏账准备	二、负债类			六、损益类		
12	1401	材料采购	39	2001	短期借款	63	6001	主营业务收入
13	1402	在途物资	40	2101	交易性金融负债	64	6051	其他业务收入
14	1403	原材料	41	2201	应付票据	65	6101	公允价值变动损益
15	1404	材料成本差异	42	2202	应付账款	66	6111	投资收益
16	1405	库存商品	43	2203	预收账款	67	6301	营业外收入
17	1406	发出商品	44	2211	应付职工薪酬	68	6401	主营业务成本
18	1408	委托加工物资	45	2221	应交税费	69	6402	其他业务成本
19	1411	周转材料	46	2231	应付股利	70	6403	税金及附加
20	1471	存货跌价准备	47	2232	应付利息	71	6601	销售费用
21	1501	债权投资	48	2241	其他应付款	72	6602	管理费用
22	1503	其他债权投资	49	2501	长期借款	73	6603	财务费用
23	1511	长期股权投资	50	2502	应付债券	74	6701	资产减值损失
24	1521	投资性房地产	51	2701	长期应付款	75	6702	信用减值损失

续表

序号	编号	会计科目名称	序号	编号	会计科目名称	序号	编号	会计科目名称
25	1531	长期应收款	52	2801	预计负债	76	6711	营业外支出
26	1601	固定资产	53	2901	递延所得税负债	77	6801	所得税费用
27	1602	累计折旧	三、共同类（略）			78	6901	以前年度损益调整

二、会计科目的分类

1. 按经济内容分类

对会计科目按其经济内容进行分类是主要的、基本的分类方法。会计科目按其反映的经济内容，可以划分为资产类、负债类、共同类、所有者权益类、成本类和损益类六大类，具体内容如表2-2所示。

2. 按提供指标的详细程度分类

会计科目按提供指标的详细程度，可以分为总分类科目和明细分类科目。

（1）总分类科目。

总分类科目也称一级科目，或总账科目，是对会计要素具体内容进行总括分类的科目。它提供总括性资料，由财政部统一制定，如"库存现金""银行存款""库存商品""固定资产"等科目。

（2）明细分类科目。

明细分类科目也可称明细科目，是对总分类科目的进一步分类，提供较为详细的核算资料。在实际工作中，除少数总分类科目，如"累计折旧""本年利润"等无须设置明细分类科目外，大多数总分类科目要设置明细科目，如"应收账款""应付账款""原材料"等。明细科目又可分为二级明细科目和三级明细科目。二级明细科目是对总账科目的进一步分类，三级明细科目是对二级明细科目的分类。例如，在"原材料"总分类科目下，可按材料类别设置明细分类科目，如表2-3所示。

表2-3 "原材料"总分类科目按材料类别设置的明细分类科目

总分类科目（一级科目）	明细分类科目	
	二级科目	三级科目
原材料	原料及主要材料	钢铁
		生铁
		紫铜
	辅助材料	油漆
		防锈剂
	燃料	汽油
		原煤

三、账户

1. 设置账户的意义

账户是根据会计科目设置的,具有一定的格式和结构,用来分类反映会计要素增减变动情况和结果的一种工具。会计科目是对会计要素的具体内容进行的分类,但它不能反映经济业务所引起的会计要素的增减变动情况及其结果。为此,在设置会计科目以后,还必须根据所设置的会计科目开设具有一定结构、能够记录经济业务内容增减变动情况及其结果的账户。设置账户是会计核算的一种专门方法。

2. 账户的基本结构

由于经济业务的发生引起会计要素的变动不外乎是增加和减少两种情况,因此,账户相应地分为左右两方,一方用于登记增加额,另一方用于登记减少额。账户的名称加上登记增加额和减少额的两方及余额,就构成了账户的基本结构。为了教学方便,在教科书中经常用简化格式的 T 型账户来说明账户结构,如图 2-2 所示。

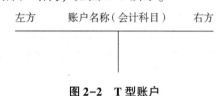

图 2-2　T 型账户

账户的左右两方按相反方向来记录增加额和减少额。如果在左方记录增加额,右方则记录减少额;在右方记录增加额,就应该在左方记录减少额。在具体的账户中,左右双方究竟哪一方记录增加金额,哪一方记录减少金额,其余额在哪一方,则取决于所采用的记账方法和账户本身的性质。账户的余额一般与记录的增加额在同一方向。在实际工作中,账户的格式因实际需要可设计成多种多样,但都应包含以下基本内容:①账户的名称;②日期;③凭证号数;④摘要;⑤增加额、减少额及余额。在借贷记账法下,我国会计实务中常用的三栏式账户基本格式如表 2-4 所示。

表 2-4　三栏式账户基本格式

账户名称（会计科目）

年		凭证号数	摘要	借方	贷方	借或贷	余额
月	日						

账户的左右两方按相反方向来记录增加额和减少额,增减数额相抵后的差额称为账户余额,余额分为期初余额和期末余额。账户内所登记的增加额、减少额统称为发生额。因此,账户中记录的金额就有期初余额、本期增加发生额、本期减少发生额和期末余额。这四项核

算指标之间的数量关系可用等式表示为：

$$期末余额 = 期初余额 + 本期增加发生额 - 本期减少发生额$$

3. 账户与会计科目的关系

会计科目与账户是两个既有联系又有区别的不同概念。它们的联系在于，会计科目是设置账户的依据，是账户的名称，账户是会计科目的具体运用；会计科目所反映的经济内容，就是账户所要登记的内容。它们的区别在于，会计科目只是对会计对象具体内容的分类，本身没有什么结构，账户则是各会计主体按照会计科目开设在账簿中的，具有一定的结构，具体反映资金运动状况的工具，因此，账户与会计科目相比，有着更为丰富的内容。

本章小结

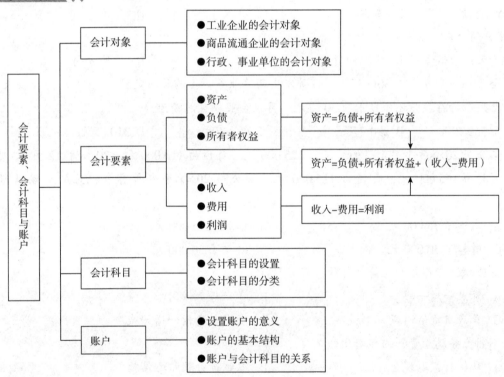

练习题

一、单项选择题

1. 下列属于资产的是（   ）。

    A. 应付账款   B. 预付账款   C. 预收账款   D. 实收资本

2. 下列属于负债的是（   ）。

    A. 应收账款   B. 存货   C. 应付职工薪酬   D. 主营业务收入

3. 下列资产流动性最强的是（   ）。

    A. 货币资金   B. 固定资产   C. 长期股权投资   D. 无形资产

4. 下列不属于流动负债的是 (　　)。

    A. 短期借款　　　B. 应交税费　　　　C. 应付票据　　　　D. 盈余公积

5. 下列属于所有者权益类会计科目的是 (　　)。

    A. 制造费用　　　B. 本年利润　　　　C. 所得税费用　　　D. 短期借款

6. 下列各项中，不属于反映企业一定期间经营成果的要素的是 (　　)。

    A. 所有者权益　　B. 收入　　　　　　C. 利润　　　　　　D. 费用

7. 对会计要素具体内容进行再分类称为 (　　)。

    A. 会计项目　　　B. 会计科目　　　　C. 会计账户　　　　D. 会计对象

8. (　　) 是指企业在日常活动中发生的、会导致所有者权益减少的、与向所有者分配利润无关的经济利益的总流出。

    A. 负债　　　　　B. 支出　　　　　　C. 收入　　　　　　D. 费用

9. 账户的余额一般与记录的增加额在 (　　)。

    A. 账户的借方　　B. 账户的贷方　　　C. 同一方向　　　　D. 相反方向

10. 企业月初总资产为 300 万元，当月发生两笔业务：①购买固定资产 20 万元，价款未付；②用银行存款归还短期借款 30 万元。月末企业权益总额为 (　　)。

    A. 350 万元　　　B. 290 万元　　　　C. 250 万元　　　　D. 310 万元

11. 某公司 20×× 年 1 月 1 日的资产为 125 000 元，负债为 110 000 元，20×× 年 12 月 31 日的资产为 145 000 元，负债为 115 000 元。该公司 20×× 年内所有者权益的变动总额是 (　　)。

    A. 减少了 15 000 元　　　　　　B. 增加了 15 000 元

    C. 增加了 30 000 元　　　　　　D. 减少了 30 000 元

12. 企业以银行存款归还前欠货款，将引起 (　　)。

    A. 资产一增一减　　　　　　　　B. 资产与负债同增

    C. 资产与负债同减　　　　　　　D. 资产与负债一增一减

13. 下列业务属于资产内部变化的是 (　　)。

    A. 从银行提取现金　　　　　　　B. 以银行存款归还借款

    C. 将销售收入存入银行　　　　　D. 购买材料，货款未付

14. 下列业务属于权益内部变化的是 (　　)。

    A. 收到投资 50 000 元存入银行

    B. 收回前欠货款 10 000 元存入银行

    C. 生产领料 5 000 元

    D. 向银行借入短期借款 80 000 元直接偿还应付账款

15. 有关会计科目与账户，说法正确的是 (　　)。

    A. 两者的经济内容不同　　　　　B. 账户有结构而会计科目没有

    C. 会计科目是根据账户设置的　　D. 两者都能反映会计要素的增减变动

二、多项选择题

1. 下列属于资产要素特点的有（   ）。

   A. 必须是有形的经济资源
   B. 是企业拥有或控制的
   C. 预期会给企业带来经济利益
   D. 是过去的交易或事项形成的

2. 费用的发生可能引起（   ）。

   A. 资产减少或负债增加
   B. 资产减少或所有者权益增加
   C. 负债增加或所有者权益减少
   D. 利润减少，费用增加

3. 下列各项中属于会计科目的有（   ）。

   A. 流动资产   B. 固定资产   C. 应付股利   D. 在产品

4. 以资产和权益之间的平衡关系作为理论依据的会计方法有（   ）。

   A. 设置账户   B. 复式记账   C. 试算平衡   D. 编制会计报表

5. 会计科目是（   ）。

   A. 对会计要素进行分类核算的项目
   B. 进行复式记账的依据
   C. 账户的名称
   D. 设置账户的依据

6. 会计要素（   ）。

   A. 是对会计对象进行的基本分类
   B. 是构成会计报表的基本框架
   C. 分静态要素和动态要素
   D. 是设置会计科目的基本依据

7. 账户的结构一般应包括（   ）。

   A. 账户名称   B. 日期和凭证号码   C. 摘要   D. 发生额及余额

8. 引起资产内部一增一减的经济业务有（   ）。

   A. 暂付职工差旅费
   B. 以银行存款购买材料
   C. 预提短期借款利息
   D. 以现金购买办公用品

9. 下面哪些经济业务的发生会影响资产总额的变动（   ）。

   A. 购进材料，价款 4 000 元尚未支付
   B. 收到某公司前欠货款 50 000 元，存入银行
   C. 以银行存款支付应付款 5 000 元
   D. 将债务 80 000 元转为资本

10. 下列经济业务中属于资产和权益同时减少的有（   ）。

    A. 用银行存款归还短期借款
    B. 以现金支付职工工资
    C. 收到投资款，存入银行
    D. 销售产品，货款尚未收到

11. 下列经济业务中，不会引起会计等式两边同时发生增减变动的有（   ）。

    A. 将资本公积转增资本
    B. 购进材料未付款
    C. 从银行提取现金
    D. 从银行借款，存入银行

12. 会计科目与账户之间的关系是（   ）。

    A. 会计科目是会计账户的名称

  B. 会计科目就是会计账户

  C. 账户按照会计科目所做的分类来记录经济业务

  D. 账户和会计科目都是对会计对象具体内容的科学分类

13. 下列属于成本类科目的有 (　　)。

  A. 制造费用   B. 主营业务成本   C. 其他业务成本   D. 生产成本

14. 会计账户按提供核算指标的详细程度不同，一般分为 (　　)。

  A. 资产、负债和所有者权益类账户   B. 成本、损益类账户

  C. 总分类账户   D. 明细分类账户

15. 下列属于资产类科目的有 (　　)。

  A. 交易性金融资产 B. 累计折旧   C. 预收账款   D. 利润分配

三、判断题

1. 所有经济业务发生，都会引起会计恒等式两边发生变化，但不破坏其平衡关系。 (　　)

2. 资产等于权益这一会计等式在企业存续期间的任何时点上都是成立的。 (　　)

3. 账户的左方登记的是增加额，右方登记的是减少额。 (　　)

4. 资产必须是企业拥有的能以货币计量的经济资源。 (　　)

5. 账户是按照规定的会计科目设置的，会计科目就是账户的名称。 (　　)

6. 会计科目具有一定的结构，通常划分为左右两方。 (　　)

7. 设置账户是会计核算的一种专门方法。 (　　)

8. 每笔经济业务的发生，都会影响到资产和权益的变化。 (　　)

9. 会计要素中既有反映财务状况的要素，又有反映经营成果的要素。 (　　)

10. 设置会计科目要遵循统一性和灵活性相结合的原则。 (　　)

四、名词解释

1. 会计对象   2. 会计要素   3. 资产   4. 负债   5. 所有者权益   6. 收入

7. 费用   8. 利润   9. 会计等式   10. 会计科目   11. 总分类科目

12. 明细分类科目   13. 账户

五、简答题

1. 什么是会计对象？会计的一般对象和具体对象有哪些？

2. 什么是会计要素？六大会计要素的含义、特征和内容分别是什么？

3. 什么是会计等式？试述会计等式的基本原理。

4. 如何理解资产等于权益？会计要素的增减变化所涉及的经济业务类型有哪些？为什么经济业务的发生不影响会计等式的平衡关系？

5. 什么是会计科目？设置会计科目应遵循哪些原则？

6. 会计科目是如何进行分类的？

7. 什么是账户？会计科目和账户之间有什么关系？

8. 账户的基本结构包括哪些内容？

9. 会计对象、会计要素和会计科目三者之间有什么关系？

六、实务题

1. 【目的】练习会计要素的分类及会计等式。

【资料】某企业20××年7月31日的有关资料如表2-5所示。

表2-5　某企业20××年7月31日的有关资料

序号	项目	资产	负债	所有者权益
1	生产车间使用的机器设备 200 000 元			
2	存在银行的款项 126 000 元			
3	应付光明工厂的款项 45 000 元			
4	国家投入的资本 520 000 元			
5	尚未缴纳的税金 7 000 元			
6	财会部门库存现金 500 元			
7	应收东风工厂货款 23 000 元			
8	库存生产用材料 147 500 元			
9	运输用的卡车 60 000 元			
10	管理部门使用的计算机 30 000 元			
11	出借包装物收取的押金 1 000 元			
12	其他单位投入的资本 304 500 元			
13	暂付采购员差旅费 300 元			
14	预收黄河工厂购货款 4 000 元			
15	向银行借入的短期借款 100 000 元			
16	正在装配中的产品 38 000 元			
17	生产车间用的厂房 270 000 元			
18	企业提取的盈余公积 16 400 元			
19	库存机器用润滑油 1 900 元			
20	本月实现的利润 40 000 元			
21	已完工入库的产成品 56 400 元			
22	购入华夏公司三年期的债券 60 000 元			
23	应付给其他单位的货款 700 元			
24	生产甲产品的专利权 25 000 元			
	合计			

【要求】（1）根据表2-5中各项目的内容，将其金额分别填入表中各栏。

（2）加计合计数并试算是否平衡。

2. 【目的】熟悉经济业务对会计等式的影响。

【资料】某公司20××年8月31日资产、负债及所有者权益情况如表2-6所示。

表2-6 某公司20××年8月31日资产、负债及所有者权益情况　　　　　单位：元

项目	金额	项目	金额
银行存款	10 000	实收资本	200 000
库存现金	5 000	应交税费	8 000
原材料	8 000	无形资产	90 000
应付账款	20 000	长期股权投资	20 000
短期借款	40 000	盈余公积	18 000
固定资产	110 000	应收账款	96 000
预付账款	2 000	长期借款	55 000

该公司9月份发生的经济业务如下。

（1）从银行提取现金1 000元备用。

（2）收到投资者投入资本50 000元，存入银行。

（3）以银行存款10 000元支付前欠购料款。

（4）从银行取得短期借款20 000元，转入银行存款账户。

（5）收到某公司归还的前欠货款80 000元，存入银行。

（6）购买材料6 000元，材料验收入库，货款尚未支付。

（7）收到投资者投入的设备，价值84 000元。

（8）以银行存款缴纳本月税费4 000元。

【要求】（1）分析每笔经济业务，指出属于何种类型。

（2）分析经济业务的发生引起哪些账户发生增减变动，并填入表2-7。

表2-7 账户变动　　　　　单位：元

资产	月初余额	本月增加额	本月减少额	月末余额	负债和所有者权益	月初余额	本月增加额	本月减少额	月末余额

3. 【目的】熟悉总分类科目与明细分类科目。

【资料】某公司设置的会计科目有：原材料、主要材料、应收 B 公司货款、应付账款、生产成本、财务费用、应交税费、应收账款、应交增值税、固定资产、应交所得税、应付 A 公司货款、交易性金融资产。

【要求】分析上列科目中哪些是总分类科目，哪些是明细分类科目，将结果填入表2-8 中。

表2-8　总分类科目与对应的明细分类科目

总分类科目	明细分类科目

第三章

复式记账

◢◤ 学习目标

◆理解复式记账法的概念和理论基础。

◆掌握借贷记账法的基本内容，并能结合简单经济业务加以初步运用。

◢◤ 重点、难点

◆借贷记账法的账户结构。

◆借贷记账法的记账规则。

第一节　复式记账原理

一、记账方法概述

每个企业在从事经营活动时发生的各项经济业务，都会引起会计要素的有关项目发生增减变动，为了将这些经济业务记录形成会计信息，以全面、系统地反映各会计要素的增减变动过程及结果，就必须采用一定的记账方法。记账方法就是根据一定的记账原理，运用确定的记账符号和记账规则记录经济业务的方法。记账方法分为单式记账法和复式记账法。

1. 单式记账法

单式记账法是指对发生的每一项经济业务，只在一个账户中进行记录的记账方法。在单式记账法下，通常只登记库存现金、银行存款的收付业务和应收、应付等往来账款的结算业务，对于实物收发业务以及费用的发生情况一般不记录。例如，用银行存款购买材料，在记账时一般只登记银行存款的减少，而不登记材料的增加。再如，购入一项机器设备，尚未付款，记账时通常只登记债务的增加，而不登记固定资产的增加。

采用单式记账法时，对经济业务只在一个账户上进行登记，手续简便，但是账户设置不完整，无法反映经济业务内在形成的账户之间的联系，不能反映资金的来龙去脉，账户之间不存在内在平衡关系。因此，单式记账法也不便于进行试算平衡，以检查账户记录的正确性。单式记账法是一种不完整、不科学的记账方法，目前一般不再采用。

2. 复式记账法

复式记账法是指对发生的每一项经济业务，都要以相等的金额，在相互联系的两个或两个以上的账户中进行记录的记账方法。例如，用银行存款购买原材料，不仅要在"银行存款"账户中记录银行存款的支出，还要在"原材料"账户中记录原材料的购入，同时，要求两个账户记录的金额相等。这样，"银行存款"账户和"原材料"账户之间就形成了一种对应关系。再如，企业赊购一项设备，一方面要在"应付账款"账户中记录欠款的增加，另一方面要在"固定资产"账户中记录固定资产的增加。"固定资产"账户与"应付账款"账户之间也形成了一种对应关系。复式记账法使每项经济业务所涉及的两个或两个以上相互联系的账户形成了对应关系，而且对应账户上登记的金额相等，从而可以完整、系统地反映各项经济业务的来龙去脉，也便于检查账户记录的正确性。因此，复式记账法是一种科学的记账方法。

二、复式记账法的原理

1. 复式记账法的理论依据

复式记账法是在单式记账法的基础上演变、发展、形成的，是依据会计平衡理论建立起来的一种记账方法。复式记账法的基本设计思路是，基于事物的相互联系性，对经济业务进行全面、完整的反映。在介绍会计等式以及经济业务对会计等式的影响时已经证明：任何一项经济业务的发生，都必然引起相互联系的多个会计要素或某一要素的内部同时发生增减变动，但增减金额相等，不会破坏会计恒等式的平衡关系。依据会计等式的平衡原理，当经济业务发生时，就可以对其所引起的会计要素的增减变动，在两个或两个以上相互联系的账户中进行双重、等额记录，这种双重、等额记录就是复式记账。因此，复式记账是以"资产=负债+所有者权益"这一会计等式为依据所设计的一种记账方法，即复式记账的理论基础是会计等式。

2. 复式记账法的特点

复式记账法的主要特点有以下两个。

（1）对于每一项经济业务，都必须在两个或两个以上相互联系的账户中进行记录。

需要强调的是，复式记账法所记录的对象是企业发生的任何一项能以货币表现的经济业务，不能有所遗漏。每项业务所涉及的至少是两个账户，而这些账户之间存在着一种对应关系。正因为如此，账户记录不仅可以清晰地反映经济业务的来龙去脉，还能够全面、系统地反映经济活动的过程和结果。

（2）对于每一项经济业务，必须以相等的金额进行记录。

不仅要在相互联系的账户中进行登记，还要以相等的金额进行记录，这样就可以很容易地检查账户记录是否正确。检查的方法是进行试算平衡。关于试算平衡，将在本章第二节的内容中详述。

复式记账法由于具备上述特点，因而被公认为是一种科学的记账方法而被世界各国广泛采用。目前，我国的行政、企事业单位采用的记账方法都是复式记账法。复式记账法从其发展历史看，曾经有增减记账法、收付记账法、借贷记账法等。我国现在采用借贷记账法。

第二节　借贷记账法

一、借贷记账法的由来

借贷记账法是以"借""贷"为记账符号，按照"有借必有贷，借贷必相等"的记账规则，在两个或两个以上的账户中全面、系统地记录经济业务的一种复式记账法。

借贷记账法起源于13世纪的意大利。当时，意大利的海上贸易比较发达，沿海城市形成了许多贸易中心，由此推动了钱币兑换业的兴盛。随着货币兑换业务的不断扩大与货币的积累，在当地出现了一些银钱商，即借贷资本家，专门从事借贷业务。银钱商为了记录吸收的存款和贷出的款项，创设了借贷记账法的原始形态——佛罗伦萨式簿记法。这种记账方法分别按存款人和借款人的姓名开设账户，账户分上下两个部分登记，一方登记债权，另一方登记债务。借贷资本家在办理存款业务时，对于吸收的存款，记在"贷主"名下，表示银钱商自身的债务增加；在办理贷款业务时，对于贷出的款项，则记在"借主"名下，表示银钱商自身的债权增加。这就是借贷记账法"借""贷"二字的由来。

原始形态的借贷记账法只局限于记录债权债务的结算情况。随着商品经济的发展，经济活动的内容日益复杂，记的内容也随之扩大，逐渐扩展到了记录财产物资、经营损益和经营资本的变化情况。账户的结构也由原来的上下两部分演变为左右两方，分别表示"借方"和"贷方"，原来的"借主"和"贷主"这时已被抽象出来，形成了专门表示记账方向的记账符号。同时，又增设了资本账户、损益账户，并进行全部账户的试算平衡，使借贷记账法成为一种比较完备的记账方法。

1494年，意大利数学家卢卡·帕乔利所著的《算术、几何、比及比例概要》一书，全面介绍了意大利的复式记账法。随后，借贷记账法逐步推广到欧洲、美洲等地，成为世界通用的记账方法，现在也成为我国法定的记账方法。

二、借贷记账法的主要内容

1. 借贷记账法的记账符号

记账符号是用于指示记入账户具体方向的标记。这里说的"账户方向"是指账户的增加方或减少方。在借贷记账法下以"借""贷"为记账符号，作为记账方法使用的专门术语。"借""贷"二字已完全失去了其原来的含义，仅仅表示经济业务发生后应记入账户的方向。

2. 借贷记账法的账户结构

在借贷记账法下，账户的基本结构分为"借"和"贷"两方，其中左方为借方，右方为贷方。在账户的借、贷两方中，究竟哪一方记录增加，哪一方记录减少，取决于账户本身的性质和会计恒等式的位置。

首先将资产类账户的左方（借方）规定用来登记增加额，右方（贷方）用来登记减少额。那么，位于会计等式右边的负债类账户和所有者权益类账户的结构应与位于会计等式左边的资产类账户结构相反，即应在左方（借方）登记减少，在右方（贷方）登记增加。收入类和费用类账户可以看作所有者权益类账户的细分。其中，收入类账户的右方（贷方）登记增加，左方（借方）登记减少。费用类账户移至会计等式左方，其结构为左方（借方）登记增加额，右方（贷方）登记减少额。成本类账户的性质与资产类相同，其结构与资产类账户的结构一致，即左方（借方）登记增加额，右方（贷方）登记减少额。即：

$$资产 \quad + \quad 费用 \quad = \quad 负债 \quad + \quad 所有者权益 \quad + \quad 收入$$

资产		费用			负债		所有者权益		收入	
+	−	+	−		−	+	−	+	−	+

账户的余额一般与其增加额的方向一致，如果在借方登记增加，则其正常余额也应在借方；若在贷方登记增加，则其正常余额也应在贷方。

账户结构的设置，其特点总结如下。

(1) 每一账户均设置借方和贷方，左方为借方，右方为贷方。

(2) 根据账户本身的性质和在会计等式中的位置，决定在哪方登记增加，在哪方登记减少。

(3) 账户的余额一般在记录增加的那一方。

3. 借贷记账法的记账规则

记账规则是指某种记账方法登记具体经济业务应遵循的规律。经济业务发生后，对特定账户的影响无非表现为增加或减少，而在借贷记账法下，账户金额的变化用"借"和"贷"来描述。以下结合经济业务的类型，探讨借贷记账法的记账规则，如表3-1所示。

表3-1 各类经济业务对账户的影响

经济业务的类型	对账户的影响
资产和权益同增的业务	资产账户（借方）、权益账户（贷方）
资产和权益同减的业务	资产账户（贷方）、权益账户（借方）
资产有增有减的业务	资产账户（借方）、另一资产账户（贷方）
权益有增有减的业务	权益账户（贷方）、另一权益账户（借方）

经济业务的类型不外乎这四种。由于账户设置的特点，经济业务给会计等式带来的双重影响总能表现为对一个账户（或一个以上的账户）借方的影响和对另一账户（或一个以上的账户）贷方的影响，这种双重影响的金额是对等的。所以我们可以将记账规则总结为"有借必有贷，借贷必相等"。

下面结合例子加以说明（暂不考虑增值税因素）。

【例3-1】 用银行存款40 000元购买原材料，原材料已验收入库。

这项业务的发生，使同属于资产的"原材料"和"银行存款"两个账户发生变动："原材料"增加，"银行存款"减少。按照借贷记账法下的账户结构，资产增加记借方，资产减少记贷方，而且两者金额相等。该项业务对账户的影响如表3-2所示。

表3-2 【例3-1】业务对账户的影响

受影响的账户	账户类别	金额的变化方向	借方/元	贷方/元
原材料	资产	增加	40 000	
银行存款	资产	减少		40 000

【例3-2】 向银行借入短期借款1 200 000元，直接偿还前欠货款。

这项经济业务的发生，使同属于负债的"短期借款"和"应付账款"发生变动："短期借款"增加，"应付账款"减少。按照借贷记账法下的账户结构，负债增加记贷方，负债减少记借方，而且两者金额相等。该项业务对账户的影响如表3-3所示。

表3-3 【例3-2】业务对账户的影响

受影响的账户	账户类别	金额的变化方向	借方/元	贷方/元
应付账款	负债	减少	1 200 000	
短期借款	负债	增加		1 200 000

【例3-3】 接受某单位投入的全新设备一台，价值5 000 000元。

这项经济业务的发生，使属于所有者权益的"实收资本"和属于资产的"固定资产"发生变动："实收资本"增加，"固定资产"增加。按照借贷记账法下的账户结构，资产增加记借方，所有者权益增加记贷方，而且两者金额相等。该项业务对账户的影响如表3-4所示。

表3-4 【例3-3】业务对账户的影响

受影响的账户	账户类别	金额的变化方向	借方/元	贷方/元
固定资产	资产	增加	5 000 000	
实收资本	所有者权益	增加		5 000 000

【例3-4】 用银行存款1 000 000元归还长期借款。

这项经济业务的发生，使属于负债的"长期借款"和属于资产的"银行存款"发生变动："长期借款"减少，"银行存款"减少。按照借贷记账法下的账户结构，负债减少记借方，资产减少记贷方，而且两者金额相等。该项业务对账户的影响如表3-5所示。

表3-5　【例3-4】业务对账户的影响

受影响的账户	账户类别	金额的变化方向	借方/元	贷方/元
长期借款	负债	减少	1 000 000	
银行存款	资产	减少		1 000 000

【例3-5】 销售商品一批，价值600 000元，货款尚未收到。

这项经济业务的发生，使属于资产的"应收账款"和属于收入的"主营业务收入"发生变动："应收账款"增加，"主营业务收入"增加。按照借贷记账法下的账户结构，资产增加记借方，主营业务收入增加记贷方，而且两者金额相等。该项业务对账户的影响如表3-6所示。

表3-6　【例3-5】业务对账户的影响

受影响的账户	账户类别	金额的变化方向	借方/元	贷方/元
应收账款	资产	增加	600 000	
主营业务收入	收入	增加		600 000

【例3-6】 用现金1 200元购买行政管理部门办公用品。

这项经济业务的发生，使属于费用的"管理费用"和属于资产的"库存现金"发生变动："管理费用"增加，"库存现金"减少。按照借贷记账法下的账户结构，费用增加记借方，资产减少记贷方，而且两者金额相等。该项业务对账户的影响如表3-7所示。

表3-7　【例3-6】业务对账户的影响

受影响的账户	账户类别	金额的变化方向	借方/元	贷方/元
管理费用	费用	增加	1 200	
库存现金	资产	减少		1 200

总结以上几个例子可以看出，在借贷记账法下，对任何经济业务进行分析，都会涉及两个或两个以上的账户，不论引起账户的增加还是减少。如果一个账户记在借方，那么另一个账户一定就记在贷方，而且两者所记的金额相等。

如果遇到复杂的经济业务，需要在一个账户的借方和几个账户的贷方，或在一个账户的贷方和几个账户的借方处理，即一借多贷或一贷多借时，会怎样呢？我们再举两个例子。

【例3-7】 购入原材料一批，价款10 000元，其中，6 000元以银行存款支付，余下的4 000元尚未支付，原材料已验收入库。

这项经济业务的发生，使属于资产的"原材料""银行存款"和属于负债类的"应付账款"发生变动："原材料"增加，"银行存款"减少，"应付账款"增加。该项业务对账户的影响如表3-8所示。

表3-8　【例3-7】业务对账户的影响

受影响的账户	账户类别	金额的变化方向	借方/元	贷方/元
原材料	资产	增加	10 000	
银行存款	资产	减少		6 000
应付账款	负债	增加		4 000

【例 3-8】 收到投资者投入的资金 200 000 元,已存入银行,同时收到机器设备 1 台,价值 500 000 元。

这项经济业务的发生,使属于资产的"固定资产""银行存款"和属于所有者权益的"实收资本"发生变动:"固定资产"增加,"银行存款"增加,"实收资本"增加。该项业务对账户的影响如表 3-9 所示。

表 3-9 **【例 3-8】** 业务对账户的影响

受影响的账户	账户类别	金额的变化方向	借方/元	贷方/元
银行存款	资产	增加	200 000	
固定资产	资产	增加	500 000	
实收资本	所有者权益	增加		700 000

从上面举的例子可以看出,复杂业务的处理,也应遵循"有借必有贷,借贷必相等"的记账规则。

4. 借贷记账法下的会计分录

运用借贷记账法,根据"有借必有贷,借贷必相等"的记账规则,在每项经济业务发生时,总会在有关账户之间形成应借、应贷的相互关系。账户之间的这种应借、应贷的相互关系称为账户的对应关系。存在对应关系的账户,互称对应账户。例如,用银行存款 40 000元购买材料。这项经济业务的处理,记入"原材料"账户的借方 40 000 元,记入"银行存款"账户的贷方 40 000 元。这项经济业务使"原材料"和"银行存款"两个账户发生了应借、应贷的相互关系。在此项经济业务中,"原材料"账户和"银行存款"账户就成了对应账户。通过账户的对应关系,也可以了解经济业务的内容。例如,发生的某项经济业务记入"银行存款"账户借方 60 000 元和"应收账款"账户贷方 60 000 元。这两个账户的对应关系表明,该项经济业务的内容是收回某单位前欠款项 60 000 元,存入银行。

为了保证账户对应关系的正确性,在处理经济业务时,必须认真分析经济业务对会计要素的影响,确定正确的账户及其借贷方向和金额。在实际工作中,经济业务发生后,并不是直接根据经济业务的内容登记到有关的账户中,而是首先要根据经济业务的内容,运用借贷记账法的记账规则,在记账凭证中编制会计分录,然后根据会计凭证登记入账。

会计分录,简称分录,是根据经济业务的内容,标明应借、应贷的账户名称、登记方向及其金额的一种记录。账户名称、账户方向和金额构成了会计分录缺一不可的三要素。

在实际工作中,会计分录是登记在记账凭证上的,但在教学时,为了简化核算手续,可不在记账凭证上编制会计分录,此时会计分录的一般格式为:先借后贷,即将应记借方账户排列在上,应记贷方账户排列在下;贷方的文字要比借方后退两个字节;在多借或多贷的情况下,借方或贷方的文字应左对齐,借方或贷方的金额应右对齐。

如,**【例 3-1】** 可用会计分录的形式表示如下。

```
借：原材料                                              40 000
    贷：银行存款                                              40 000
```

对于初学者来说，编制会计分录时应该逐步分析，按以下步骤进行。

第一步，分析经济业务的内容涉及哪些账户，确定该项经济业务应记入的账户名称及账户性质。

第二步，根据该项经济业务引起的会计要素的增减变化和借贷记账法的账户结构，确定账户的记账方向。

第三步，根据会计要素增减变化确定账户应登记的金额。

第四步，根据借贷记账法的记账规则，检查所编制的会计分录借贷金额是否平衡，有无差错。

下面根据【例3-2】至【例3-8】的资料，编制会计分录。

【例3-2】向银行借入短期借款1 200 000元，直接偿还前欠货款。

```
借：应付账款                                          1 200 000
    贷：短期借款                                          1 200 000
```

【例3-3】接受某单位投入的全新设备一台，价值5 000 000元。

```
借：固定资产                                          5 000 000
    贷：实收资本                                          5 000 000
```

【例3-4】用银行存款1 000 000元归还长期借款。

```
借：长期借款                                          1 000 000
    贷：银行存款                                          1 000 000
```

【例3-5】销售商品一批，价值600 000元，货款暂未收到。

```
借：应收账款                                            600 000
    贷：主营业务收入                                        600 000
```

【例3-6】用现金1 200元购买行政管理部门办公用品。

```
借：管理费用                                              1 200
    贷：库存现金                                              1 200
```

【例3-7】购入原材料一批，价款10 000元，其中，6 000元以银行存款支付，余下的4 000元尚未支付，原材料已验收入库。

```
借：原材料                                             10 000
    贷：银行存款                                             6 000
        应付账款                                             4 000
```

【例3-8】收到投资者投入的资金200 000元，存入银行，同时收到机器设备1台，价值500 000元。

```
借：银行存款                                            200 000
    固定资产                                            500 000
```

贷：实收资本   700 000

会计分录有两种：简单会计分录和复合会计分录。由两个对应账户（一借一贷）组成的会计分录，称为简单会计分录。【例3-1】至【例3-8】的八笔会计分录中，前六笔分录都是以一个账户的借方与另一个账户的贷方相对应组成的简单会计分录。由两个以上相互联系的账户组成的会计分录，称为复合会计分录。如上述第七、八笔分录就是由两个以上对应的账户（一借多贷、一贷多借）组成的复合会计分录。

复合会计分录实际上是由若干个简单会计分录合并组成的，如上文根据【例3-7】编制的复合会计分录，是由以下两个简单会计分录合并组成的。

借：原材料   6 000

    贷：银行存款   6 000

借：原材料   4 000

    贷：应付账款   4 000

编制复合会计分录，既可以集中反映某项经济业务的全貌，又可以简化记账工作，提高会计核算工作效率。在实际工作中，如果一项经济业务涉及两个以上的借方账户与两个以上的贷方账户，为全面反映该项经济业务的内容，可以编制"多借多贷"的会计分录，但不能把不同类型的经济业务合并后编制多借多贷的会计分录。

编制会计分录是会计核算中的一项重要工作。实际工作中，会计分录是根据反映经济业务的原始凭证，在记账凭证上编制的。将本期发生的经济业务在记账凭证上编制会计分录，仅仅确定了每项经济业务发生后应记入的账户名称、记账方向和入账金额，不能连续、系统地反映企业一定会计期间的经济业务情况。为了实现这一目的，还需要将会计分录的数据过入有关账户，这一过程叫作过账。

5. 借贷记账法的试算平衡

试算平衡是根据"资产=负债+所有者权益"会计等式和借贷记账法的记账规则来检查账户记录是否正确的一种方法。

为了检查和验证账户记录是否正确，及时找出差错及其原因，并予以更正，保证会计信息的正确性，必须定期进行试算平衡。在借贷记账法下，试算平衡方法包括发生额试算平衡法和余额试算平衡法。

（1）发生额试算平衡法。

发生额试算平衡法是指用来检查本期记录的全部账户的借方和贷方发生额是否正确的一种试算平衡方法。在借贷记账法下，按照"有借必有贷，借贷必相等"的记账规则，每一项经济业务所编制的会计分录的借方发生额和贷方发生额是相等的。将一定时期内反映全部经济业务的所有会计分录记入有关账户后，所有账户的借方本期发生额合计与所有账户的贷方本期发生额合计也必然相等。如果不相等，则说明记账有错误，应对账户记录进行检查、更正。

发生额试算平衡的计算公式为：

全部账户本期借方发生额合计＝全部账户本期贷方发生额合计

（2）余额试算平衡法。

余额试算平衡法是指用来检查账户余额是否正确的一种方法。借贷记账法作为一种复式记账法，其理论依据是会计等式，即"资产＝负债+所有者权益"。在借贷记账法下，资产类账户的余额在借方，负债类和所有者权益类账户的余额在贷方。因此，所有账户的借方余额合计，必然等于所有账户的贷方余额合计。如果不相等，则说明结出的账户期末余额有错误，需要对账户记录进行检查、更正。

余额试算平衡的计算公式为：

全部账户借方期初余额合计＝全部账户贷方期初余额合计

全部账户借方期末余额合计＝全部账户贷方期末余额合计

试算平衡工作，通常是通过编制试算平衡表进行的。试算平衡表的格式有多种，如仅对本期发生额试算平衡或仅对余额试算平衡等。在会计实践中，一般同时对发生额和余额试算平衡，编制总分类账户发生额及余额试算平衡表，如表3-11所示。

试算平衡表的数字是从各总分类账户中获得的，因此，在编制试算平衡表之前，必须将本期发生的各项经济业务全部记入有关总分类账户内，并结出各总分类账户的本期发生额和期末余额，然后再将各账户名称及其金额抄录在试算平衡表内。如果表内的发生额合计和余额合计都相等，表明试算平衡；如果借方合计数不等于贷方合计数，则说明核算有差错，应查明原因并予以更正，直到试算平衡为止。

试算平衡可以验证会计等式和记账规则是否得到遵循，过账及发生额和余额的计算过程是否有差错，但是发生额和余额平衡并不能说明账户记录就绝对正确，因为有些记账错误并不影响发生额或余额的平衡。不能通过试算平衡查出的记账错误主要包括：①重记经济业务；②漏记经济业务；③会计分录中，借方发生额和贷方发生额相等，但是与实际发生额不符；④会计分录遵循了记账规则，但使用账户错误，或颠倒了记录的方向；⑤虽存在很多错误，但是能够相互抵消。

6. 借贷记账法的应用举例

【例3-9】 长城公司20××年1月1日有关账户的期初余额如表3-10所示。

表3-10 长城公司20××年1月期初余额 单位：元

会计科目	借方余额	贷方余额
库存现金	1 000	
银行存款	200 000	
应收账款	10 000	
原材料	100 000	

会计科目	借方余额	贷方余额
固定资产	600 000	
短期借款		70 000
应付账款		21 000
实收资本		820 000
合计	911 000	911 000

该企业1月发生下列经济业务。

（1）从银行提取现金600元。

（2）以银行存款购入汽车一辆，价格150 000元。

（3）以银行存款偿还应付供货单位材料款7 000元。

（4）收到购货单位前欠货款6 000元，存入银行。

（5）某单位投入资本20 000元，存入银行。

根据发生的各项经济业务，编制会计分录如下。

（1）借：库存现金　　　　　　　　　　　　　　　　　600
　　　　贷：银行存款　　　　　　　　　　　　　　　　　　600

（2）借：固定资产　　　　　　　　　　　　　　　150 000
　　　　贷：银行存款　　　　　　　　　　　　　　　　150 000

（3）借：应付账款　　　　　　　　　　　　　　　　7 000
　　　　贷：银行存款　　　　　　　　　　　　　　　　　7 000

（4）借：银行存款　　　　　　　　　　　　　　　　6 000
　　　　贷：应收账款　　　　　　　　　　　　　　　　　6 000

（5）借：银行存款　　　　　　　　　　　　　　　20 000
　　　　贷：实收资本　　　　　　　　　　　　　　　　20 000

根据会计分录过账和结账，如下列T型账户所示。

借方	库存现金	贷方	
期初余额	1 000		
①	600		
本期发生额	600		
期末余额	1 600		

(1)

借方	银行存款	贷方	
期初余额	200 000	①	600
④	6 000	②	150 000
⑤	20 000	③	7 000
本期发生额	26 000	本期发生额	157 600
期末余额	68 400		

(2)

借方		应收账款		贷方
期初余额	10 000		④	6 000
			本期发生额	6 000
期末余额	4 000			

(3)

借方		原材料	贷方
期初余额	10 000		
期末余额	10 000		

(4)

借方		固定资产	贷方
期初余额	600 000		
②	150 000		
本期发生额	150 000		
期末余额	750 000		

(5)

借方	短期贷款		贷方
		期初余额	70 000
		期末余额	70 000

(6)

借方		应付账款		贷方
③	7 000		期初余额	21 000
本期发生额	7 000		期末余额	14 000

(7)

借方	实收资本		贷方
		期初余额	820 000
		⑤	20 000
		本期发生额	20 000
		期末余额	840 000

(8)

根据账户记录编制总分类账户发生额及余额试算平衡表，如表3-11所示。

表 3-11　总分类账户发生额及余额试算平衡表

20××年1月31日　　　　　　　　　　　　　单位：元

会计科目	期初余额		本期发生额		期末余额	
	借方	贷方	借方	贷方	借方	贷方
库存现金	1 000		600		1 600	
银行存款	200 000		26 000	157 600	68 400	
应收账款	10 000			6 000	4 000	
原材料	100 000				100 000	
固定资产	600 000		150 000		750 000	
短期借款		70 000				70 000
应付账款		21 000	7 000			14 000
实收资本		820 000		20 000		840 000
合计	911 000	911 000	183 600	183 600	924 000	924 000

本章小结

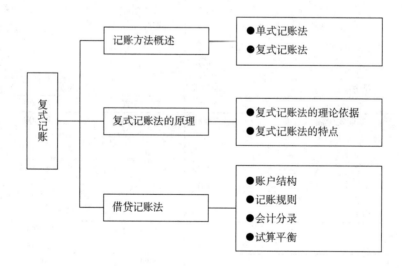

练习题

一、单项选择题

1. 复式记账法对每项经济业务都以相等的金额在（　　）中进行登记。

    A. 一个账户　　　　　　　　　　B. 两个账户

    C. 全部账户　　　　　　　　　　D. 两个或两个以上账户

2. 采用借贷记账法，账户的基本结构是指（　　）。

A. 账户的具体格式

B. 账户应记的经济内容

C. 账户名称、日期、摘要、增减金额、凭证编号

D. 账户的增加方或减少方

3. 存在对应关系的账户称为（　　）。

    A. 对应账户　　　　B. 平衡账户　　　　C. 总分类账户　　　　D. 联系账户

4. 在借贷记账法下，所有者权益账户的期末余额等于（　　）。

    A. 期初贷方余额+本期贷方发生额-本期借方发生额

    B. 期初借方余额+本期贷方发生额-本期借方发生额

    C. 期初借方余额+本期借方发生额-本期贷方发生额

    D. 期初贷方余额+本期借方发生额-本期贷方发生额

5. 借贷记账法的理论基础是（　　）。

    A. 会计要素　　B. 会计原则　　　　C. 会计等式　　　　D. 复式记账法

6. 收到投资者投资存入银行，用借贷记账法编制会计分录时，贷方所涉及的账户是（　　）。

    A. 银行存款　　B. 实收资本　　　　C. 长期股权投资　　D. 长期借款

7. 在编制总分类账户发生额及余额试算平衡表时，若出现三对平衡数字，则（　　）。

    A. 全部总账账户记录一定正确

    B. 不能认为全部总账账户记录肯定正确

    C. 全部明细分类账户记录一定正确

    D. 不能认为全部明细分类账户记录肯定正确

8. 对账户记录进行试算平衡是根据（　　）的基本原理。

    A. 会计要素的分类　　　　　　B. 经济业务的内容

    C. 账户结构　　　　　　　　　D. 会计等式

9. 在下列账户中，期末一般无余额的账户是（　　）

    A. 库存现金　　B. 管理费用　　　　C. 利润分配　　　　D. 短期借款

10. 下列费用不应记入产品成本的是（　　）。

    A. 直接材料　　B. 直接人工　　　　C. 制造费用　　　　D. 销售费用

11. 某企业本月销售产品收入200万元，已收款120万元，月末结平"主营业务收入"账户，则该账户本月借方结转额为（　　）。

    A.200万元　　　B.120万元　　　　C.80万元　　　　　D.0

12. 某企业本月发生管理费用58万元，月末结平"管理费用"账户，则该账户（　　）。

    A. 月末借方余额58万元　　　　B. 本期贷方转出58万元

    C. 月末贷方余额58万元　　　　D. 以上都不对

13. 下列说法中，符合"资产=负债+所有者权益"会计等式的是（　　）。

A. 资产和负债项目一增一减　　　　B. 资产和负债项目同增或同减

C. 负债及所有者权益项目同增或同减　D. 资产内部项目同增或同减

14. 本月共购入材料1 000元，各部门领用4 000元，退回500元，月末结存为1 600元，则上月末结存为（　　）元。

　　A. 4 100　　　　　B. 3 900　　　　　C. 4 600　　　　　D. 5 100

15. 我国法定的记账方法采用（　　）。

　　A. 复式记账法　B. 单式记账法　　　C. 借贷记账法　　D. 以上均可

二、多项选择题

1. 复式记账法的优点是（　　）。

　　A. 账户对应关系清楚，能全面、清晰地反映经济业务的来龙去脉

　　B. 便于试算平衡，以检查账户记录是否正确

　　C. 能全面、系统地反映经济活动的过程和结果

　　D. 比单式记账法简单而完整

2. 在借贷记账法下，属于资产类账户的有（　　）。

　　A. 银行存款　　　B. 实收资本　　　　C. 交易性金融资产　D. 制造费用

3. 在借贷记账法下，期末结账后，一般有余额的账户有（　　）。

　　A. 资产类　　　　B. 收入类　　　　　C. 负债类　　　　　D. 费用类

4. 会计分录必须具备的要素包括（　　）。

　　A. 记账方向　　　B. 记账手段　　　　C. 记账科目　　　　D. 记账金额

5. 下列各项记账差错中，运用余额试算平衡法可查出的有（　　）。

　　A. 在过账时误将借方数额过入贷方

　　B. 一笔业务的记录全部被漏记

　　C. 一笔业务的记录借贷双方金额发生同样的错误

　　D. 某一账户借方或贷方本期发生额的计算有误

6. 在实际工作中，编制多借多贷会计分录的理由有（　　）。

　　A. 集中反映经济业务全貌　　　　　B. 避免出现过账错误

　　C. 提高工作效率　　　　　　　　　D. 减少记账的工作量

7. 某企业生产产品领用材料8 000元，车间一般消耗领用2 000元，应记入（　　）账户的借方。

　　A. "原材料"　　B. "管理费用"　　C. "生产成本"　　D. "制造费用"

8. 关于复合会计分录，下列说法错误的是（　　）。

　　A. 由两个简单会计分录组成　　　　B. 是涉及两个以上账户的会计分录

　　C. 由两个对应账户组成　　　　　　D. 是按复式记账原理编制的会计分录

9. 对于费用类账户来讲，（　　）。

　　A. 其增加额记入账户的借方　　　　B. 其减少额记入账户的贷方

C. 期末一般没有余额　　　　　　　D. 如有期末余额，必定为借方余额

10. 借贷记账法下，账户贷方登记（　　　）。

A. 资产的增加　　　　　　　　　　B. 负债的减少

C. 费用的减少　　　　　　　　　　D. 所有者权益的增加

三、判断题

1. 借、贷不仅作为记账符号，其本身的含义也应考虑，"借"只能表示债权的增加，"贷"只能表示债务的增加。　　　　　　　　　　　　　　　　　　　　　　（　　）

2. 对于不同性质的账户，借贷的含义有所不同。　　　　　　　　　　　（　　）

3. 借贷记账法下账户的基本结构是：分为"借"和"贷"两方，左边为借方，右边为贷方。
　　　　　　　　　　　　　　　　　　　　　　　　　　　　　　　　（　　）

4. 不论发生什么样的经济业务，会计等式两边会计要素总额的平衡关系都不会被破坏。
　　　　　　　　　　　　　　　　　　　　　　　　　　　　　　　　（　　）

5. 借贷记账法要求：如果在一个账户或几个账户中记借方，在另一个或几个账户中则一定记贷方。　　　　　　　　　　　　　　　　　　　　　　　　　　　　　（　　）

6. 账户发生额试算平衡是根据借贷记账法的记账规则来确定的。　　　　（　　）

7. 账户余额试算平衡是根据会计恒等式"资产=负债+所有者权益"确定的。（　　）

8. 为了判断账户记录是否正确，通常采用编制试算平衡表的方法。只要该试算平衡表实现了平衡关系，就说明账户记录正确无误。　　　　　　　　　　　　　（　　）

9. 由于总分类账户既能提供总括核算指标，又能提供详细核算指标，因此是十分重要的账户。
　　　　　　　　　　　　　　　　　　　　　　　　　　　　　　　　（　　）

10. 复式记账法是以资产与权益平衡关系为记账基础，对于每一笔经济业务，都要在两个或两个以上相互联系的账户中进行登记，系统地反映资金运动变化结果的一种记账方法。
　　　　　　　　　　　　　　　　　　　　　　　　　　　　　　　　（　　）

四、名词解释

1. 借贷记账法　　2. 会计分录　　3. 对应账户　　4. 试算平衡

五、简答题

1. 什么是复式记账法？简述复式记账法的理论依据和基本原则。

2. 单式记账法与复式记账法有何异同？

3. 为什么要编制会计分录？

4. 简述借贷记账法下账户的结构。

5. 试算平衡的意义何在？有哪几种计算平衡方法？

6. 为什么说复式记账法是一种科学的记账方法？

六、实务题

1. 【目的】练习账户的结构及账户金额的计算方法。

【资料】中意公司20××年12月31日有关账户的资料如表3-12所示。

表 3-12 中意公司 20××年 12 月 31 日有关账户资料　　　　单位：元

账户名称	期初余额		本期发生额		期末余额	
	借方	贷方	借方	贷方	借方	贷方
交易性金融资产	400 000		220 000	10 000	（　）	
银行存款	60 000		（　）	80 000	90 000	
应付账款		80 000	70 000	60 000		（　）
短期借款		45 000	（　）	10 000		30 000
应收账款	（　）		30 000	50 000	20 000	
实收资本		350 000		（　）		620 000

【要求】根据账户期初余额、本期发生额和期末余额的计算方法，填列表 3-12 中的空缺部分。

2.【目的】练习借贷记账法的应用及余额试算平衡表的编制。

【资料】星海公司 20××年 10 月初有关账户余额如表 3-13 所示。

表 3-13 星海公司 20××年 10 月初有关账户余额　　　　单位：元

资产	金额	负债及所有者权益	金额
库存现金	1 500	短期借款	195 000
银行存款	45 000	应付账款	142 500
原材料	90 000	应交税费	9 000
应收账款	47 700	长期借款	186 000
库存商品	60 000	实收资本	304 200
生产成本	22 500	资本公积	140 000
无形资产	180 000	盈余公积	70 000
固定资产	600 000		
合计	1 046 700	合计	1 046 700

该公司本月发生下列经济业务。

（1）购进机器设备一台，价值 10 000 元，以银行存款支付。

（2）从银行提取现金 1 000 元。

（3）投资者投入企业原材料一批，作价 20 000 元。

（4）生产车间向仓库领用材料一批，价值 40 000 元，投入生产。

（5）以银行存款 22 500 元偿还应付供货单位货款。

（6）向银行取得长期借款 150 000 元，存入银行。

（7）以银行存款上交所得税 9 000 元。

（8）接受投资者投入的现金 5 000 元。

（9）收到购货单位前欠货款 18 000 元，其中 16 000 元存入银行，其余部分收到现金。

（10）以银行存款 48 000 元，归还银行短期借款 20 000 元和应付购货单位账款 28 000 元。

【要求】（1）根据以上资料编制会计分录，并记入有关账户。

（2）编制总分类账户发生额及余额试算平衡表。

3. 【目的】练习账户对应关系及会计分录的编制。

【资料】华夏公司 20×× 年 8 月份有关 T 型账户记录如下。

借方	库存现金		贷方
期初余额	150		
（1）	500	（5）	350
（9）	100		
期末余额	400		

（1）

借方	原材料		贷方
期初余额	98 000		
（2）	82 000	（4）	150 000
（7）	58 600		
期末余额	88 600		

（2）

借方	银行存款		贷方
期初余额	89 600	（1）	500
（6）	15 800	（5）	70 000
（8）	30 000	（7）	58 600
（9）	20 000	（10）	20 000
期末余额	6 300		

（3）

借方	应收账款		贷方
期初余额	45 800		
		（6）	15 800
		（9）	20 100
期末余额	9 900		

（4）

借方	固定资产		贷方
期初余额	370 000		
（3）	124 000		
期末余额	494 000		

（5）

借方		实收资本	贷方	
		期初余额	483 000	
		(3)	124 000	
		期末余额	607 000	

(6)

借方		生产成本	贷方	
期初余额	42 280			
(4)	150 000			
期末余额	192 280			

(7)

借方		应付账款	贷方	
		期初余额	35 800	
(5)	70 350	(2)	82 000	
		期末余额	47 450	

(8)

借方		短期借款	贷方	
		期初余额	84 320	
(10)	20 000	(8)	30 000	
		期末余额	94 320	

(9)

【要求】根据上述账户记录，补编会计分录，并说明每笔经济业务的内容。

第四章

借贷记账法的应用

■//\ 学习目标 ----

◆掌握企业资金筹集业务、供应过程业务、生产过程业务、销售过程业务、利润的形成与分配业务的核算。

■//\ 重点、难点 ----

◆利润的形成与分配业务的核算。

通过前面几章内容的学习，我们已经具备了一定的会计理论基础和实务操作基础。本章将以经济活动最为复杂而又最具代表性的工业企业为例，系统地说明如何运用已设置的账户，结合复式记账法来处理工业企业日常发生的经济业务。

第一节　工业企业主要经济业务概述

工业企业是一个以营利为目的的经济组织，主要任务就是组织和从事产品的生产经营活动。企业为了进行其生产经营活动，生产出适销的产品，就必须拥有一定数量的经营资金，而这些经营资金都是从一定的渠道取得的。企业筹集资金的渠道主要包括接受投资者的投资和向债权人借入各种款项。资金筹集业务的完成意味着资金投入企业，企业就可以运用筹集到的资金开展正常的生产经营业务，进入供、产、销过程。随着企业生产经营活动的不断进行，企业通过各种渠道筹集的资金就要不断地循环和周转。

企业筹集到的资金最初一般表现为货币资金形态，也可以说，货币资金形态是资金运动的起点。企业筹集到的资金首先进入供应过程。供应过程是企业产品生产的准备过程，在这个过程中，企业用货币资金购买机器设备等劳动资料形成固定资产，购买原材料等劳动对象形成储备资金，为生产产品做好物资上的准备，货币资金分别转化为固定资产形态和储备资金形态。

生产过程是工业企业经营过程的中心环节。在生产过程中，劳动者借助劳动资料对劳动对象进行加工，生产产品，以满足社会的需要。生产过程既是产品的制造过程，又是物化劳动和活劳动的耗费过程，即费用、成本的发生过程。从消耗或加工对象的实物形态及其变化过程看，原材料等劳动对象通过加工形成在产品，随着生产过程不断进行，在产品终究要转化为产成品；从价值形态来看，生产过程中发生的各种耗费，形成企业的生产费用，具体而言，为生产产品要耗费材料形成材料费用，耗费活劳动形成工资等费用，使用厂房、机器设备等劳动资料形成折旧费用等。生产过程中发生的这些生产费用总和就构成所生产产品的生产成本，其资金形态从固定资金、储备资金和一部分货币资金形态转化为生产资金形态。随着生产过程的不断进行，产成品生产出来并验收入库之后，其资金形态又转化为成品资金形态。生产费用的发生、归集和分配，以及完工产品生产成本的计算等就构成了生产过程核算的基本内容。

销售过程是产品价值的实现过程。在销售过程中，企业通过销售产品，并按照销售价格与购买企业办理各种款项的结算，收回货款或形成债权，从而使成品资金形态转化为货币资金形态，回到了资金运动的起点状态，完成了一次资金的循环。另外，销售过程中还要发生各种诸如包装、广告等销售费用，计算并及时缴纳各种税费，结转销售成本，这些都属于销售过程的核算内容。

对于工业企业而言，生产并销售产品是其主要的经营业务，即主营业务，但还不是其全部业务。除主营业务之外，工业企业还要发生一些其他诸如销售材料、出租固定资产等业务，在对外投资活动过程中还会产生投资损益，在非营业活动中产生营业外的各项收支等。企业在生产经营过程中所获得的各项收入抵偿了各项成本、费用之后的差额，形成企业的利润。企业实现的利润，一部分要以所得税的形式上缴国家，形成国家的财政收入，另一部分即为税后利润，要按照规定的程序在各有关方面进行合理的分配，如果发生了亏损，还要按照规定的程序进行弥补。通过利润分配，一部分资金要退出企业，一部分资金将留在企业继续参与企业的资金周转。

综上所述，企业在生产经营过程中发生的主要经济业务内容包括：资金筹集业务；供应过程业务；生产过程业务；销售过程业务；利润形成与分配业务。

第二节　资金筹集业务的核算

企业为了进行生产经营活动，首先必须拥有一定数量的经营资金，而资金筹集业务是复杂而多样的。但在企业生产经营之初，这些经营资金是通过两条渠道筹集的，一是接受投资者投入的资本；二是向债权人借入资金。

一、所有者权益资金筹集业务的核算

企业从投资者筹集到的资金形成企业所有者权益的重要组成部分，企业的所有者权益通常包括实收资本、资本公积、盈余公积和未分配利润。其中，实收资本和资本公积（资本溢价）是所有者直接投入企业的资本和资本溢价等，一般称为投入资本；盈余公积和未分配利润则是企业在经营过程中所实现利润留存于企业的部分，也称为留存收益。本部分将着重介绍所有者权益中的实收资本和资本公积业务的核算，盈余公积和未分配利润的内容将在本章利润形成及分配业务的核算中进行阐述。

1. 实收资本业务的核算

（1）实收资本的含义。

实收资本（或股本）是指企业按照章程或合同、协议的规定，接受投资者投入企业的资本，是企业所有者权益的基本组成部分。根据有关规定，企业接受各方投资者投入的资本金应遵守资本保全制度的要求，除法律、法规有规定外，投资者不得随意抽回。

（2）实收资本的分类。

所有者向企业投入资本，即形成企业的资本金。企业的资本金按照投资主体的不同可以分为：国家资本金——企业接受国家投资而形成的资本金；法人资本金——企业接受其他企业单位的投资而形成的资本金；个人资本金——企业接受个人包括企业内部职工的投资而形成的资本金；外商资本金——企业接受外商投资而形成的资本金。企业的资本金按照投资者投入资本的不同物质形态，又可以分为货币资金投资、实物投资、有价证券投资和无形资产投资等。

（3）实收资本入账价值的确定。

投入资本按照实际收到的投资额入账，对于收到的是货币资金投资的，应以实际收到的货币资金额入账；对于收到的是实物等其他形式投资的，应以投资各方确认的价值入账；对于实际收到的货币资金额或投资各方确认的资产价值超过其在注册资本中所占份额的部分，应作为资本公积处理。

（4）实收资本的核算。

为了反映实收资本的形成及其变化情况，在会计核算上应设置"实收资本"账户（在股份有限公司中使用"股本"账户）。"实收资本"账户的性质是所有者权益类，用来核算所有者投入企业的资本变化过程及其结果，其贷方登记所有者投入企业资本的增加额，借方登记所有者投入企业资本的减少额；期末余额在贷方，表示所有者投入企业资本的结余额。企业应按照不同的投资者设置明细账户，进行明细核算。

"实收资本"账户的结构可表示为：

借方	实收资本	贷方
实收资本的减少额		实收资本的增加额
		期末余额：实收资本的结余额

下面举例说明实收资本的核算过程。

【例4-1】 A公司接受甲公司的投资 2 000 000 元，款项通过银行划转。

这项经济业务的发生，一方面使 A 公司的银行存款增加 2 000 000 元，另一方面使甲公司在 A 公司的实收资本增加 2 000 000 元。涉及"银行存款"和"实收资本"两个账户。银行存款的增加是资产的增加，应记入"银行存款"账户的借方；实收资本的增加是所有者权益的增加，应记入"实收资本"账户的贷方。编制的会计分录如下。

借：银行存款   2 000 000

  贷：实收资本——甲公司   2 000 000

【例4-2】 A公司收到乙公司投入机器设备一套，投资合同约定的价值为 500 000 元。

这项经济业务的发生，一方面使 A 公司的固定资产增加 500 000 元，另一方面使乙公司在 A 公司的实收资本增加 500 000 元。涉及"固定资产"和"实收资本"两个账户。固定资产的增加是资产的增加，应记入"固定资产"账户的借方；实收资本的增加是所有者权益的增加，应记入"实收资本"账户的贷方。编制的会计分录如下。

借：固定资产   500 000

  贷：实收资本——乙公司   500 000

2. 资本公积业务的核算

（1）资本公积的含义。

资本公积是企业收到投资者出资额超过其在注册资本（或股本）所占份额的部分，以及其他资本公积等。资本公积与实收资本（或股本）是有区别的，实收资本（或股本）是公司所有者（或股东）为谋求价值增值而对公司进行的一种原始投入，从法律上讲属于公司的法定资本，它体现了企业所有者对企业的基本产权关系。而资本公积不直接表明所有者对企业的基本产权关系，也不能作为利润分配的依据。可以说，实收资本无论是在来源上还是在金额上，都有比较严格的限制，而不同来源的资本公积却归所有投资者共同享有。

（2）资本公积的来源。

企业的资本公积的主要来源包括投资者投入资本中超过法定资本份额的部分，以及直接计入资本公积的各种利得或损失等。

（3）资本公积的用途。

资本公积的主要用途在于转增资本，即按投资比例增加投资者的实收资本。

（4）资本公积的核算。

为了反映和监督资本公积的增减变动及其结余情况，应设置"资本公积"账户，并设置"资本溢价""其他资本公积"等明细账户。"资本公积"账户属于所有者权益类账户，其贷方登记资本公积的增加数，借方登记资本公积的减少数；期末余额在贷方，表示资本公积的期末结余数。

"资本公积"账户的结构可表示为：

借方	资本公积	贷方
资本公积的减少数（使用数）	资本公积的增加数	
	期末余额：资本公积金的结余数	

股份公司溢价发行股票，在收到款项时，按实际收到的金额借记"银行存款"等账户，按股票面值与核定的股份总额的乘积计算的金额贷记"股本"账户，按扣除各种费用后的溢价额贷记"资本公积——股本溢价"账户。

以下举例说明资本公积的核算过程。

【例4-3】　B股份公司委托某证券公司代理发行普通股5 000万股，每股面值1元，发行价格为每股4.8元，发行股款已全部收到并存入银行。

股票发行价格超过股票面值即为溢价发行，此时应将发行价格分为面值和溢价两部分。该项业务应计入股本的数额为50 000 000（50 000 000×1）元，溢价额为190 000 000（50 000 000×4.8-50 000 000）元。这项经济业务的发生，一方面使B股份公司的银行存款增加240 000 000（50 000 000+190 000 000）元；另一方面使B股份公司的股本增加50 000 000元，资本公积增加190 000 000元。涉及"银行存款""股本"和"资本公积"三个账户。银行存款的增加是资产的增加，应记入"银行存款"账户的借方；股本和资本公积的增加是所有者权益的增加，应分别记入"股本""资本公积"账户的贷方。编制的会计分录如下。

借：银行存款　　　　　　　　　　　　　　　　　　　240 000 000
　　贷：股本　　　　　　　　　　　　　　　　　　　　　50 000 000
　　　　资本公积——股本溢价　　　　　　　　　　　　190 000 000

二、负债资金筹集业务的核算

企业从债权人筹集到的资金形成企业的负债，负债可以分为流动负债和非流动负债。这里仅以流动负债中的短期借款为例，介绍负债资金筹集业务的核算内容。

1. 短期借款的含义

短期借款是指企业为了满足其生产经营活动对资金的临时需要而向银行或其他金融机构等借入的，偿还期限在1年以内（含1年）的各种借款。短期借款在取得时，根据借款的金额来确认和计量。

2. 短期借款利息的确认与计量

短期借款必须按期归还本金并按时支付利息。短期借款的利息支出属于企业在理财活动中为筹集资金而发生的一项耗费，在会计核算中，企业应将其作为财务费用加以确认。在资产负债表日，企业应根据借款本金和贷款利率计算利息。本期应付的利息，可能在当期支付，也可能在以后支付。

由于短期借款利息的支付时间不同，会计处理的方法也有一定的区别。如果银行对企业的短期借款按月计收利息，企业可以在收到银行的计息通知或在实际支付利息时，直接将发生的利息费用计入当期财务费用，同时减少银行存款；如果银行对企业的短期借款采取按季或半年等较长期间计收利息，为了正确地计算各期损益，通常按权责发生制，采取预提的方法，按月计算借款利息，计入预提期间的财务费用，同时形成企业的一项负债，即应付利息，在实际支付利息时再冲减应付利息。

3. 短期借款的核算

在进行短期借款本金和利息的核算时，需要设置"短期借款"和"财务费用"两个主要的账户。

(1) "短期借款"账户。

"短期借款"账户的性质是负债类，用来核算企业向银行或其他金融机构借入的期限在1年以内（含1年）的各种借款本金的增减变动及其结余情况。该账户的贷方登记取得的短期借款，即短期借款本金的增加数，借方登记短期借款的偿还，即短期借款本金的减少数；期末余额在贷方，表示企业尚未偿还的短期借款的本金结余额。短期借款应按照债权人的不同设置明细账户，并按照借款种类进行明细分类核算。

"短期借款"账户的结构可表示为：

借方	短期借款	贷方
短期借款的本金的偿还（减少）数		短期借款本金的取得（增加）数
		期末余额：短期借款本金结余额

(2) "财务费用"账户。

"财务费用"账户的性质是损益类，用来核算企业为筹集资金而发生的各种筹资费用，包括利息支出（减利息收入）、汇兑损失（减汇兑收益）以及相关的手续费等。"财务费用"账户的借方登记发生的各项财务费用等，贷方登记发生的利息收入以及期末转入"本年利润"账户的财务费用净额（即财务费用支出大于收入的差额，如果收入大于支出，则进行反方向的结转）。经过结转之后，该账户期末没有余额。"财务费用"账户应按照费用项目设置明细账户，进行明细分类核算。

"财务费用"账户的结构可表示为：

借方	财务费用	贷方
发生的费用：		利息收入
利息支出		期末转入"本年利润"账户的财务费用净额
手续费		
汇兑损失		

下面举例说明短期借款的借入、计息和归还的核算过程。

【例 4-4】 C 股份公司因生产经营的临时性需要，于 20××年 4 月 15 日向银行申请取得期限为 6 个月的借款 3 000 000 元，存入银行。

这项经济业务的发生，一方面使 C 股份公司的银行存款增加 3 000 000 元，另一方面使公司的短期借款增加 3 000 000 元。涉及"银行存款"和"短期借款"两个账户。银行存款的增加是资产的增加，应记入"银行存款"账户的借方；短期借款的增加是负债的增加，应记入"短期借款"账户的贷方。编制的会计分录如下。

借：银行存款 3 000 000
　　贷：短期借款 3 000 000

【例 4-5】 承【例 4-4】，假如 C 股份公司取得的借款年利率为 6%，利息按季度结算，计算 4 月份应负担的利息。

这项经济业务的发生，首先应按照权责发生制的要求，计算本月应负担的利息额，即本月应负担的借款利息为 7 500 （3 000 000×6%÷12×15/30）元。借款利息属于企业的一项财务费用，由于利息是按季度结算的，所以本月的利息虽然在本月计算并由本月负担，却不在本月实际支付，因而形成企业的一项负债，这项负债通过"应付利息"账户进行反映。因此，这项经济业务涉及"财务费用"和"应付利息"两个账户。财务费用的增加属于费用的增加，应记入"财务费用"账户的借方；应付利息的增加属于负债的增加，应记入"应付利息"账户的贷方。编制的会计分录如下。

借：财务费用 7 500
　　贷：应付利息 7 500

【例 4-6】 承【例 4-5】，C 股份公司在 6 月末用银行存款 37 500 元支付本季度的银行借款利息（5 月份利息和 6 月份利息的计算和处理方法同 4 月份，故这里略）。

这项经济业务是偿还银行借款利息这项负债的业务。一方面使 C 股份公司的银行存款减少 37 500 元，另一方面使 C 股份公司的应付利息减少 37 500 元。涉及"银行存款"和"应付利息"两个账户。银行存款的减少是资产的减少，应记入"银行存款"账户的贷方；应付利息的减少是负债的减少，应记入"应付利息"账户的借方。编制的会计分录如下。

借：应付利息 37 500
　　贷：银行存款 37 500

【例 4-7】 承【例 4-6】，C 股份公司在 10 月 15 日用银行存款 3 000 000 元偿还到期的银行临时借款本金，并用银行存款支付 10 月份的利息 7 500 元（7、8、9 月份的利息核算同前）。

这项经济业务的发生，一方面使 C 股份公司的银行存款减少 3 007 500 元，另一方面使 C 股份公司的短期借款本金减少 3 000 000 元，同时，利息费用增加 7 500 元。涉及"银行存款""短期借款"和"财务费用"三个账户。银行存款的减少是资产的减少，应记入"银行存款"账户的贷方；短期借款的减少是负债的减少，应记入"短期借款"账户的借方；利息费用的增加属于费用的增加，应记入"财务费用"账户的借方。编制的会计分录如下。

借：短期借款	3 000 000
财务费用	7 500
贷：银行存款	3 007 500

第三节　供应过程业务的核算

企业从不同途径筹集到资金之后，就可以将这些资金投入到企业正常的生产经营活动中，通过资金在企业内部的循环与周转，为企业带来经济利益，使资金增值。一般将企业的经营过程划分为供应过程、生产过程和销售过程，其中，供应过程是为生产产品做准备的过程。为了生产产品，就要做好多方面的物资准备工作，其中较为重要的就是准备劳动资料（即购建固定资产）和准备劳动对象（即购买原材料等）。

一、材料采购业务的核算

1. 材料采购业务的核算内容

在材料采购过程中，企业一方面要从供应单位购进各种材料，计算购进材料的采购成本；另一方面要按照合同和约定的结算办法支付材料的买价和各种采购费用，并与供应单位发生货款结算关系。在材料采购业务的核算过程中，还涉及增值税进项税额的计算与处理问题。

2. 材料采购成本的确定

材料采购成本是指企业购入原材料的实际成本。企业购入原材料的实际成本由以下几项内容组成。

（1）买价，是指购货发票所注明的货款金额。

（2）采购过程中发生的运杂费，包括运输费、包装费、装卸费、保险费、仓储费等。

（3）材料在运输途中发生的合理损耗。

（4）材料入库之前发生的整理挑选费用。

（5）按规定应计入材料采购成本中的各种税费，如从国外进口材料支付的进口关税等。

（6）其他费用等。

应当注意的是，市内零星运杂费、采购人员的差旅费以及采购机构的经费等不构成材料的采购成本，而是计入期间费用。

以上第（1）项应当直接计入所购某种材料的采购成本，第（2）～（6）项是购买材料过程中发生的各种采购费用，凡能分清是哪种材料直接负担的，可以直接计入该材料的采购成本，不能分清的，应按材料的重量等标准分配计入材料采购成本。材料采购费用分配公式为：

材料采购费用分配率＝材料采购费用总额÷分配标准的合计

某种材料应负担的采购费用额＝材料采购费用分配率×该材料的分配标准

3. 材料采购业务的核算

原材料按实际成本核算时应设置以下账户。

（1）"在途物资"账户。

"在途物资"账户的性质属于资产类，用来核算尚未运达企业或者已经运达企业但尚未验收入库的外购材料的买价和各种采购费用，据以计算确定的材料实际采购成本。其借方登记购入材料的买价和采购费用，贷方登记结转验收入库材料的实际采购成本；期末余额在借方，表示在途材料的成本。"在途物资"账户应按照购入材料的品种和供应单位设置明细账户，进行明细分类核算。

"在途物资"账户的结构可表示为：

借方	在途物资	贷方
购入材料所发生的买价和采购费用		结转验收入库材料的实际采购成本
期末余额：在途材料的成本		

（2）"原材料"账户。

"原材料"账户的性质属于资产类，用来核算企业库存材料实际成本的增减变动及结存情况。其借方登记已验收入库材料的实际成本，贷方登记发出材料的实际成本；期末余额在借方，表示期末库存材料实际成本的结余额。"原材料"账户应按照材料的品种规格设置明细账户，进行明细分类核算。

"原材料"账户的结构可表示为：

借方	原材料	贷方
已验收入库材料的实际成本		发出材料的实际成本
期末余额：库存材料实际成本		

（3）"应付账款"账户。

"应付账款"账户的性质属于负债类，用来核算企业因购买原材料、商品和接受劳务等应支付的款项。其贷方登记应付供应单位款项的增加，借方登记支付给供应单位的款项。期末余额一般在贷方，表示尚未偿还的应付款的结余额。该账户应按照供应单位的名称设置明细账户，进行明细分类核算。

"应付账款"账户的结构可表示为：

借方	应付账款	贷方
实际支付前欠的款项		应付款项的增加
		期末余额：尚未偿还的应付款

（4）"预付账款"账户。

"预付账款"账户属于资产类账户，用来核算企业按照合同规定向供应单位预付的购货款。其借方登记向供应单位预付的购货款的增加数，贷方登记收到供应单位提供的货物时应冲销的预付款的数额；期末余额一般在借方，表示尚未结算的预付款的结余额。该账户应按照供应单位的名称设置明细账户，进行明细分类核算。

"预付账款"账户的结构可表示为：

借方	预付账款	贷方
预付供应单位款项的增加数		冲销预付供应单位的款项
期末余额：尚未结算的预付款		

（5）"应付票据"账户。

"应付票据"账户属于负债类账户，用来核算企业采用商业汇票结算方式购买材料物资等而开出、承兑的商业汇票的增减变动及其结余情况。其贷方登记企业开出、承兑商业汇票的增加数，借方登记到期商业汇票的减少数（不论是否已经付款）。期末余额在贷方，表示尚未到期的商业汇票的结余额。该账户应按照债权人的不同设置明细账户，进行明细核算。

"应付票据"账户的结构可表示为：

借方	应付票据	贷方
到期应付票据的减少数		开出、承兑商业汇票的增加数
		期末余额：尚未到期商业汇票的结余额

（6）"应交税费"账户。

"应交税费"账户的性质属于负债类，用来核算企业按税法规定应缴纳的各种税费的计算与实际缴纳情况。其贷方登记计算出的各种应交未交税费的增加数，借方登记实际缴纳的各种税费。期末余额如果在贷方，表示未交税费的结余额；如果在借方，表示多交的税费。"应交税费"账户应按照税费品种设置明细账户，进行明细分类核算。

在材料采购业务中设置"应交税费"账户主要是为了核算增值税。增值税是对在我国境内销售货物或者提供劳务以及进口货物的单位和个人，就其取得的货物或应税劳务销售额计算税款，并实行税款抵扣制度的一种流转税。增值税因是对商品生产或流通各个环节的新增价值或商品附加值进行征税而得名，是一种价外税。增值税的纳税人分为一般纳税人和小规模纳税人两类。

现以增值税一般纳税人为例进行介绍。增值税一般纳税人的应纳增值税额，根据当期的销项税额减去当期的进项税额计算确定，计算公式为：

$$本期应纳增值税额＝本期销项税额－本期进项税额$$

其中，销项税额是指纳税人销售货物或应税劳务，按照销售额和规定的税率计算并向购买方收取的增值税额。计算公式为：

$$销项税额 = 销售额×增值税税率$$

进项税额是指纳税人购进货物或接受应税劳务所支付或负担的增值税税额。计算公式为:

$$进项税额＝购进货物或劳务价款×增值税税率$$

增值税的进项税额与销项税额是相对应的,销售方的销项税额就是购买方的进项税额。"应交税费"账户的结构可表示为:

借方	应交税费	贷方
实际缴纳的各种税费		计算出的应交而未交的税费
期末余额:多交的税费		期末余额:未交的税费

下面举例说明材料采购业务的核算过程。

【例4-8】 A股份公司从友谊工厂购入下列材料:甲材料8 200千克,单价39元/千克;乙材料3 500千克,单价24元/千克。增值税税率13%,全部款项通过银行付清,材料尚未运达企业。

对于这项经济业务,首先要计算购入材料的买价和增值税进项税额。甲材料的买价为319 800(39×8 200)元,乙材料的买价为84 000(24×3 500)元,甲、乙两种材料的买价合计为403 800(319 800+84 000)元,增值税进项税额为52 494(403 800×13%)元。这项经济业务的发生,一方面使A股份公司购入甲材料的买价增加319 800元,乙材料的买价增加84 000元,增值税进项税额增加52 494元;另一方面使A股份公司的银行存款减少456 294(319 800+84 000+52 494)元。涉及"在途物资""应交税费——应交增值税""银行存款"三个账户。材料买价的增加是资产的增加,应记入"在途物资"账户的借方;增值税进项税额的增加是负债的减少,应记入"应交税费——应交增值税"账户的借方;银行存款的减少是资产的减少,应记入"银行存款"账户的贷方。编制的会计分录如下。

借:在途物资——甲材料　　　　　　　　　　　　　　　319 800
　　　　　　　——乙材料　　　　　　　　　　　　　　84 000
　　应交税费——应交增值税(进项税额)　　　　　　　52 494
　　贷:银行存款　　　　　　　　　　　　　　　　　　　　456 294

【例4-9】 A股份公司用银行存款11 700元支付上述购入甲、乙材料的外地运杂费,按照材料的重量比例进行分配。

首先需要对甲、乙材料应共同负担的11 700元外地运杂费进行分配。

分配率＝11 700÷(8 200+3 500)＝1(元/千克)

甲材料负担的采购费用＝1×8 200＝8 200(元)

乙材料负担的采购费用＝1×3 500＝3 500(元)

这项经济业务的发生,一方面使A股份公司的材料采购成本增加11 700元,其中甲材料采购成本增加8 200元,乙材料采购成本增加3 500元;另一方面使A股份公司的银行存款减少 11 700 元。涉及"在途物资"和"银行存款"两个账户。材料采购成本的增加是资产的增加，应记入"在途物资"账户的借方；银行存款的减少是资产的减少，应记入"银行存款"账户的贷方。编制的会计分录如下。

　　借：在途物资——甲材料 　　　　　　　　　　　　　　　　　　　8 200
　　　　　　　　　——乙材料 　　　　　　　　　　　　　　　　　　　3 500
　　　　贷：银行存款 　　　　　　　　　　　　　　　　　　　　　　　11 700

【例 4-10】　从友谊公司购入的甲、乙两种材料到达企业，验收入库。

这项经济业务的发生，一方面使 A 股份公司库存材料的实际成本增加 415 500 元，其中甲材料实际成本增加 328 000（319 800+8 200）元，乙材料实际成本增加 87 500（84 000+3 500）元；另一方面使 A 股份公司在途材料的实际成本减少 415 500 元。涉及"原材料"和"在途物资"两个账户。原材料的增加是资产的增加，应记入"原材料"账户的借方；在途物资的减少是资产的减少，应记入"在途物资"账户的贷方。编制的会计分录如下。

　　借：原材料——甲材料 　　　　　　　　　　　　　　　　　　　328 000
　　　　　　　——乙材料 　　　　　　　　　　　　　　　　　　　　87 500
　　　　贷：在途物资——甲材料 　　　　　　　　　　　　　　　　　328 000
　　　　　　　　　——乙材料 　　　　　　　　　　　　　　　　　　 87 500

【例 4-11】　A 股份公司从兴顺工厂购进丙材料 12 000 千克，发票注明的价款为 186 000 元，增值税额为 24 180（186 000×13%）元，兴顺工厂代本公司垫付材料的运杂费 4 000 元。材料已运达企业并已验收入库。账单、发票已到，但材料价款、税金及运杂费尚未支付。

这项经济业务的发生，一方面使 A 股份公司的材料采购成本增加 190 000（186 000+4 000）元，增值税进项税额增加 24 180 元；另一方面使 A 股份公司应付供应单位款项增加 214 180（190 000+24 180）元。涉及"原材料""应交税费——应交增值税"和"应付账款"三个账户。材料采购成本的增加是资产的增加，应记入"原材料"账户的借方；增值税进项税额的增加是负债的减少，应记入"应交税费——应交增值税（进项税额）"账户的借方；应付账款的增加是负债的增加，应记入"应付账款——兴顺工厂"账户的贷方。编制的会计分录如下。

　　借：原材料——丙材料 　　　　　　　　　　　　　　　　　　　190 000
　　　　应交税费——应交增值税（进项税额） 　　　　　　　　　　　 24 180
　　　　贷：应付账款——兴顺工厂 　　　　　　　　　　　　　　　　214 180

【例 4-12】　A 股份公司按照合同规定用银行存款预付给兴达工厂订货款 400 000 元。

这项经济业务的发生，一方面使 A 股份公司预付的订货款增加 400 000 元，另一方面使 A 股份公司的银行存款减少 400 000 元。涉及"预付账款"和"银行存款"两个账户。预付账款的增加是资产（债权）的增加，应记入"预付账款——兴达工厂"账户的借方；银行存款的减少是资产的减少，应记入"银行存款"账户的贷方。编制的会计分录如下。

借：预付账款——兴达工厂 400 000

    贷：银行存款 400 000

【例 4-13】 A 股份公司收到兴达工厂发运来的、已预付货款的丙材料，并验收入库。随货物附来的发票注明该批丙材料的价款为 750 000 元，增值税进项税额为 97 500 元，除冲销原预付款 400 000 元外，不足款项立即用银行存款支付。另发生运杂费 8 500 元，用现金支付。

这项经济业务的发生，一方面使 A 股份公司的材料采购成本增加 758 500（750 000＋8 500）元，增值税进项税额增加 97 500 元；另一方面使 A 股份公司的预付款减少 400 000元，银行存款减少 447 500（750 000＋97 500－400 000）元，现金减少 8 500 元。涉及“原材料”“应交税费——应交增值税”“预付账款”“银行存款”和“库存现金”五个账户。材料采购成本的增加是资产的增加，应记入“原材料——丙材料”账户的借方；增值税进项税额的增加是负债的减少，应记入“应交税费——应交增值税（进项税额）”账户的借方；预付款的减少是资产的减少，应记入“预付账款——兴达工厂”账户的贷方；银行存款的减少是资产的减少，应记入“银行存款”账户的贷方；现金的减少是资产的减少，应记入“库存现金”账户的贷方。编制的会计分录如下。

借：原材料——丙材料 758 500

    应交税费——应交增值税（进项税额） 97 500

    贷：预付账款——兴达工厂 400 000

        银行存款 447 500

        库存现金 8 500

【例 4-14】 A 股份公司向蓝天公司签发并承兑一张面值为 809 080 元的商业汇票购入丁材料，该批丁材料的买价为 716 000 元，增值税进项税额为 93 080 元，材料尚未到达。

这项经济业务的发生，一方面使 A 股份公司的材料采购成本增加 716 000 元，增值税进项税额增加 93 080 元；另一方面使 A 股份公司的应付票据增加 809 080 元。涉及“在途物资”“应交税费——应交增值税”“应付票据”三个账户。材料采购成本的增加是资产的增加，应记入“在途物资——丁材料”账户的借方；增值税进项税额的增加是负债的减少，应记入“应交税费——应交增值税（进项税额）”账户的借方；应付票据的增加是负债的增加，应记入“应付票据”账户的贷方。编制的会计分录如下。

借：在途物资——丁材料 716 000

    应交税费——应交增值税（进项税额） 93 080

    贷：应付票据 809 080

【例 4-15】 承【例 4-11】，A 股份公司用银行存款支付本月从兴顺工厂购入丙材料的价税款和代垫的运杂费。

这项经济业务的发生，一方面使 A 股份公司的应付账款减少 214 180 元；另一方面使 A股份公司的银行存款减少 214 180 元。涉及“应付账款”“银行存款”两个账户。应付账款的减少是负债的减少，应记入"应付账款——兴顺工厂"账户的借方；银行存款的减少是资产的减少，应记入"银行存款"账户的贷方。编制的会计分录如下。

借：应付账款——兴顺工厂   214 180

    贷：银行存款   214 180

二、固定资产购置业务的核算

1. 固定资产的含义

固定资产是指同时具有下列两个特征的有形资产：为生产商品、提供劳务、出租或经营管理而持有；使用寿命超过一个会计年度。例如，房屋建筑物、机器设备、运输车辆以及工具、器具等有形资产。

固定资产是企业资产中比较重要的内容，从一定程度上说，它代表着企业的生产能力和生产规模。固定资产是企业的劳动资料，从经济用途来看，固定资产是用于生产经营活动的而不是为了出售，这一特征是区别固定资产与商品、产品等流动资产的重要标志。由于固定资产要长期地参与企业的生产经营活动，因而其价值周转与实物补偿并不同步。固定资产的价值一部分随其磨损，脱离其实物形态，而另一部分仍束缚在使用价值形态上，这一特点使得固定资产的计价可以按取得时的实际成本和经磨损之后的净值同时表现。

2. 企业取得固定资产时入账价值的确定

企业会计准则规定，固定资产应当按照历史成本计价核算。历史成本亦指实际成本或原始价值，是指企业为购建某项固定资产使其达到预定可使用状态前发生的一切合理的、必要的支出，如支付的固定资产的买价、包装费、运杂费、安装费等。

3. 固定资产的核算

为了核算企业购买和自行建造完成固定资产的价值变动过程及结果，需要设置以下的账户。

（1）"固定资产"账户。

"固定资产"账户的性质属于资产类，用来核算企业持有固定资产原价的增减变动及结余情况。该账户的借方登记固定资产原价的增加数，贷方登记固定资产原价的减少数；期末余额在借方，表示固定资产原价的结余额。该账户应按照固定资产的种类设置明细账户，进行明细分类核算。

"固定资产"账户的结构可表示为：

借方	固定资产	贷方
固定资产原价的增加数		固定资产原价的减少数
期末余额：固定资产原价的结余额		

（2）"在建工程"账户。

"在建工程"账户的性质属于资产类，用来核算企业为进行固定资产基建、安装、技术改造以及大修理等工程而发生的全部支出，并据以计算确定该工程成本的账户。该账户的借方登记在建工程发生的全部支出，贷方登记结转完工工程的成本。期末余额在借方，表示未完工工程的成本。"在建工程"账户应按工程内容，如建筑工程、安装工程、在安装设备以及单项工程等设置明细账户，进行明细核算。

"在建工程"账户的结构可表示为：

借方	在建工程	贷方
工程发生的全部支出		结转完工工程成本
期末余额：未完工工程成本		

企业购置的固定资产，对于其中需要安装的部分，在交付使用之前，应通过"在建工程"账户进行核算，在购建过程中所发生的全部支出，都应归集到"在建工程"账户；待工程达到可使用状态形成固定资产之后，方可将该工程成本从"在建工程"账户转入"固定资产"账户。

下面分别举例说明企业购买的不需要安装和需要安装固定资产的核算内容。

【例4-16】　A股份公司购入一台不需要安装的设备，该设备的买价为328 000元，增值税税额为42 640元，包装运杂费等6 000元，全部款项通过银行支付，设备当即投入使用。

这是一台不需要安装的设备，购买完成之后就意味着达到了预定可使用状态，在购买过程中发生的支出共334 000（328 000 + 6 000）元，形成固定资产的取得成本。这项经济业务的发生，一方面使A股份公司固定资产取得成本增加334 000元，增值税进项税额增加42 640元；另一方面使A股份公司的银行存款减少376 640元。涉及"固定资产""应交税费——应交增值税（进项税额）"和"银行存款"三个账户。固定资产的增加是资产的增加，应记入"固定资产"账户的借方；增值税进项税额的增加是负债的减少，应记入"应交税费——应交增值税（进项税额）"账户的借方；银行存款的减少是资产的减少，应记入"银行存款"账户的贷方。编制的会计分录如下。

借：固定资产　　　　　　　　　　　　　　　　　　　　334 000

　　应交税费——应交增值税（进项税额）　　　　　　　42 640

　　贷：银行存款　　　　　　　　　　　　　　　　　　　　376 640

【例4-17】　A股份公司用银行存款购入一台需要安装的设备，有关发票等凭证显示，其买价为1 250 000元，增值税税额为162 500元，包装运杂费等共15 000元，设备投入安装。

由于这是一台需要安装的设备，因而购买过程中发生的各项支出构成购置固定资产安装工程成本，在设备达到预定可用状态前的这些支出应先在"在建工程"账户中进行归集。因而，这项经济业务的发生，一方面使A股份公司的在建工程支出增加1 265 000（1 250 000 +

15 000）元，增值税进项税额增加 162 500 元；另一方面使 A 股份公司的银行存款减少 1 427 500 元。涉及"在建工程""应交税费——应交增值税（进项税额）"和"银行存款"三个账户。在建工程支出的增加是资产的增加，应记入"在建工程"账户的借方；增值税进项税额的增加是负债的减少，应计入"应交税费——应交增值税（进项税额）"账户的借方；银行存款的减少是资产的减少，应记入"银行存款"账户的贷方。编制的会计分录如下。

借：在建工程   1 265 000

     应交税费——应交增值税（进项税额）   162 500

    贷：银行存款   1 427 500

【例 4-18】 承【例 4-17】，A 股份公司的上述设备在安装过程中发生的安装费如下：领用本企业的原材料 18 500 元，用现金支付外来安装工人的工资 54 720 元。

设备在安装过程中发生的安装费也构成固定资产安装工程支出。这项经济业务的发生，一方面使 A 股份公司固定资产安装工程支出增加 73 220（18 500 + 54 720）元；另一方面使 A 股份公司的原材料减少 18 500 元，库存现金减少 54 720 元。涉及"在建工程""原材料"和"库存现金"三个账户。在建工程支出的增加是资产的增加，应记入"在建工程"账户的借方；原材料的减少是资产的减少，应记入"原材料"账户的贷方；现金的减少是资产的减少，应记入"库存现金"账户的贷方。编制的会计分录如下。

借：在建工程   73 220

    贷：原材料   18 500

       库存现金   54 720

【例 4-19】 承【例 4-18】，上述设备安装完毕，达到预定可使用状态，经验收合格办理竣工决算手续，现已交付使用，结转工程成本。

工程安装完毕，交付使用，意味着固定资产的取得成本已经形成，可以将该工程全部支出转入"固定资产"账户，其工程的全部成本为 1 338 220（1 265 000+73 220）元。这项经济业务的发生，一方面使 A 股份公司的固定资产取得成本增加 1 338 220 元；另一方面使 A 股份公司的在建工程成本减少 1 338 220 元。涉及"固定资产"和"在建工程"两个账户。固定资产取得成本的增加是资产的增加，应记入"固定资产"账户的借方；在建工程支出的结转是资产的减少，应记入"在建工程"账户的贷方。编制的会计分录如下。

借：固定资产   1 338 220

    贷：在建工程   1 338 220

第四节　生产过程业务的核算

通过供应过程，企业准备了劳动手段（固定资产）和劳动对象（原材料），接下来就可以进入生产过程，开始产品的生产了。生产过程是工业企业最具特色的阶段，在这一阶段，劳动者借助机器、设备等劳动手段，将原材料加工成符合要求的产品。生产费用的发生、归集和分配，以及完工产品的入库，就成为生产过程核算的主要内容。

一、生产过程业务概述

企业要生产产品就要发生各种生产耗费，包括生产资料中的劳动手段（例如机器设备）和劳动对象（例如原材料）的耗费，以及劳动力等方面的耗费。制造企业在生产过程中发生的、用货币表现的生产耗费叫作生产费用。这些费用最终都要归集、分配到一定种类的产品上去，从而形成各种产品的成本。

生产费用按其计入产品成本的方式不同，可以分为直接费用和间接费用。直接费用是指企业为生产某一种生产对象（如产品品种）而直接耗费的各项费用，包括产品生产过程中实际消耗的直接材料费用、直接人工费用等。直接费用发生时，可以直接归集到某产品成本计算对象上。间接费用是指企业为生产产品和提供劳务而发生的各项间接支出，通常称为制造费用。间接费用发生时，不能直接归集到某一种产品成本计算对象上，而应在期末将汇总的间接费用，按一定的标准在各成本计算对象之间进行分配，然后计入某一产品的成本。各个产品成本项目的具体构成内容可以分为以下三种。

（1）直接材料，是指企业在生产产品和提供劳务的过程中所消耗的，直接用于产品生产、构成产品实体的各种原材料及主要材料、外购半成品，以及有助于产品形成的辅助材料等。

（2）直接人工，是指企业在生产产品和提供劳务过程中，直接从事产品生产的工人的各种薪酬，如工资、福利费和社会保险费等。

（3）制造费用，是指企业为生产产品和提供劳务而发生的各项间接费用，其构成内容比较复杂，包括车间管理人员和技术人员的各种薪酬、车间固定资产的折旧费、车间的办公费、水电费、机物料消耗、劳动保护费等。

企业在生产过程中，除了发生生产费用以外，还会发生一些期间费用。所谓期间费用，是指企业在一定期间为了组织和管理生产经营活动而发生的各项耗费。该费用仅与发生的期间有关，无法对象化，因此，期间费用不构成产品成本，费用发生时直接计入当期损益。期间费用包括销售费用、管理费用、财务费用（详见本章第六节的内容）。

二、生产过程业务的核算

1. 材料费用的归集与分配

在确定材料费用时，应根据领料凭证区分车间、部门和用途后，按照确定的结果将发出材料的成本分别计入"生产成本""制造费用""管理费用"等账户。对于直接用于某种产品生产的材料，应作为直接费用计入"生产成本"账户；对于为创造生产条件等需要而间接消耗的各种材料，应先在"制造费用"账户中进行归集，然后按一定的标准分配计入有关产品成本中；对于行政管理部门耗用的材料，应作为期间费用直接计入"管理费用"账户。

为了反映和监督产品在生产过程中各项材料费用的发生、归集和分配情况，正确地计算产品生产成本中的材料费用，应设置以下账户。

（1）"生产成本"账户。

"生产成本"账户的性质属于成本类，用来核算企业进行生产所发生的各项生产费用。其借方登记应计入产品生产成本的各项费用，包括直接计入产品生产成本的直接材料费用、直接人工费用和期末按照一定的方法分配计入产品生产成本的制造费用；贷方登记结转完工入库产成品的生产成本。期末如有余额，余额在借方，表示尚未完工产品（在产品）的成本。该账户应按产品种类或类别设置明细账户，进行明细分类核算。

"生产成本"账户的结构可表示为：

借方	生产成本	贷方
发生的生产费用： 直接材料费用 直接人工费用 制造费用		结转完工入库产成品的生产成本
期末余额：在产品成本		

（2）"制造费用"账户。

"制造费用"账户的性质属于成本类，用来归集和分配企业生产车间范围内为组织和管理产品的生产而发生的各项间接费用，包括车间范围内发生的管理人员的薪酬、折旧费、办公费、水电费、机物料消耗等。其借方登记实际发生的各项制造费用，贷方登记期末分配转入"生产成本"账户的制造费用。期末结转后，该账户一般没有余额。该账户应按不同车间、部门设置明细账户，按照费用项目设置专栏进行明细分类核算。

"制造费用"账户的结构可表示为：

借方	制造费用	贷方
归集车间范围内发生的各项制造费用		期末分配转入"生产成本"账户的制造费用

制造企业采购的材料，经验收入库，形成生产的物资储备。生产部门领用时，填制领料单，向仓库办理领料手续，领取所需材料。仓库发出材料后，要将领料凭证传递到会计部门。会计部门将领料单汇总，编制发出材料汇总表，据以将本月发生的材料费用按其用途分配计入生产费用和其他有关费用。

下面举例说明材料费用归集与分配的核算过程。

【例4-20】 F股份公司本月仓库发出材料汇总表如表4-1所示。

表4-1　F股份公司本月发出材料汇总表

用途		甲材料		乙材料		材料耗用
		数量/千克	金额/元	数量/千克	金额/元	合计/元
制造产品领用	A产品耗用	2 000	80 000	1 800	45 000	125 000
	B产品耗用	3 000	120 000	1 000	25 000	145 000
小计		5 000	200 000	2 800	70 000	270 000
车间一般耗用		800	32 000	600	15 000	47 000
合计		5 800	232 000	3 400	85 000	317 000

从表4-1可以看出，该企业的材料费用可以分为两个部分。一部分为直接用于产品制造的直接材料费，A、B两种产品共耗用270 000元，其中A产品耗用125 000元，B产品耗用145 000元；另一部分为车间一般消耗的材料47 000元。这项经济业务的发生，一方面使F股份公司生产产品的直接材料费增加270 000元，间接材料费增加47 000元；另一方面使F股份公司的库存材料减少317 000元。涉及"生产成本""制造费用""原材料"三个账户。生产产品的直接材料费和间接材料费的增加是费用的增加，应分别记入"生产成本"和"制造费用"账户的借方；库存材料的减少是资产的减少，应记入"原材料"账户的贷方。编制的会计分录如下。

借：生产成本——A产品　　　　　　　　　　　　　　125 000
　　　　　　——B产品　　　　　　　　　　　　　　145 000
　　制造费用　　　　　　　　　　　　　　　　　　　47 000
　　贷：原材料——甲材料　　　　　　　　　　　　　　　　　232 000
　　　　　　　——乙材料　　　　　　　　　　　　　　　　　　85 000

2. 人工费用的归集与分配

职工为企业劳动，企业应向职工支付一定的薪酬。所谓职工薪酬，是指企业为获得职工提供的服务或解除劳动关系而给予的各种形式的报酬或补偿。职工薪酬包括职工工资、奖金、津贴和补贴、职工福利费和社会保险费等。职工薪酬作为企业的一项支出，在实际发生时根据职工提供服务的受益对象的不同，分别形成企业不同的成本或费用：生产工人的工资属于直接费用，应直接记入"生产成本"账户；生产车间管理人员的工资属于间接费用，应记入"制造费用"账户；行政管理人员的工资属于期间费用，应记入"管理费用"账户等。

为了核算职工薪酬的发生和分配，需要设置"应付职工薪酬"账户。"应付职工薪酬"账户的性质是负债类，该账户贷方登记本月计算的应付职工薪酬总额，包括各种工资、奖金、津贴和福利费等，借方登记本月实际支付的职工薪酬数。月末如为贷方余额，表示应付未付的职工薪酬。"应付职工薪酬"账户可以按照"工资、奖金、津贴和补贴""职工福利费""社会保险费""住房公积金"等进行明细核算。

"应付职工薪酬"账户的结构可表示为：

借方	应付职工薪酬	贷方
实际支付的职工薪酬数	月末计算的应付职工薪酬总额	
	期末余额：应付未付的职工薪酬	

下面举例说明生产过程中工薪的归集与分配业务的核算过程。

【例4-21】 F股份公司本月工资结算与分配情况如表4-2所示。

表4-2 F公司本月工资结算与分配情况

项目	金额/元
A产品生产工人工资	1 640 000
B产品生产工人工资	1 430 000
车间管理人员工资	320 000
行政管理人员工资	210 000
合计	3 600 000

这项经济业务的发生，一方面使F股份公司应付职工薪酬增加了3 600 000元；另一方面使F股份公司的生产费用和期间费用增加了3 600 000元。涉及"生产成本""制造费用""管理费用"和"应付职工薪酬"四个账户。支付给生产A、B两种产品生产工人的工资作为直接费用，应记入"生产成本"账户的借方；车间管理人员的工资作为间接费用，应记入"制造费用"账户的借方；行政管理人员的工资作为期间费用，应记入"管理费用"账户的借方；应付职工工资形成企业负债的增加，应记入"应付职工薪酬——工资、资金、津贴和补贴"账户的贷方。编制的会计分录如下。

借：生产成本——A产品　　　　　　　　　　　　　1 640 000
　　　　　　——B产品　　　　　　　　　　　　　1 430 000
　　制造费用　　　　　　　　　　　　　　　　　　320 000
　　管理费用　　　　　　　　　　　　　　　　　　210 000
　　贷：应付职工薪酬——工资、奖金、津贴和补贴　　　　3 600 000

【例4-22】 假设F股份公司根据本月工资总额的14%计提各种社会保险费，如表4-3所示。

表4-3 F公司计提的各种社会保险费

人员	金额/元
A产品生产工人	229 600
B产品生产工人	200 200
车间管理人员	44 800
行政管理人员	29 400
合计	504 000

这项经济业务的发生，使公司当期的成本、费用增加，同时，使公司的应付职工薪酬增加。对于成本、费用的增加，应区分不同人员的工资提取的社会保险费，分别在不同的账户列支。其中，按 A 产品生产工人工资提取的 229 600 元和按 B 产品生产工人工资提取的 200 200 元属于产品生产成本的增加，应记入"生产成本"账户的借方；按车间管理人员的工资提取的 44 800 元属于间接费用的增加，应记入"制造费用"账户的借方；按行政管理人员的工资提取的 29 400 元属于期间费用的增加，应记入"管理费用"账户的借方。同时，社会保险费提取之后并未当即发放给职工，因而形成公司负债的增加，应记入"应付职工薪酬——社会保险费"账户的贷方。编制的会计分录如下。

借：生产成本——A 产品　　　　　　　　　　　　　　　　229 600
　　　　　　　——B 产品　　　　　　　　　　　　　　　　200 200
　　制造费用　　　　　　　　　　　　　　　　　　　　　　 44 800
　　管理费用　　　　　　　　　　　　　　　　　　　　　　 29 400
　　贷：应付职工薪酬——社会保险费　　　　　　　　　　　504 000

【例 4-23】 F 股份公司委托银行代发工资 3 600 000 元。

这项经济业务的发生，一方面使 F 股份公司的银行存款减少 3 600 000 元；另一方面使 F 股份公司的应付职工薪酬减少 3 600 000 元。涉及"银行存款"和"应付职工薪酬"两个账户。银行存款的减少是资产的减少，应记入"银行存款"账户的贷方；应付职工薪酬的减少是负债的减少，应记入"应付职工薪酬——工资、奖金、津贴和补贴"账户的贷方。编制的会计分录如下。

借：应付职工薪酬——工资、奖金、津贴和补贴　　　　　3 600 000
　　贷：银行存款　　　　　　　　　　　　　　　　　　　　 3 600 000

3. 制造费用的归集与分配

制造费用是产品制造企业为了生产产品和提供劳务而发生的各种间接费用。在生产多种产品的企业里，制造费用在发生时一般无法直接判定其应归属的成本核算对象，因而不能直接计入所生产的产品成本中，必须将各种间接费用在"制造费用"账户中予以归集、汇总，然后期末选用一定的标准（如生产工人工资、生产工时等），在各种产品之间进行合理的分配，以便准确地确定各种产品应负担的制造费用。

（1）固定资产折旧费用的核算。

固定资产在使用中，价值会逐渐损耗，固定资产由于损耗而减少的价值称为固定资产折旧。由于"固定资产"账户是用来核算固定资产原始价值的增减变动和结存情况的，为了便于计算和反映固定资产的账面净值（折余价值），就需要专门设置一个用来核算固定资产损耗价值的账户，即"累计折旧"账户。

"累计折旧"账户的性质是资产类，用来核算企业固定资产已提折旧的累计情况。其贷方登记按月提取的折旧额，即累计折旧的增加，借方登记减少的累计折旧。期末余额在贷方，表示已提折旧的累计额。

"累计折旧"账户的结构可表示为：

借方	累计折旧	贷方
固定资产累计折旧的减少		提取的固定资产累计折旧的增加
		期末余额：现有固定资产累计折旧额

将"固定资产"账户的借方余额减去"累计折旧"账户的贷方余额，即可求得固定资产的净值。

【例4-24】 F股份公司于月末计提本月固定资产折旧，其中车间固定资产折旧额为126 600元，行政管理部门固定资产折旧额为4 500元。

提取固定资产折旧时，一方面要反映当期成本费用的增加，但应区分不同使用部门，记入不同的费用成本类账户，其中，车间固定资产提取的折旧额应记入"制造费用"账户的借方，行政管理部门固定资产提取的折旧额应记入"管理费用"账户的借方；另一方面，要反映固定资产已提折旧额的增加，应记入"累计折旧"账户的贷方。编制的会计分录如下。

借：制造费用   126 600
  管理费用   4 500
  贷：累计折旧   131 100

（2）其他制造费用的核算。

企业在生产过程中除了发生折旧费以外，车间还会发生其他间接费用，如材料费、人工费、保险费、动力费、照明费、劳动保护费、生产用具的摊销费、水费、办公费等。

【例4-25】 F股份公司用现金900元购买车间的办公用品。

这项经济业务的发生，使F股份公司车间的办公用品费增加900元，同时现金减少900元，因此该项经济业务涉及"制造费用"和"库存现金"两个账户。其中，办公用品费的增加是费用的增加，应记入"制造费用"账户的借方；现金的减少是资产的减少，应记入"库存现金"账户的贷方。编制的会计分录如下。

借：制造费用   900
  贷：库存现金   900

（3）制造费用分配的核算。

企业发生的制造费用属于间接费用，是产品成本的组成部分，所以期末需要采用一定的标准在各种产品之间进行合理的分配。制造费用可以采用的分配标准有：按生产工人工资比例分配；按生产工人工时比例分配；按机器设备运转台时分配；按耗用原材料的数量或成本分配；按产品产量分配等。企业可以根据自身管理的需要、产品的特点等选择采用某种标准，但是标准一经确定，按照可比性的要求，不得随意变更。

【例4-26】 F股份公司本月发生的业务为【例4-20】至【例4-25】所示事项，月末将本月发生的制造费用按照生产工时比例分配计入A、B产品生产成本。其中，A产品生产工时为 6 000 小时，B 产品生产工时为 4 000 小时。

对于这经济项业务，首先归集本月发生的制造费用，即根据前述业务内容可以确定公司本月发生的制造费用为 539 300 元（47 000+320 000+44 800+126 600+900），然后按照生产工时比例进行分配，即：

$$制造费用分配率=制造费用总额÷生产工时总和$$

$$=539\ 300÷（6\ 000+4\ 000）=53.93（元/工时）$$

$$A 产品负担的制造费用额=6\ 000×53.93=323\ 580（元）$$

$$B 产品负担的制造费用额=4\ 000×53.93=215\ 720（元）$$

将分配的结果计入产品成本，一方面使产品生产成本增加 539 300 元，另一方面使制造费用减少 539 300 元。涉及"生产成本"和"制造费用"两个账户。产品生产费用的增加应记入"生产成本"账户的借方；制造费用的减少是成本的结转，应记入"制造费用"账户的贷方。编制的会计分录如下。

借：生产成本——A 产品　　　　　　　　　　　　　　　　323 580

　　　　　　——B 产品　　　　　　　　　　　　　　　　215 720

　　贷：制造费用　　　　　　　　　　　　　　　　　　　　　　　539 300

4. 完工产品生产成本的计算与结转

在将制造费用分配给各种产品之后，"生产成本"账户的借方归集了各种产品所发生的直接材料、直接人工和制造费用的全部内容，期末就可以在此基础上进行产品成本的计算了。成本计算是会计核算的主要内容之一。进行产品生产成本的计算就是将企业生产过程中为制造产品所发生的各种费用按照所生产产品的品种、类别等（即成本计算对象）进行归集和分配，以便计算各种产品的总成本和单位成本。计算产品生产成本既为入库产成品提供了计价的依据，又是确定各会计期间盈亏的需要。

企业在计算完工产品生产成本时应区分以下几种情况：如果月末某种产品全部完工，则本月为该种产品所归集的生产费用总额就是该种完工产品的总成本，用完工产品总成本除以该种产品的完工总产量，即可计算出该种产品的单位成本；如果月末某种产品全部未完工，则本月为该种产品所归集的生产费用总额就是该种产品在产品的总成本；如果月末某种产品一部分完工，一部分未完工，则本月为该种产品所归集的生产费用总额还要采取适当的分配方法，在完工产品和在产品之间进行分配，然后才计算出完工产品的总成本和单位成本。生产费用如何在完工产品和在产品之间进行分配，是成本计算中的一个既重要又复杂的问题，这方面的具体内容将在成本会计课程中详细介绍。

为了核算完工产品成本结转及其库存商品成本情况，需要设置"库存商品"账户。该账户的性质是资产类，用来核算企业库存商品实际成本的增减变动及结余情况。其借方登记验收入库商品成本的增加数，贷方登记发出或销售库存商品成本的减少数。期末余额在借方，表示库存商品成本的期末结余额。"库存商品"账户应按照商品的种类、品种和规格等设置明细账户，进行明细分类核算。

"库存商品"账户的结构可表示为：

借方	库存商品	贷方
验收入库商品成本的增加数		库存商品成本的减少数
期末余额：结存的商品成本		

下面举例说明完工入库产品成本结转的核算。

【例4-27】 F 股份公司本月 A、B 两种产品部分完工，其中 A 产品完工总成本为 1 842 000 元，B 产品完工总成本为 1 265 000 元。A、B 产品现已验收入库，结转成本。

产品生产完工入库结转成本时，一方面使 F 股份公司的库存商品成本增加，其中 A 产品成本增加 1 842 000 元，B 产品成本增加 1 265 000 元；另一方面由于结转入库商品实际成本而使生产过程中占用的资金减少 3 107 000 元（1 842 000+1 265 000），因此该项经济业务涉及"生产成本"和"库存商品"两个账户。库存商品成本的增加是资产的增加，应记入"库存商品"账户的借方；结转入库产品成本使生产成本减少，应记入"生产成本"账户的贷方。编制的会计分录如下。

借：库存商品——A 产品   1 842 000
     ——B 产品   1 265 000
  贷：生产成本——A 产品   1 842 000
       ——B 产品   1 265 000

第五节　销售过程业务的核算

企业经过产品生产过程，生产出符合要求、可供对外销售的商品，就形成了商品存货，接下来就要进入销售过程。通过销售过程，将产品销售出去，实现它们的价值。销售过程是企业经营过程的最后一个阶段。产品制造企业在销售过程中，通过销售产品，按照销售价格收取产品价款，形成销售收入。在销售过程中结转的产品销售成本，发生的运输、包装、广告等销售费用，按照规定计算缴纳的各种税费等，从销售收入中补偿之后，差额即为销售利润或亏损。企业在销售过程中除了发生销售商品、自制半成品以及提供工业性劳务等业务（即主营业务）外，还可能发生一些其他业务，如销售材料、出租包装物、出租固定资产等，所以，这一节主要介绍企业主营业务收支和其他业务收支的核算内容。

一、主营业务收支的核算

工业企业的主营业务范围包括销售商品、自制半成品、代制品、代修品以及提供工业性劳务等。主营业务核算的主要内容包括主营业务收入的确认与计量、主营业务成本的计算与结转、销售费用的发生与归集、税费的计算与缴纳以及货款的收回等。本节主要介绍产品销售收入、销售成本以及税费的计量与核算。

为了核算以上内容，一般需要设置"主营业务收入""主营业务成本""税金及附加"等账户。对于货款的结算，还应设置"应收账款"等往来账户。

1. 主营业务收入的核算

为了反映和监督企业销售商品和提供劳务所实现的收入以及因销售商品而与购买单位之间发生的货款结算业务，应设置下列账户。

(1)"主营业务收入"账户。

"主营业务收入"账户的性质是损益类，用来核算企业销售商品和提供工业性劳务所实现的收入。其贷方登记企业实现的主营业务收入，即主营业务收入的增加数，借方登记发生销售退回和销售折让时应冲减本期的主营业务收入和期末转入"本年利润"账户的数额，结转后该账户期末应没有余额。"主营业务收入"账户应按照主营业务的种类设置明细账户，进行明细分类核算。

"主营业务收入"账户的结构可表示为：

借方	主营业务收入	贷方
冲减本期的主营业务收入 期末转入"本年利润"账户的数额		实现的主营业务收入（增加）

(2)"应收账款"账户。

"应收账款"账户的性质是资产类，用来核算因销售商品和提供劳务等而应向购货单位或接受劳务单位收取货款的结算情况（结算债权），代购买单位垫付的各种款项也应在该账户中核算。其借方登记由于销售商品以及提供劳务等而发生的应收账款（即应收账款的增加数），包括应收取的价款、税款和代垫款等；贷方登记已经收回的应收账款（即应收账款的减少数）。期末余额一般在借方，表示尚未收回的应收账款；期末余额如在贷方，表示预收的账款。该账户应按不同的购货单位或接受劳务单位设置明细账户，进行明细分类核算。

"应收账款"账户的结构可表示为：

借方	应收账款	贷方
发生的应收账款（增加） 期末余额：应收未收款		收回的应收账款（减少）

(3)"预收账款"账户。

"预收账款"账户的性质是负债类，用来核算企业按照合同的规定预收购货单位订货款的增减变动及结余情况。其贷方登记预收购货单位货款的增加数，借方登记销售实现时冲减的预收货款，即预收货款的减少数。期末余额一般在贷方，表示企业预收款的结余额；期末余额如在借方，表示企业应补收购货单位的款项。本账户应按照购货单位设置明细账户，进行明细分类核算。

"预收账款"账户的结构可表示为：

借方	预收账款	贷方
预收货款的减少数		预收货款的增加数
		期末余额：预收款结余额

（4）"应收票据"账户。

"应收票据"账户的性质是资产类，用来核算企业销售商品而收到购货单位开出并承兑商业汇票的增减变动及结余情况。企业收到购货单位开出并承兑的商业汇票时，表明企业应收票据的增加，应记入"应收票据"账户的借方；票据到期收回购货单位货款，表明企业应收票据的减少，应记入"应收票据"账户的贷方。期末余额在借方，表示尚未到期的票据应收款项的结余额。

"应收票据"账户的结构可表示为：

借方	应收票据	贷方
收到的商业票据（增加）		到期的应收票据（减少）
期末余额：尚未收回的票据应收款		

对于正常的销售商品活动，应按照收入确认的条件进行确认和计量，然后对计量的结果进行会计处理。按确认的收入金额与应收取的增值税税额，借记"银行存款""应收账款""应收票据"等账户；按确定的收入金额，贷记"主营业务收入"账户；按应收取的增值税税额，贷记"应交税费——应交增值税（销项税额）"账户。

下面举例说明主营业务收入的实现及其有关款项结算的核算过程。

【例4-28】 F股份公司向兴业工厂销售A产品95台，每台售价12 800元，发票注明该批A产品的价款为1 216 000元，增值税税额为158 080元，全部款项收到一张已承兑的商业汇票。

这项经济业务的发生，一方面使F股份公司的应收票据款增加1 374 080（1 216 000+158 080）元；另一方面使F股份公司的主营业务收入增加1 216 000元，应交增值税销项税额增加158 080元。涉及"应收票据""主营业务收入""应交税费——应交增值税（销项税额）"三个账户。应收票据的增加是资产的增加，应记入"应收票据"账户的借方；主营业务收入的增加是收入的增加，应记入"主营业务收入——A产品"账户的贷方；增值税销项税额的增加是负债的增加，应记入"应交税费——应交增值税（销项税额）"账户的贷方。编制的会计分录如下。

借：应收票据 1 374 080
    贷：主营业务收入——A产品 1 216 000
        应交税费——应交增值税（销项税额） 158 080

【例4-29】 F股份公司按照合同规定，预收兴华工厂订购B产品的货款600 000元，存入银行。

这项经济业务的发生，一方面使 F 股份公司的银行存款增加 600 000 元，另一方面使 F 股份公司的预收款增加 600 000 元。涉及"银行存款"和"预收账款"两个账户。银行存款的增加是资产的增加，应记入"银行存款"账户的借方；预收款的增加是负债的增加，应记入"预收账款——兴华工厂"账户的贷方。编制的会计分录如下。

借：银行存款　　　　　　　　　　　　　　　　　　　　600 000

　　贷：预收账款——兴华工厂　　　　　　　　　　　　　600 000

【例 4-30】 F 股份公司赊销给某机车厂 A 产品 120 台，发票注明的价款为 1 536 000 元，增值税税额为 199 680 元。

这项经济业务的发生，一方面使 F 股份公司的应收款增加 1 735 680（1 536 000+199 680）元；另一方面使 F 股份公司的主营业务收入增加 1 536 000 元，增值税销项税额增加 199 680 元。涉及"应收账款""主营业务收入"和"应交税费——应交增值税（销项税额）"三个账户。应收账款的增加是资产的增加，应记入"应收账款"账户的借方；主营业务收入的增加是收入的增加，应记入"主营业务收入——A 产品"账户的贷方；增值税销项税额的增加是负债的增加，应记入"应交税费——应交增值税（销项税额）"账户的贷方。编制的会计分录如下。

借：应收账款——某机车厂　　　　　　　　　　　　　1 735 680

　　贷：主营业务收入——A 产品　　　　　　　　　　　　1536 000

　　　　应交税费——应交增值税（销项税额）　　　　　　199 680

【例 4-31】 承【例 4-29】，F 股份公司本月预收兴华工厂货款的 B 产品 70 台现已发货，发票注明的价为 2 450 000 元，增值税销项税额为 318 500 元。原预收款不足，其差额部分当即收到存入银行。

公司原预收兴华工厂的货款 600 000 元，而现在发货的价税款为 2 768 500（2 450 000+318 500）元，不足款项为 2 168 500（2 768 500-600 000）元。这项经济业务的发生，一方面使 F 股份公司的预收款减少 600 000 元，银行存款增加 2 168 500 元；另一方面使 F 股份公司的主营业务收入增加 2 450 000 元，增值税销项税额增加 318 500 元。涉及"预收账款""银行存款""主营业务收入"和"应交税费——应交增值税（销项税额）"四个账户。预收账款的减少是负债的减少，应记入"预收账款——兴华工厂"账户的借方；银行存款的增加是资产的增加，应记入"银行存款"账户的借方；主营业务收入的增加是收入的增加，应记入"主营业务收入——B 产品"账户的贷方；增值税销项税额的增加是负债的增加，应记入"应交税费——应交增值税（销项税额）"账户的贷方。编制的会计分录如下。

借：预收账款——兴华工厂　　　　　　　　　　　　　　600 000

　　银行存款　　　　　　　　　　　　　　　　　　　2 168 500

　　贷：主营业务收入——B 产品　　　　　　　　　　　　2 450 000

　　　　应交税费——应交增值税（销项税额）　　　　　　318 500

【例4-32】 承【例4-30】，F股份公司收到银行转来的收账通知，某机车厂前欠货款1 735 680元已收到，记入该公司存款账户。

这项经济业务的发生，一方面使F股份公司的银行存款增加1 735 680元，另一方面使F股份公司的应收款减少1 735 680元。涉及"银行存款"和"应收账款"两个账户。银行存款的增加是资产的增加，应记入"银行存款"账户的借方；应收款的减少是资产的减少，应记入"应收账款——某机车厂"账户的贷方。编制的会计分录如下。

借：银行存款　　　　　　　　　　　　　　　　　　　　　　　1 735 680

　　贷：应收账款——某机车厂　　　　　　　　　　　　　　　　　1 735 680

2. 主营业务成本的核算

主营业务成本是指企业已销售产品的生产成本。企业在销售过程中，一方面减少了库存的产品，另一方面对为取得主营业务收入而垫付的成本费用加以确认，这些成本费用在生产环节形成，在销售环节得到补偿。主营业务成本的结转应与主营业务收入在同一会计期间加以确认，而且应与主营业务收入在销售数量上保持一致。

主营业务成本的计算公式如下。

主营业务成本＝本期销售商品的数量×单位产品的生产成本

为了核算主营业务成本的发生和结转情况，需要设置"主营业务成本"账户，该账户的性质是损益类，用来核算企业主营业务发生的实际成本及结转情况。其借方登记主营业务发生的实际成本，贷方登记期末转入"本年利润"账户的主营业务成本。经过结转之后，该账户期末没有余额。"主营业务成本"账户应按照主营业务的种类设置明细账户，进行明细分类核算。

"主营业务成本"账户的结构可表示为：

借方	主营业务成本	贷方
主营业务发生的成本		期末转入"本年利润"账户的数额

下面举例说明主营业务成本的总分类核算。

【例4-33】 F股份公司本月发生的销售业务为例【4-28】至例【4-32】所示事项，在月末结转本月已销售的A、B产品的销售成本。其中A产品的单位成本为7 200元/台，B产品的单位成本为16 000元/台。

首先需要计算确定已销售的A、B产品的销售成本。由于本期销售A产品共计215（95+120）台，其销售总成本为1 548 000（7 200×215）元，本期销售B产品70台，其销售成本为1 120 000（16 000×70）元。这项经济业务的发生，一方面使F股份公司的主营业务成本增加2 668 000（1 548 000＋1 120 000）元，另一方面使F股份公司的库存商品成本减少2 668 000元。涉及"主营业务成本"和"库存商品"两个账户。主营业务成本的增加是费用的增加，应记入"主营业务成本"账户的借方；库存商品的减少是资产的减少，应记入"库存商品"账户的贷方。编制的会计分录如下。

借：主营业务成本——A 商品　　　　　　　　　　　　　1 548 000

　　　　　　　　——B 商品　　　　　　　　　　　　　1 120 000

　　贷：库存商品——A 商品　　　　　　　　　　　　　　1548 000

　　　　　　　　——B 商品　　　　　　　　　　　　　　1120 000

3. 税金及附加的核算

企业在销售商品的过程中，实现了商品的销售额，就应向税务机关缴纳各种销售税费，包括消费税、城市维护建设税、资源税以及教育费附加等。

由于这些税费是在当月计算而在下个月缴纳的，因而计算时，一方面作为企业发生的一项费用，另一方面形成企业的一项负债。

为了核算企业销售商品的税费及附加情况，需要设置"税金及附加"账户。该账户的性质是损益类，用来反映企业经营活动中各种税费的计算及结转情况。其借方登记按规定计算出的各种税费，贷方登记期末转入"本年利润"账户的数额。经过结转之后，该账户期末没有余额。

"税金及附加"账户的结构可表示为：

借方	税金及附加	贷方
按规定计算出的各种税费		期末转入"本年利润"账户的数额

下面举例说明税金及附加业务的总分类核算。

【例 4-34】　F 股份公司经计算，本月销售 A、B 产品应缴纳的城市维护建设税为 24 930 元，教育费附加为 10 670 元，另外 A 产品应缴纳的消费税为 137 600 元（假设 A 产品为应税消费品）。

这项经济业务的发生，一方面使 F 股份公司的税金及附加增加 173 200（24 930+10 670+137 600）元，另一方面使 F 股份公司的应交税费增加 173 200 元。涉及"税金及附加""应交税费"两个账户。税金及附加的增加是费用的增加，应记入"税金及附加"账户的借方；应交税费的增加是负债的增加，应记入"应交税费"账户的贷方。编制的会计分录如下。

借：税金及附加　　　　　　　　　　　　　　　　　　　　173 200

　　贷：应交税费——应交消费税　　　　　　　　　　　　　137 600

　　　　　　　　——应交城市维护建设税　　　　　　　　　　24 930

　　　　　　　　——应交教育费附加　　　　　　　　　　　　10 670

企业在销售过程中，为了销售产品，还要发生各种销售费用，如广告费等，按照规定，销售费用不作为销售收入的抵减项目，而是作为期间费用直接计入当期损益。关于销售费用的核算，我们将在下一节关于期间费用的核算内容中介绍。

二、其他业务收支的核算

企业在经营过程中，除了要发生主营业务之外，还会发生一些非经常性的、具有兼营性质的其他业务。其他业务也称附营业务，是指企业在经营过程中发生的除主营业务以外的其他经营业务，包括销售材料、出租包装物、出租固定资产、出租无形资产等活动。

1. 其他业务收入的核算

在会计核算过程中，对于其他业务实现的收入是通过"其他业务收入"账户进行核算的。"其他业务收入"账户的性质是损益类，用来核算企业除主营业务以外的其他业务收入的实现及结转情况。其贷方登记其他业务收入的实现，即增加额，借方登记期末转入"本年利润"账户的数额。经过结转之后，该账户期末没有余额。"其他业务收入"账户应按照其他业务的种类设置明细账户，进行明细分类核算。

"其他业务收入"账户的结构可表示为：

借方	其他业务收入	贷方
期末转入"本年利润"账户的数额		其他业务收入的实现（增加额）

下面举例说明其他业务收入的核算。

【例4-35】 F股份公司销售一批原材料，价款65 800元，增值税8 554元，款项收到存入银行。

这项经济业务的发生，一方面使F股份公司的银行存款增加74 354（65 800+8 554）元，另一方面使F股份公司的其他业务收入增加65 800元，增值税销项税额增加8 554元。涉及"银行存款""其他业务收入"和"应交税费——应交增值税（销项税额）"三个账户。银行存款的增加是资产的增加，应记入"银行存款"账户的借方；其他业务收入的增加是收入的增加，应记入"其他业务收入"账户的贷方；增值税销项税额的增加是负债的增加，应记入"应交税费——应交增值税（销项税额）"账户的贷方。编制的会计分录如下。

借：银行存款   74 354

    贷：其他业务收入   65 800

        应交税费——应交增值税（销项税额）   8 554

2. 其他业务成本的核算

企业在实现其他业务收入的同时，往往还要发生一些与其他业务有关的成本和费用，即其他业务成本，包括销售材料的成本、出租固定资产的折旧额、出租无形资产的摊销额、出租包装物的成本或摊销额等。为了核算这些成本，需要设置"其他业务成本"账户。该账户的性质属于损益类，用来核算企业其他业务成本的发生及结转情况。其借方登记其他业务成本的增加数，贷方登记期末转入"本年利润"账户的数额。经过结转后，该账户期末没有余额。"其他业务成本"账户应按照其他业务的种类设置明细账户，进行明细分类核算。

"其他业务成本"账户的结构可表示为：

借方	其他业务成本	贷方
其他业务成本的发生（增加数）		期末转入"本年利润"账户的数额

下面举例说明其他业务成本的核算。

【例4-36】　F股份公司月末结转本月销售材料的成本42 000元。

这项经济业务的发生，一方面使F股份公司的其他业务成本增加42 000元，另一方面使F股份公司的库存材料减少42 000元。涉及"其他业务成本"和"原材料"两个账户。其他业务成本的增加是费用的增加，应记入"其他业务成本"账户的借方；库存材料的减少是资产的减少，应记入"原材料"账户的贷方。编制的会计分录如下。

借：其他业务成本　　　　　　　　　　　　　　　　　　　　　42 000
　　贷：原材料　　　　　　　　　　　　　　　　　　　　　　　　　42 000

第六节　利润形成与分配业务的核算

一、利润的构成与计算

利润是一个综合指标，综合了企业在经营过程中的所费与所得，因而对利润的确认与计量，是以企业生产经营活动过程中所实现的收入和发生的费用的确认与计量为基础的，同时还要包括通过投资活动而获得的投资收益，以及与生产经营活动没有直接关系的营业外收支等。有关利润指标各个层次的计算公式为：

$$利润总额=营业利润+营业外收入-营业外支出$$

式中，营业利润是企业利润的主要来源，营业利润这一指标能够比较恰当地反映企业管理者的经营业绩。营业利润用公式表示为：

$$营业利润=营业收入-营业成本-税金及附加-销售费用-管理费用-财务费用-资产减值损失+公允价值变动收益+投资收益$$

营业外收入是指企业取得的与日常活动没有直接关系的各项利得，包括非流动资产毁损报废利得、债务重组利得、罚没利得、政府补助利得、捐赠利得、盘盈利得及无法支付的应付款项等。营业外收入是企业的一种纯收入，不需要也不可能与有关费用进行配比，事实上企业为此并没有付出代价，因此在会计核算中应严格区分营业外收入与营业收入的界限。发生营业外收入时，应按其实际发生数进行核算，并直接增加企业的利润总额。

营业外支出是指企业发生的与日常活动没有直接关系的各项损失，包括非流动资产毁损报废损失、债务重组损失、罚款支出、捐赠支出、非常损失和盘亏损失等。在实际发生营业外支出时，直接冲减企业当期的利润总额。

企业实现了利润总额之后，应向国家缴纳所得税，缴纳所得税费用后的利润即为净利润，净利润的计算公式为：

$$净利润 = 利润总额 - 所得税费用$$

二、利润形成的核算

利润总额中关于营业收入、营业成本和税金及附加的核算已在本章第五节中介绍过。接下来要对期间费用及营业外收支、所得税费用的核算内容进行阐述，以便说明企业在一定时期内的净利润的形成过程，并在此基础上进一步讨论净利润分配的核算内容。

1. 期间费用的核算

期间费用是指不能直接归属于某个特定的产品成本，而应直接计入当期损益的各种费用。期间费用包括为管理企业的生产经营活动而发生的管理费用，为筹集资金而发生的财务费用，为销售商品而发生的销售费用等。有关财务费用的具体内容在本章第二节"二、负债资金筹集业务的核算"中已经做了详细的阐述，这里只阐述管理费用和销售费用的核算内容。

管理费用是指企业行政管理部门为组织和管理企业的生产经营活动而发生的各种费用，包括企业董事会和行政管理部门在经营管理过程中发生的或者应由企业统一负担的公司经费（包括行政管理部门职工薪酬、固定资产折旧及修理费、物料消耗、低值易耗品摊销、办公费和差旅费等）、工会经费、董事会费（包括董事会成员津贴、会议费和差旅费等）、聘请中介机构费、咨询费（含顾问费）、诉讼费、业务招待费、技术转让费、矿产资源补偿费、研究费用、排污费等。

销售费用是指企业在销售商品或材料、提供劳务等日常经营过程中发生的各项费用，包括保险费、包装费、展览费和广告费、运输费、装卸费、商品维修费以及为销售本企业的商品而专设的销售机构（含销售网点、售后服务网点等）的职工薪酬、业务费、折旧费等经营费用。

为了核算期间费用的发生情况，除"财务费用"账户外，企业还需要设置以下账户。

（1）"管理费用"账户。

"管理费用"账户的性质是损益类，用来核算企业行政管理部门为组织和管理企业的生产经营活动而发生的各项费用。其借方登记发生的各项管理费用，贷方登记期末转入"本年利润"账户的管理费用。经过结转之后，该账户期末没有余额。"管理费用"账户应按照费用项目设置明细账户，进行明细分类核算。

"管理费用"账户的结构可表示为：

借方	管理费用	贷方
发生的管理费用		期末转入"本年利润"账户的管理费用

（2）"销售费用"账户。

"销售费用"账户的性质是损益类，用来核算企业在销售商品过程中发生的各项销售费用及结转情况。其借方登记发生的各项销售费用，贷方登记期末转入"本年利润"账户的销售费用。经过结转后，该账户期末没有余额。"销售费用"账户应按照费用项目设置明细账户，进行明细分类核算。

"销售费用"账户的结构可表示为：

借方	销售费用	贷方
发生的销售费用		期末转入"本年利润"账户的销售费用

下面举例说明期间费用的核算。

【例4-37】 F股份公司行政管理人员张某出差预借差旅费2 000元，用现金支付。

这项经济业务的发生，一方面使F股份公司的其他应收款增加2 000元，另一方面使F股份公司的库存现金减少2 000元。涉及"库存现金"和"其他应收款"两个账户。其他应收款的增加是资产（债权）的增加，应记入"其他应收款"账户的借方；现金的减少是资产的减少，应记入"库存现金"账户的贷方。编制的会计分录如下。

借：其他应收款——张某   2 000

   贷：库存现金   2 000

【例4-38】 F股份公司的行政管理人员张某出差回来，报销差旅费1 680元，原借款2 000元，余额退回现金。

差旅费属于企业的期间费用，在"管理费用"账户核算。这项经济业务的发生，一方面使F股份公司的管理费用增加1 680元，现金增加320（2 000-1 680）元；另一方面使F股份公司的其他应收款这项债权减少2 000元。涉及"管理费用""库存现金"和"其他应收款"三个账户。管理费用的增加是费用的增加，应记入"管理费用"账户的借方；现金的增加是资产的增加，应记入"库存现金"账户的借方；其他应收款的减少是资产（债权）的减少，应记入"其他应收款"账户的贷方。编制的会计分录如下。

借：管理费用   1 680

   库存现金   320

   贷：其他应收款——张某   2 000

【例4-39】 F股份公司用银行存款12 000元支付销售产品的运输费。

这项经济业务的发生，一方面使F股份公司的销售费用增加12 000元，另一方面使F

股份公司的银行存款减少 12 000 元。涉及"销售费用"和"银行存款"两个账户。销售费用的增加是费用的增加，应记入"销售费用"账户的借方；银行存款的减少是资产的减少，应记入"银行存款"账户的贷方。编制的会计分录如下。

借：销售费用   12 000

  贷：银行存款   12 000

【例 4-40】 F 股份公司用银行存款 60 000 元支付销售产品的广告费。

这项经济业务的发生，一方面使 F 股份公司的销售费用增加 60 000 元，另一方面使 F 股份公司的银行存款减少 60 000 元。涉及"销售费用"和"银行存款"两个账户。销售费用的增加是费用的增加，应记入"销售费用"账户的借方；银行存款的减少是资产的减少，应记入"银行存款"账户的贷方。编制的会计分录如下。

借：销售费用   60 000

  贷：银行存款   60 000

【例 4-41】 F 股份公司用银行存款支付本月行政管理部门的水费 1 600 元、电费 3 000 元。

这项经济业务的发生，一方面使 F 股份公司的管理费用增加 4 600（1 600+3 000）元，另一方面使 F 股份公司的银行存款减少 4 600 元。涉及"管理费用"和"银行存款"两个账户。管理费用的增加是费用的增加，应记入"管理费用"账户的借方；银行存款的减少是资产的减少，应记入"银行存款"账户的贷方。编制的会计分录如下。

借：管理费用   4 600

  贷：银行存款   4 600

2. 营业外收支的核算

为了核算营业外收支的具体内容，需要设置以下账户。

（1）"营业外收入"账户。

"营业外收入"账户的性质是损益类，用来核算企业各项营业外收入的实现及结转情况。其贷方登记营业外收入的实现，即营业外收入的增加；借方登记期末转入"本年利润"账户的营业外收入数额。经过结转之后，该账户期末没有余额。"营业外收入"账户应按收入的具体项目设置明细账户，进行明细分类核算。

"营业外收入"账户的结构可表示为：

借方	营业外收入	贷方
期末转入"本年利润"账户的营业外收入		实现的营业外收入（增加）

（2）"营业外支出"账户。

"营业外支出"账户的性质是损益类，用来核算企业各项营业外支出的发生及结转情况。其借方登记营业外支出的发生，即营业外支出的增加，贷方登记期末转入"本年利润"

账户的营业外支出数额。经过结转之后，该账户期末没有余额。"营业外支出"账户应按支出的具体项目设置明细账户，进行明细分类核算。

"营业外支出"账户的结构可表示为：

借方	营业外支出	贷方
营业外支出的发生（增加）		期末转入"本年利润"账户的营业外支出数额

下面举例说明营业外收支的核算。

【例4-42】 F股份公司收到某单位的违约罚款收入84 800元，存入银行。

罚款收入属于企业的营业外收入。这项经济业务的发生，一方面使F股份公司的银行存款增加84 800元，另一方面使F股份公司的营业外收入增加84 800元。涉及"银行存款"和"营业外收入"两个账户。银行存款的增加是资产的增加，应记入"银行存款"账户的借方；营业外收入的增加是收益的增加，应记入"营业外收入"账户的贷方。编制的会计分录如下。

借：银行存款　　　　　　　　　　　　　　　　　　　84 800
　　贷：营业外收入　　　　　　　　　　　　　　　　　　　　84 800

【例4-43】 F股份公司用银行存款20 000元支付一项公益性捐赠。

企业的公益性捐赠属于营业外支出。这项经济业务的发生，一方面使F股份公司的银行存款减少20 000元，另一方面使F股份公司的营业外支出增加20 000元。涉及"银行存款"和"营业外支出"两个账户。营业外支出的增加是支出的增加，应记入"营业外支出"账户的借方；银行存款的减少是资产的减少，应记入"银行存款"账户的贷方。编制的会计分录如下。

借：营业外支出　　　　　　　　　　　　　　　　　　　20 000
　　贷：银行存款　　　　　　　　　　　　　　　　　　　　20 000

3. 净利润形成的核算

企业的净利润是由利润总额减去所得税费用计算得到的，利润总额的各个构成项目已在前面做了全面的阐述。在利润总额核算的基础上，进行适当的纳税调整，依据所得税税率就可以计算所得税费用，进而计算出净利润。

为了核算企业一定时期内财务成果的具体形成情况，在会计上需要设置"本年利润"账户。该账户的性质是所有者权益类，用来核算企业一定时期内净利润的形成或亏损的发生情况。其贷方登记期末转入的各项收入，包括主营业务收入、其他业务收入、投资净收益和营业外收入等；借方登记期末转入的各项费用，包括主营业务成本、其他业务成本、税金及附加、管理费用、财务费用、销售费用、投资净损失、营业外支出和所得税费用等。该账户期末余额如果在贷方，表示实现的累计净利润；如果在借方，表示累计发生的亏损。年末应将该账户的余额转入"利润分配"账户（如果是净利润，应自该账户的借方转入"利润分配"账户的贷方；如果是亏损，应自该账户的贷方转入"利润分配"账户的借方）。经过结转之后，该账户年末没有余额。

"本年利润"账户的结构可表示为：

借方	本年利润	贷方
期末转入的各项费用：		期末转入的各项收入：
主营业务成本		主营业务收入
其他业务成本		其他业务收入
税金及附加		投资净收益
管理费用		营业外收入
财务费用		
销售费用		
投资净损失		
营业外支出		
所得税费用		
期末余额：累计亏损		期末余额：累计净利润

企业计算确定本期利润的具体方法有账结法和表结法两种。账结法是在每个会计期末（一般是指月末）将各损益类账户的金额全部转入"本年利润"账户，通过"本年利润"账户借方、贷方的记录，结算本期损益额和本年累计损益额。在这种方法下，需要在每个会计期末通过编制结账分录，结清各损益类账户。表结法是在每个会计期末（月末）对各损益类账户余额不做转账处理，而是通过编制利润表进行利润的结算，根据损益类项目的本期发生额、本年累计数额填报会计报表（主要是指利润表），在会计报表中直接计算确定损益额。年终，在年度会计决算时再用账结法，将各损益类账户全年累计发生额，通过编制结账分录转入"本年利润"账户。此时"本年利润"账户集中反映了全年累计净利润的实现或亏损的发生情况。

（1）利润总额形成的核算。

会计期末（月末或年末）企业未结转各损益类账户之前，本期实现的各项收入与费用是分散反映在不同的损益类账户上的，为了使本期的收支相抵减，以便确定本期经营成果，就需要编制结账分录，结清各损益类账户。结转各项收入时，借记"主营业务收入""其他业务收入""投资收益""营业外收入"等账户，贷记"本年利润"账户；结转各项费用时，借记"本年利润"账户，贷记"主营业务成本""其他业务成本""税金及附加""管理费用""财务费用""销售费用""营业外支出""所得税费用"等账户。

下面举例说明利润总额形成业务的核算。

【例4-44】　S股份公司在期末将本期实现的各项收入，包括主营业务收入5 202 000元、其他业务收入469 800元、投资收益638 976元、营业外收入52 000元转入"本年利润"账户。

这项经济业务的发生，一方面使有关损益类账户所记录的各种收入减少了，另一方面使S股份公司的利润额增加了。涉及"主营业务收入""其他业务收入""投资收益""营业外收入"和"本年利润"五个账户。各项收入的结转是收入的减少，应分别记入"主营业务收入""其他业务收入""投资收益""营业外收入"账户的借方；利润的增加是所有者权益的增加，应记入"本年利润"账户的贷方。所以这项业务应编制的会计分录如下。

借：主营业务收入　　　　　　　　　　　　　　　　　　　5 202 000

其他业务收入　　　　　　　　　　　　　　　　　　　469 800

投资收益　　　　　　　　　　　　　　　　　　　　　638 976

营业外收入　　　　　　　　　　　　　　　　　　　　52 000

贷：本年利润　　　　　　　　　　　　　　　　　　　　6 362 776

【例4-45】　S股份公司在期末将本期发生的各项费用，包括主营业务成本2 668 000元、税金及附加173 200元、其他业务成本75 500元、管理费用279 384元、财务费用7 500元、销售费用132 192元、营业外支出27 000元转入"本年利润"账户。

这项经济业务的发生，一方面需要将记录在有关损益类账户中的各项费用予以转销；另一方面，结转费用会使公司的利润减少。涉及"本年利润""主营业务成本""税金及附加""其他业务成本""管理费用""财务费用""销售费用""营业外支出"八个账户。各项费用的结转是费用的减少，应分别记入"主营业务成本""税金及附加""其他业务成本""管理费用""财务费用""销售费用""营业外支出"账户的贷方；利润的减少是所有者权益的减少，应记入"本年利润"账户的借方。编制的会计分录如下。

借：本年利润　　　　　　　　　　　　　　　　　　　　3 362 776

贷：主营业务成本　　　　　　　　　　　　　　　　　2 668 000

税金及附加　　　　　　　　　　　　　　　　　　173 200

其他业务成本　　　　　　　　　　　　　　　　　75 500

管理费用　　　　　　　　　　　　　　　　　　　279 384

财务费用　　　　　　　　　　　　　　　　　　　7 500

销售费用　　　　　　　　　　　　　　　　　　　132 192

营业外支出　　　　　　　　　　　　　　　　　　27 000

通过上述结转，本期的各项收入和费用都汇集于"本年利润"账户，将该账户的贷方发生额与借方发生额进行抵减，可计算出本期S股份公司实现的利润总额为3 000 000（6 362 776-3 362 776）元。

（2）所得税费用的核算。

所得税费用是企业按照税法的规定，对企业某一经营年度实现的经营所得和其他所得，按照规定的所得税税率计算缴纳的一种税款。企业所得税通常是按年计算、分期预缴、年末汇算清缴的，其计算公式为：

$$应交所得税＝应纳税所得额×所得税税率$$

$$应纳税所得额＝利润总额±纳税调整项目$$

公式中的纳税调整项目将在财务会计有关章节中详细介绍。在本教材中，为了简化核算，一般假设纳税调整项目为零，因而就可以以会计上的利润总额为基础计算所得税额。

为了核算所得税费用，在会计上需要设置"所得税费用"账户。该账户的性质是损益类，用来核算企业所得税的计算及结转情况。其借方登记计算出的所得税费用，贷方登记期末转入"本年利润"账户的所得税费用。经过结转之后，该账户期末没有余额。

"所得税费用"账户的结构可表示为：

借方	所得税费用	贷方
计算出的所得税费用额		期末转入"本年利润"账户的所得税费用

下面举例说明所得税费用的核算。

【例4-46】 S股份公司在期末计算并结转本期的所得税费用。

S股份公司本期计算出的所得税费用为750 000（3 000 000×25%）元。计算出应交的所得税额之后，一般在当期并不实际缴纳，所以在形成所得税费用的同时也产生了企业的一项负债。这项经济业务的发生，一方面使S股份公司的所得税费用增加750 000元，另一方面使S股份公司的应交税费增加750 000元。涉及"所得税费用"和"应交税费"两个账户。所得税费用的增加是费用的增加，应记入"所得税费用"账户的借方；应交税费的增加是负债的增加，应记入"应交税费——应交所得税"账户的贷方。编制的会计分录如下。

借：所得税费用　　　　　　　　　　　　　　　　　　　750 000

　　贷：应交税费——应交所得税　　　　　　　　　　　　　　750 000

同时，结转本期所得税费用，编制会计分录如下。

借：本年利润　　　　　　　　　　　　　　　　　　　　750 000

　　贷：所得税费用　　　　　　　　　　　　　　　　　　　750 000

所得税费用转入"本年利润"账户之后，就可以根据"本年利润"账户的借、贷方记录的各项收入和费用，计算确定企业的净利润，即：

$$净利润=6 362 776-3 362 776-750 000=2 250 000（元）$$

三、利润分配的核算

利润分配是企业根据股东大会或类似权力机构批准的，对企业可供分配的利润指定其特定用途和分配给投资者的行为。

1. 利润分配的顺序

根据有关法律法规的规定，企业当年实现的净利润，首先应弥补以前年度尚未弥补的亏损，对于剩余部分，应按照下列顺序进行分配。

（1）提取法定盈余公积。

企业应按当年实现的净利润（弥补以前年度亏损后）的10%提取法定盈余公积金。当法定盈余公积累计额达到注册资本的50%时，可以不再提取。

（2）提取任意盈余公积。

公司制企业可以根据股东大会决议提取任意盈余公积，计提比例由企业自行决定。

（3）向投资者分配利润或股利。

企业实现的净利润在扣除上述项目后，再加上年初未分配利润，形成可供投资者分配的利润。向投资者分配利润之后，余额为未分配利润。未分配利润是企业留待以后年度进行分配的历年结存的利润，是所有者权益的重要组成部分。

2. 利润分配业务的核算

由于利润分配的核算内容比较复杂，这里仅介绍利润分配中的提取盈余公积和向投资者分配利润的核算内容。利润分配业务的核算，需要设置以下账户。

（1）"利润分配"账户。

"利润分配"账户的性质是所有者权益类，用来核算企业一定时期内净利润的分配或亏损的弥补以及历年结存的未分配利润（或未弥补亏损）情况。其借方登记年末从"本年利润"账户转入的全年累计亏损额，以及实际分配的利润额，包括提取的盈余公积和分配给投资者的利润；贷方登记年末从"本年利润"账户转入的全年净利润额。"利润分配"账户一般应设置以下几个主要的明细账户："提取法定盈余公积""提取任意盈余公积""应付现金股利""未分配利润"等。年末，应将"利润分配"账户下的其他明细账户的余额转入"未分配利润"明细账户，经过结转后，除"未分配利润"明细账户有余额外，其他各个明细账户均无余额。

"利润分配"账户的结构可表示为：

借方	利润分配	贷方
年末从"本年利润"账户转入的全年净亏损 实际分配的利润额： 　　提取盈余公积 　　应付现金股利		年末从"本年利润"账户转入的全年净利润额
年末余额：未弥补亏损额		年末余额：未分配利润

（2）"盈余公积"账户。

"盈余公积"账户的性质是所有者权益类，用来核算企业从净利润中提取的盈余公积的增减变动及结余情况。其贷方登记提取的盈余公积，即盈余公积的增加；借方登记实际使用的盈余公积，即盈余公积的减少。期末余额在贷方，表示结余的盈余公积。"盈余公积"可设置"法定盈余公积""任意盈余公积"明细账户。

"盈余公积"账户的结构可表示为：

借方	盈余公积	贷方
实际使用的盈余公积（减少）		提取的盈余公积（增加）
		期末余额：结余的盈余公积

（3）"应付股利"账户。

"应付股利"账户的性质是负债类，用来核算企业按照股东大会或类似权力机构决议分配给投资者的现金股利或利润的增减变动及结余情况。其贷方登记应付给投资者的现金股利或利润的增加；借方登记实际支付给投资者的现金股利或利润，即应付股利的减少。期末余额在贷方，表示尚未支付的现金股利或利润。

"应付股利"账户的结构可表示为：

借方	应付股利	贷方
实际支付的利润或现金股利	应付未付的利润或现金股利	
	期末余额：尚未支付的利润或现金股利	

下面举例说明利润分配业务的核算。

【例4-47】 S股份公司期末结转本年实现的净利润（S股份公司本年1—11月份共实现净利润15 840 000元）。

根据前述业务可知，S股份公司本月实现的净利润为2 250 000元，本年实现的净利润为18 090 000（15 840 000+2 250 000）元。结转净利润业务的发生，一方面使S股份公司记录在"本年利润"账户的累计净利润减少18 090 000元，另一方面使S股份公司可供分配的利润增加18 090 000元。涉及"本年利润"和"利润分配"两个账户。结转净利润时，应将净利润从"本年利润"账户的借方转入"利润分配"账户的贷方（如果结转亏损，则进行相反的处理）。编制的会计分录如下。

借：本年利润 18 090 000

　　贷：利润分配——未分配利润 18 090 000

【例4-48】 S股份公司经董事会决议，决定按全年净利润的10%提取法定盈余公积，按全年净利润的5%提取任意盈余公积。

根据前述业务可知，公司本年实现的净利润为18 090 000元。因而，提取的法定盈余公积为1 809 000（18 090 000×10%）元，提取的任意盈余公积金为904 500（18 090 000×5%）元。公司提取盈余公积业务的发生，一方面使S股份公司已分配的利润额增加2 713 500（1 809 000+904 500）元，另一方面使S股份公司的盈余公积增加2 713 500元。涉及"利润分配"和"盈余公积"两个账户。已分配利润的增加是所有者权益的减少，应记入"利润分配"账户的借方；盈余公积的增加是所有者权益的增加，应记入"盈余公积"账户的贷方。编制的会计分录如下。

借：利润分配——提取法定盈余公积 1 809 000

　　　　　　——提取任意盈余公积 904 500

　　贷：盈余公积——法定盈余公积 1 809 000

　　　　　　——任意盈余公积 904 500

【例4-49】 S股份公司按照董事会及股东大会决议，决定分配给股东现金股利4 998 000元。

这项经济业务的发生，一方面使S股份公司的已分配利润额增加4 998 000元；另一方面虽然已决定分配给股东股利，但在决定分配的当时并未实际支付，所以形成公司的一项负债，使 S 股份公司的应付股利增加 4 998 000 元。涉及"利润分配"和"应付股利"两个账户。已分配利润的增加是所有者权益的减少，应记入"利润分配"账户的借方；应付股利的增加是负债的增加，应记入"应付股利"账户的贷方。编制的会计分录如下。

借：利润分配——应付现金股利　　　　　　　　　　　　　　　　　4 998 000

　　贷：应付股利　　　　　　　　　　　　　　　　　　　　　　　　　4 998 000

【例 4-50】　S 股份公司期末结转"利润分配"各明细账户的余额。

通过前述的有关经济业务的处理，可以确定 S 股份公司本期"利润分配"所属各分配明细账户的余额："提取法定盈余公积"明细账户借方余额为 1 809 000 元，"提取任意盈余公积"明细账户的借方余额为 904 500 元，"应付现金股利"明细账户的借方余额为 4 998 000元。结转时，应将各个明细账户的余额从其相反方向分别转入"未分配利润"明细账户中去。编制的会计分录如下。

借：利润分配——未分配利润　　　　　　　　　　　　　　　　　　7 711 500

　　贷：利润分配——提取法定盈余公积　　　　　　　　　　　　　　1 809 000

　　　　　　　　——提取任意盈余公积　　　　　　　　　　　　　　　904 500

　　　　　　　　——应付现金股利　　　　　　　　　　　　　　　　4 998 000

本年实现的净利润经过上述的分配之后，就可以确定本年年末的未分配利润：

年末未分配利润=18 090 000-7 711 500=10 378 500（元）

本章小结

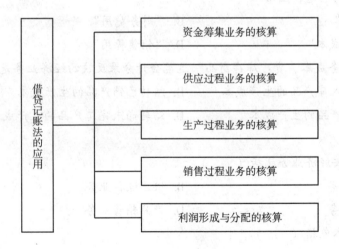

练习题

一、单项选择题

1. 企业为维持正常的生产经营所需资金，而向银行等机构借入借款期在一年以内的款项一般称为（　　　）。

A. 长期借款　　　B. 短期借款　　　　C. 长期负债　　　　D. 流动负债

2. 与"制造费用"账户可能发生对应关系的是（　　）账户。

　　A. "管理费用"　　　　　　　　　B. "资本公积"

　　C. "应付职工薪酬"　　　　　　　D. "库存商品"

3. 下列属于其他业务收入的是（　　）。

　　A. 罚款收入　　　　　　　　　　B. 出售材料收入

　　C. 投资收益　　　　　　　　　　D. 清理固定资产净收益

4. "期间费用"账户期末应（　　）。

　　A. 有借方余额　　　　　　　　　B. 有贷方余额

　　C. 没有余额　　　　　　　　　　D. 同时有借、贷方余额

5. 下列项目中，不构成产品成本的是（　　）。

　　A. 直接材料费　　　B. 直接人工费　　　C. 期间费用　　　D. 制造费用

6. "本年利润"账户年内的贷方余额表示（　　）。

　　A. 利润分配额　　　B. 未分配利润额　　C. 净利润额　　　D. 亏损额

7. 年末结转后，"利润分配"账户的贷方余额表示（　　）。

　　A. 实现的利润总额　　B. 净利润额　　C. 利润分配总额　　D. 未分配利润额

8. 车间管理人员的工资和行政管理人员的工资，应分别借记（　　）账户。

　　A. "制造费用"和"管理费用"　　　B. "管理费用"和"销售费用"

　　C. "生产成本"和"管理费用"　　　D. "制造成本"和"财务费用"

9. 企业短期借款的利息，应记入（　　）账户。

　　A. "管理费用"　　　　　　　　　B. "财务费用"

　　C. "其他业务成本"　　　　　　　D. "销售费用"

10. "借：主营业务成本，贷：库存商品"这笔会计分录反映的经济业务是（　　）。

　　A. 结转完工入库产品的生产成本　　B. 结转已销产品的生产成本

　　C. 冲销已销产品的生产成本　　　　D. 结转尚未完工产品的生产成本

二、多项选择题

1. 制造企业的主要经济业务包括（　　）。

　　A. 资金筹集业务　　　　　　　　B. 供应过程业务

　　C. 产品生产业务　　　　　　　　D. 产品销售业务

2. 材料的采购成本包括（　　）。

　　A. 材料买价　　　　　　　　　　B. 增值税进项税额

　　C. 采购费用　　　　　　　　　　D. 采购人员差旅费

3. "税金及附加"账户借方登记的内容有（　　）。

　　A. 增值税　　　　　　　　　　　B. 消费税

　　C. 城市维护建设税　　　　　　　D. 教育费附加

4. 下列项目应在"管理费用"账户中列支的有（　　　）。

    A. 工会经费　　　　　　　　　　　B. 车间管理人员的工资

    C. 业务招待费　　　　　　　　　　D. 公司经费

5. 企业实现的净利润应进行的分配包括（　　　）。

    A. 计算缴纳所得税　　　　　　　　B. 向投资人分配利润

    C. 提取法定盈余公积　　　　　　　D. 提取任意盈余公积

6. 企业的资本金按投资主体不同可以分为（　　　）。

    A. 货币资本金　B. 国家资本金　　C. 个人资本金　　　D. 法人资本金

7. 下列项目中可计入"制造费用"账户的有（　　　）。

    A. 车间一般耗用的材料　　　　　　B. 车间管理人员的工资

    C. 行政管理人员的工资　　　　　　D. 车间计提的固定资产折旧

8. 为具体核算企业利润分配及未分配利润情况，"利润分配"账户应设置的明细账户有（　　　）。

    A. 应交所得税　　　　　　　　　　B. 提取资本公积

    C. 应付股利　　　　　　　　　　　D. 提取法定盈余公积

9. 关于"本年利润"账户，下列说法正确的有（　　　）。

    A. 借方登记期末转入的各项费用　　B. 贷方登记期末转入的各项收入

    C. 贷方余额为实现的利润额　　　　D. 借方余额为发生的亏损额

10. 关于实收资本，下列说法正确的有（　　　）。

    A. 是企业实际收到投资人投入的资本　B. 是企业进行正常经营的条件

    C. 是企业向外投出的资产　　　　　D. 应按照实际投资数额入账

11. 与主营业务收入相配比的账户包括（　　　）。

    A. "主营业务成本"　　　　　　　　B. "销售费用"

    C. "税金及附加"　　　　　　　　　D. "管理费用"

12. 下列采购费用不计入材料采购成本，而是列作管理费用的有（　　　）。

    A. 采购人员差旅费　　　　　　　　B. 专设采购机构经费

    C. 市内采购材料的零星运杂费　　　D. 运输途中的合理损耗

13. 在材料采购业务核算时，与"在途物资"账户的借方相对应的贷方账户一般有（　　　）。

    A. "应付账款"B. "应付票据"　　　C. "银行存款"　　　D. "预付账款"

14. 关于"制造费用"账户，下列说法正确的有（　　　）。

    A. 借方登记实际发生的各项制造费用

    B. 贷方登记分配转入产品成本的制造费用

    C. 期末余额在借方，表示在产品的制造费用

    D. 期末结转"本年利润"账户后没有余额

三、判断题

1. 企业为生产产品而购进材料时需要向供货方支付增值税额，称为进项税额，记入所购材料成本。 （　　）

2. 材料的采购成本包括材料买价、增值税、采购费用、采购人员差旅费和市内材料运杂费等。 （　　）

3. "税金及附加"是费用类账户，用来反映企业应交税金的增加数。 （　　）

4. "财务费用"是用来核算行政管理部门发生的工资、福利费、折旧费等的账户。 （　　）

5. 支付已预提的短期借款利息，一方面使企业的资产减少，另一方面使企业的负债减少。 （　　）

6. 固定资产在安装过程中耗用的材料、人工等费用，属于在建工程支出，不应记入固定资产的原始价值。 （　　）

7. 为便于计算和反映固定资产的账面净值，固定资产因磨损而减少的价值应记入"固定资产"账户的贷方。 （　　）

8. 产品制造成本是当期直接费用、间接费用和期间费用的总和。 （　　）

9. "生产成本"账户的期末借方余额，表示期末在产品成本。 （　　）

10. 企业出售商品、材料及出租包装物等获取的收入均记入"主营业务收入"账户。 （　　）

四、名词解释

1. 实收资本　　2. 期间费用　　3. 库存商品　　4. 固定资产

5. 管理费用　　6. 短期借款　　7. 应付账款　　8. 预付账款

五、简答题

1. 说明制造业的主要经济业务内容。

2. 说明所有者权益与债权人权益的联系与区别。

3. 说明企业的利润分配程序。

4. 说明所得税的计算与账务处理方法。

六、实务题

1. 【目的】练习资金筹集业务的核算。

　　【资料】某公司12月份发生以下经济业务。

　　（1）1日，接受甲公司投资150 000元，存入银行。

　　（2）5日，接受乙公司投资机器1台，价值50 000元。

　　（3）12日，向银行借入短期借款30 000元，转入银行存款账户。

　　（4）预提本月短期借款利息300元。

　　（5）用银行存款支付已预提的本季度短期借款利息900元。

　　（6）31日，上季度短期借款已到期，用银行存款归还银行短期借款本金20 000元。

　　【要求】编制上述业务的会计分录。

2. 【目的】练习供应过程业务的核算。

【资料】某公司 12 月份发生下列物资采购业务。

（1）购入甲材料 6 000 千克，单价 8 元/千克，增值税税率为 13%，价税款未付，材料尚未到达。

（2）用银行存款 2 722 元支付上述甲材料外地运杂费。

（3）上述甲材料验收入库。

（4）购入乙材料 7 200 千克，单价 10 元/千克，增值税税率为 13%，价税款均通过银行付清，材料验收入库。

（5）用银行存款 10 000 元预付订购材料款。

（6）以前月份已预付款 100 000 元的 A 材料本月到货，并验收入库，价税款合计 113 000 元，增值税税率为 13%，用银行存款补付尾款。

（7）购入不需要安装的设备 1 台，价款为 200 000 元，增值税额为 26 000 元，用银行存款支付。

（8）购入需要安装的设备 1 台，价款为 40 000 元，增值税额为 5 200 元，用银行存款支付。

（9）设备安装共耗用材料 2 000 元，外来安装人员工资 1 000 元。

（10）上述设备安装完毕，验收后交付使用。

【要求】编制上述业务的会计分录。

3.【目的】练习生产业务的核算。

【资料】某公司 12 月份发生下列产品生产业务。

（1）发放工资，将 58 000 元转入职工工资账户。

（2）用银行存款 2 000 元支付本月车间房租。

（3）仓库发出材料，用途如下：1 号产品生产耗用，120 000 元；2 号产品生产耗用，180 000 元；车间一般耗用，4 200 元；行政管理部门设备维修耗用，1 500 元。

（4）以银行存款 7 500 元购买管理部门办公用品。

（5）用现金支付本月车间水电费 8 600 元。

（6）计提本月固定资产折旧，其中车间折旧额 11 000 元，行政管理部门 6 500 元。

（7）月末分配工资费用，其中：1 号产品生产工人工资，24 000 元；2 号产品生产工人工资，16 000 元；车间管理人员工资，8 000 元；行政管理人员工资，10 000 元。

（8）将本月发生的制造费用转入"生产成本"账户（按生产工人工资分配）。

（9）本月生产的 1 号、2 号产品各 100 台全部完工，验收入库，结转成本（假设没有期初期末在产品）。

【要求】编制上述业务的会计分录。

4.【目的】练习销售业务的核算。

【资料】某公司 12 月份发生下列销售业务。

（1）销售1号产品80台，单价4 000元/台，增值税税率为13%，价税款暂未收到。

（2）预收2号产品货款200 000元，款项收到存入银行。

（3）用银行存款1 500元支付销售产品的广告费。

（4）发出2号产品90件，单价2 500元/台，增值税税率为13%，尾款收到一张已承兑的商业汇票。

（5）结转本月已销1、2号产品的产品成本，单位成本分别为2 000元/台和1 600元/台。

【要求】编制上述业务的会计分录。

5.【目的】练习利润形成与分配业务的核算。

【资料】某公司12月发生如下经济业务。

（1）向民丰厂购入甲材料20吨，每吨1 000元，购入乙材料20吨，每吨500元，增值税税率为13%，货款未付。

（2）以银行存款支付甲、乙材料共同运杂费500元（运杂费按材料重量比例分配），乙材料均已运到，验收入库，结转其实际采购成本。

（3）仓库发出甲材料16吨，每吨1 000元，用于A产品生产；发出乙材料8吨，每吨500元，其中6吨用于生产B产品，2吨用于车间一般性耗用。

（4）售给大达公司A产品3 000件，每件售价100元，B产品4 000件，每件售价50元，增值税税率为13%，货款收到，存入银行。

（5）向银行提现55 000元，以备发放工资。

（6）以现金55 000元发放工资。

（7）结算本月职工工资，其中A产品生产工人工资36 000元，B产品生产工人工资9 000元，车间管理人员工资5 000元，行政管理人员工资5 000元。

（8）以银行存款支付本月产品广告费10 000元。

（9）预提应由本月负担的银行借款利息500元。

（10）计提本月固定资产折旧6 000元，其中车间固定资产应提折旧4 000元，行政管理部门应提折旧2 000元。

（11）以银行存款600元支付车间办公费。

（12）将本月发生的制造费用按A、B产品生产工人工资比例分配计入生产成本。

（13）本月生产的A产品全部完工并验收入库，结转其实际生产成本；B产品尚未完工。

（14）结转本月已销产品成本298 700元，其中A产品销售成本为179 220元，B产品销售成本为119 480元。

（15）将本月收入转入"本年利润"账户。

（16）将本月费用支出转入"本年利润"账户。

（17）计算本月应缴纳的所得税（假设无所得税纳税调整事项）。

（18）将所得税转入"本年利润"账户。

（19）按规定从净利润中提取法定盈余公积 150 000 元。

（20）经研究决定给投资者分红 100 000 元。

（21）将"利润分配"账户的其他明细账余额转入"未分配利润"明细账户。

【要求】编制上述业务的会计分录，并标明必要的明细科目。

第五章

会计凭证

■■■\ 学习目标 ----

◆了解会计凭证的概念、作用和种类。

◆掌握原始凭证的基本内容、填制方法和审核内容。

◆掌握记账凭证的基本内容、填制方法和审核内容。

◆了解会计凭证的传递和保管。

■■■\ 重点、难点 ----

◆原始凭证的基本内容、填制方法和审核。

◆记账凭证的基本内容、填制方法和审核。

第一节　会计凭证概述

会计循环主要包括"凭证→账簿→报表"三个环节，而填制和审核会计凭证是会计循环的起点，是会计核算的重要载体之一，也是会计核算的专门方法之一。

一、会计凭证的概念及作用

1. 会计凭证的概念

会计凭证是指用来记录经济业务、明确经济责任并据以登记账簿的书面证明。

企业提供的会计信息应具有真实性、可靠性和可验证性。

为了如实反映每项经济业务对会计要素的影响情况，经过会计确认纳入复式记账系统的每一项原始数据都必须有根有据。这就要求对所发生的每一项交易或者事项，经办或完成业务的有关人员都应取得或填制具体记录该项业务的内容、数量和金额的原始凭证;制单人员应根据审核无误的原始凭证编制相应的记账凭证;记账人员必须以合法合规的原始凭证和记账凭证为依据,登记会计账簿。

2. 会计凭证的作用

填制和审核会计凭证是会计核算工作的起点和基础,对如实反映经济业务内容,保证账簿记录的真实性和可靠性,有效监督和控制经济业务的合法性和合理性,为会计信息使用者提供真实可靠、相关有用的会计信息具有重要意义。

会计凭证的作用具体反映在以下四个方面。

(1) 客观反映经济业务。

对企业所发生的经济业务,客观上需要采用一定的书面形式加以记录或反映。会计凭证是在业务发生时,由经办人员按照规定的格式、程序和要求,对经济业务进行详细记录的书面证明。因此,会计凭证为经营管理提供经济业务发生、实施和完成的原始资料。

(2) 明确经济责任。

会计人员在编制和审核会计凭证时,必须按照会计准则和会计制度的规定,在会计凭证上履行签字、盖章手续,证明经济业务的真实性、合法性,明确有关部门及人员在办理经济业务中的责任,从而加强和巩固岗位责任制,促使会计人员和其他经济业务经办人员自觉严格地执行有关经济法令和规章制度。

(3) 会计核算的依据。

会计凭证在对经济业务进行全面、真实记录的同时,实现了会计核算的初次确认,使经济业务信息转化为会计信息。

(4) 实施会计监督。

会计人员通过对会计凭证的审查,可以监督企业经济业务的真实性、合法性、合理性,防止违法行为的发生,保证国家政策法规的贯彻执行,保护企业的财产安全和完整;通过监督经济信息的正确性,及时纠正工作中的差错,提高会计信息的质量。

二、会计凭证的种类

企业发生的经济业务内容丰富、复杂,记载经济业务发生和完成情况的会计凭证具有不同用途和格式。

会计凭证按填制程序和用途不同,可分为原始凭证和记账凭证两大类。

1. 原始凭证

原始凭证是指经济业务发生时直接取得或填制,用以记录和证明经济业务发生和完成情况的书面证明。

任何经济业务的发生,都应由有关的经办部门或经办人员向会计部门提供证明该项经济业务发生或者完成,并能明确经济责任的书面单据,如购货发票、交款收据、银行结算凭证、收料单、发料单、产品出库单等。这些单据一般含有大量的会计信息,能够证明经济业务发生或完成情况，且具有法律效力，因此可作为原始凭证。不能证明经济业务发生或完成情况的书面文件则不能作为原始凭证，如供销合同、生产计划、材料请购单、生产通知单等。

（1）原始凭证按来源不同，可分为自制原始凭证和外来原始凭证。

1）自制原始凭证。自制原始凭证是指由本单位内部经办业务部门或人员，在本单位内部经济业务发生或完成时自行填制的原始凭证，如收料单、产品入库单、差旅费报销单等。例如，收料单格式如表 5-1 所示。

表 5-1　收料单

供应单位：　　　　　　　　　　　　年　月　日　　　　　　　　　　编号：

类别	材料名称	规格材质	计量单位	数量	实收数量	单位成本	金额							
							十万	千	百	十	元	角	分
检验结果		检验员签章：		运杂费										
				合计										
备注														

仓库：　　　　　　　　　　材料会计：　　　　　　　　　收料员：

2）外来原始凭证。外来原始凭证是指与外单位发生经济业务往来时，从外单位取得的原始凭证，例如，从销货企业取得的购货发票、转账支票等。转账支票具体格式如表 5-2 所示。

表 5-2　转账支票（中国建设银行）

中国建设银行转账支票存根 支票号码： 签发日期：　　年 月 日 收款人： 金额： 用途： 备注： 单位主管：　会计：	中国建设银行转账支票　　　　　支票号码： 签发日期（大写）：　　　开户行名称： 收款人：　　　　　　　　签发人账号：							
	人民币（大写）：	拾万	千	百	拾	元	角	分
	用途： 上列款项请从　　　　　　　复核 我账户内支付　　　　　　　记账 签发人盖章　　　　　　　　验印							

（2）原始凭证按填制手续和完成情况的不同，可分为一次凭证、累计凭证、汇总原始凭证三种。

1）一次凭证。一次凭证是指仅反映一项经济业务或同时发生的多项同类经济业务，填制手续一次完成，且只能使用一次的原始凭证，如领料单等。领料单格式如表 5-3 所示。

表 5-3 领料单

年 月 日

领料单位：ㅤㅤㅤㅤㅤㅤㅤㅤㅤㅤㅤㅤㅤㅤㅤㅤㅤㅤㅤㅤ编号：
用途：ㅤㅤㅤㅤㅤㅤㅤㅤㅤㅤㅤㅤㅤㅤㅤㅤㅤㅤㅤㅤㅤㅤ仓库：

材料编号	材料名称及规格	计量单位	数量		价格		备注
			请领	实领	单价	金额	

领料单位负责人：ㅤㅤㅤㅤ领料人：ㅤㅤㅤㅤ发料人：ㅤㅤㅤㅤ制单：

2）累计凭证。累计凭证是指针对在一定时期内重复发生的同类经济业务，分多次填制完成的原始凭证，如限额领料单等。限额领料单的具体格式如表 5-4 所示。

表 5-4 限额领料单

领料单位：ㅤㅤㅤㅤㅤㅤㅤㅤㅤㅤㅤㅤㅤㅤㅤㅤㅤㅤㅤㅤ凭证编号：
用途：ㅤㅤㅤㅤㅤㅤㅤㅤㅤㅤ年 月ㅤㅤㅤㅤㅤㅤㅤㅤ发料仓库：

材料编号	材料名称及规格	计量单位	领用限额	实际领用			退回		
				数量	单价	金额	数量	单价	金额

日期	请领		实发			退回			限额结余
	数量	领料单位负责人签章	数量	发料人签章	领料人签章	数量	收料人签章	退料人签章	
合计									

供应部门负责人：ㅤㅤㅤㅤ生产部门负责人：ㅤㅤㅤㅤ仓库管理员：

3）汇总原始凭证。汇总原始凭证也称原始凭证汇总表，是指将在一定时期内若干反映同类经济业务的原始凭证加以汇总而填制的原始凭证，目的是简化记账凭证的编制工作，如发料凭证汇总表。发料凭证汇总表格式如表 5-5 所示。汇总原始凭证虽可以简化编制记账凭证的手续，但其本身不具备法律效力。

表5-5　发料凭证汇总表

年　月

应贷科目		应借科目			合计
		生产成本	制造费用	管理费用	
原材料	甲材料				
	乙材料				
	丙材料				
合计					

（3）原始凭证按其格式的不同，可分为通用凭证和专用凭证两种。

1）通用凭证。通用凭证是指由有关部门统一印制，在一定范围内使用，具有统一格式和使用方法的原始凭证。其使用范围可以是某一地区、某一行业，也可以全国通用。如由中国人民银行制作的银行转账结算凭证，在全国通用。

2）专用凭证。专用凭证是指由企业单位自行印制，仅在本单位内部使用的原始凭证，如领料单、差旅费报销单、工资费用分配表等。

2. 记账凭证

记账凭证是指会计人员根据审核无误的原始凭证，对其进行归类、整理编制的，记录经济业务简要内容，确定、记录会计分录，作为登记账簿依据的书面证明。

由于各单位发生的交易或事项比较繁杂，因而反映这些交易或事项的原始凭证也种类繁多，格式不一。原始凭证只表明了交易或事项的具体内容，并不直接体现会计要素的走向，不能表明交易或者事项归属的会计科目和登记方向，难以直接登记会计账簿。

因此，必须对审核无误的原始凭证进行归类、整理，填制统一格式的记账凭证，并将相关的原始凭证附于其后。这样不仅可以简化记账工作、减少差错，而且有利于原始凭证的保管，便于对账和查账，提高会计工作质量。

（1）记账凭证按用途及使用范围不同，可分为专用记账凭证和通用记账凭证。

1）专用记账凭证。专用记账凭证是指专门用于记录某一特定种类经济业务的记账凭证。按其记录的经济业务是否与现金、银行存款有关，又可以进一步分为收款凭证、付款凭证和转账凭证三种。

收款凭证是用来记录现金、银行存款增加业务而编制的记账凭证，格式如表5-6所示。通常，收款凭证的借方科目位于凭证的左上角，根据业务内容可以填制"库存现金"或"银行存款"。

表5-6　收款凭证

借方科目：　　　　　　　　　　　　　　年　月　日　　　　　　　　　　　收字第__号

摘要	贷方科目		金额								过账
	总账科目	明细科目	百	十	万	千	百	十	元	角	分	
合计												

会计主管：　　　　记账：　　　　复核：　　　　出纳：　　　　制证：

　　付款凭证是为记录现金、银行存款支付业务而编制的记账凭证，格式如表5-7所示。通常，付款凭证的贷方科目位于凭证的左上角，根据业务内容可以填制"库存现金"或"银行存款"。

表5-7　付款凭证

贷方科目：　　　　　　　　　　　　　　年　月　日　　　　　　　　　　　付字第__号

摘要	借方科目		金额								过账
	总账科目	明细科目	百	十	万	千	百	十	元	角	分	
合计												

会计主管：　　　　记账：　　　　复核：　　　　出纳：　　　　制单：

　　转账凭证是为记录不涉及现金、银行存款收付业务而编制的记账凭证，格式如表5-8所示。

表5-8 转账凭证

年 月 日 转字第__号

摘要	总账科目	明细科目	过账	借方金额									过账	贷方金额									
				百	十	万	千	百	十	元	角	分		百	十	万	千	百	十	元	角	分
合计																						

附凭证 张

会计主管： 记账： 复核： 出纳： 制单：

注意：收款凭证、付款凭证和转账凭证由于反映不同类型的经济业务，因此实务中常用不同颜色的字线印刷。

2）通用记账凭证。通用记账凭证是指不区分经济业务的类型，统一使用格式相同、顺序编号的记账凭证，格式如表5-9所示。经济业务相对简单或收付款业务不多的单位多采用通用格式的记账凭证。另外，实行会计电算化后，许多用计算机生成并打印记账凭证的单位，一般也采用通用记账凭证格式。

表5-9 记账凭证

年 月 日 记字第__号

摘要	总账科目	明细科目	过账	借方金额									过账	贷方金额									
				百	十	万	千	百	十	元	角	分		百	十	万	千	百	十	元	角	分
合计																						

附凭证 张

会计主管： 记账： 复核： 出纳： 制单：

（2）记账凭证按是否需要汇总，可分为单式记账凭证、复式记账凭证和汇总记账凭证。

1）单式记账凭证。单式记账凭证又称单科目凭证，是指每张记账凭证只记录一个会计科目及发生额。

采用单式记账凭证时，一笔经济业务涉及几个会计科目，就需要编制几张单式记账凭证。在会计实务中，单式记账凭证适用于经营规模较大、业务数量较多、会计人员分工详细的单位。单式记账凭证有利于会计人员分工记账，并为会计科目分类汇总核算提供了便利。

但是，单式记账凭证增加了凭证的种类和数量，且每项经济业务分别反映在多张凭证中，不利于反映业务的全貌。单式记账凭证按照记账方向不同分为借项记账凭证和贷项记账凭证。其中，填列借方账户的记账凭证称为借项记账凭证，填列贷方账户的记账凭证称为贷项记账凭证。借项记账凭证与贷项凭证的具体格式分别如表5-10、表5-11所示。

表5-10　借项记账凭证格式

（企业名称）

借项记账凭证

对方科目：　　　　　　　　　　　　　年　月　日　　　　　　　　　　　　第　　号

摘要	一级科目	二级或明细科目	金额	账页
合计				

会计主管：　　　　记账：　　　　出纳：　　　　审核：　　　　制证：

表5-11　贷项记账凭证格式

（企业名称）

贷项记账凭证

对方科目：　　　　　　　　　　　　　年　月　日　　　　　　　　　　　　第　　号

摘要	一级科目	二级或明细科目	金额	账页
合计				

会计主管：　　　　记账：　　　　出纳：　　　　审核：　　　　制证：

2）复式记账凭证。复式记账凭证又称多科目记账凭证，是指将一项经济业务所涉及的全部会计科目集中填制在一张记账凭证上，如表5-6、表5-7、表5-8、表5-9所示的收款凭证、付款凭证、转账凭证、记账凭证。复式记账凭证的优点是便于了解经济业务的全貌及资金运动的来龙去脉，便于凭证的分析和审核；其缺点是不便于对会计科目的发生额同时进行汇总、归类、计算和整理，不便于会计人员分工记账。

3）汇总记账凭证。汇总记账凭证是指将许多同类记账凭证定期（如3天、5天、10天等）加以汇总后编制的记账凭证。例如，将收款凭证、付款凭证或转账凭证按一定的时间间隔分别汇总，编制汇总收款凭证、汇总付款凭证和汇总转账凭证。又如，将一段时间的记账凭证按相同会计科目的借方和贷方分别汇总，编制记账凭证汇总表（又称为科目汇总表）等。编制汇总记账凭证的目的是简化登记总账的工作量。汇总收款凭证的格式如表 5-12 所示，汇总付款凭证的格式如表 5-13 所示，汇总转账凭证的格式如表 5-14 所示，科目汇总表的格式如表 5-15 所示。

表 5-12　汇总收款凭证

借方科目：　　　　　　　　　　　　　　年　月　　　　　　　　　　　　汇收字第　号

贷方科目	金额				总账账页	
	1—10 日收款凭证　张	11—20 日收款凭证　张	21—31 日收款凭证　张	合计	借方	贷方
合计						

表 5-13　汇总付款凭证

贷方科目：　　　　　　　　　　　　　　年　月　　　　　　　　　　　　汇付字第　号

借方科目	金额				总账账页	
	1—10 日付款凭证　张	11—20 日付款凭证　张	21—31 日付款凭证　张	合计	借方	贷方
合计						

表 5-14　汇总转账凭证

贷方科目：　　　　　　　　　　　　　　年　月　　　　　　　　　　　　汇转字第　号

借方科目	金额				总账账页	
	1—10 日转账凭证　张	11—20 日转账凭证　张	21—31 日转账凭证　张	合计	借方	贷方
合计						

表 5-15　科目汇总表

年　月　　　　　　　　　　　　　　　　　　科汇字第　号

会计科目	1—10 日发生额		11—20 日发生额		21—31 日发生额		合计	
	借方	贷方	借方	贷方	借方	贷方	借方	贷方
合计								

第二节　原始凭证

一、原始凭证的基本内容

由于经济业务内容和经营管理需要不同，原始凭证的名称、内容和格式并不完全一致。但无论哪种原始凭证，都必须做到记录经济业务清晰，经济责任明确。因此，各种原始凭证都必须具备以下基本内容：①原始凭证的名称；②填制原始凭证的日期；③原始凭证接受单位或个人的名称；④经济业务的内容摘要；⑤经济业务所涉及的品名、数量、单价及金额；⑥填制凭证单位的名称、公章、相关人员的签名或盖章。

原始凭证的基本内容一般不得缺少，否则，就不能成为具有法律效力的书面证明。

二、原始凭证的填制

1. 原始凭证填制依据

原始凭证的填制一般有三种情况：一是在经济业务发生之前，根据主管业务的部门或人员的要求填写原始凭证，比如生产领用原材料所填写的领料单；二是在经济业务发生的当时，根据经济业务的执行或完成情况所填写的原始凭证，比如仓库保管员在验收商品时填写的入库单；三是在经济业务完成之后，根据有关账簿记录编制的原始凭证，比如根据制造费用明细账编制的制造费用分配表。

2. 原始凭证填制基本要求

原始凭证是会计核算的起点和原始依据，原始凭证的真实性、正确性是保证会计信息质量的前提。因此，原始凭证填制必须符合以下基本要求。

（1）记录真实。

实务中应选用与经济业务相适应的原始凭证记录经济业务，原始凭证与经济业务性质应保持一致。原始凭证中的业务内容、数据及金额等信息，必须与经济业务实际相符。业务的确认、计量与计算必须符合会计准则的规定。

（2）内容完整，手续完备。

原始凭证基本内容必须填写齐全，不得有所遗漏或省略。填制原始凭证应自上而下逐行填写，并根据凭证所涉及的项目逐项填写。填制原始凭证日期应与业务发生、完成的日期保持一致；填写日期时应根据经济业务的具体要求，将年、月、日填写齐全。业务经办单位、部门、人员应严格履行签字、加盖印章等手续，强化岗位责任制，彰显原始凭证的法律效力。

（3）书写清楚、规范。

原始凭证的文字，要按规定书写，字迹要工整、清晰，易于辨认，原始凭证须用蓝色或黑色墨水填写。原始凭证书写应符合下列要求。

1）阿拉伯数字应逐个书写，不得连笔。阿拉伯金额数字前面应书写币种符号或者货币名称简写，如人民币符号"￥"等。币种符号与阿拉伯金额数字之间不得留有空白。凡阿拉伯数字前写有币种符号的，数字后面不再写货币单位。

2）所有以元为单位的阿拉伯数字，除表示单价等情况外，一律填写到角、分。无角、分的，角位和分位可写"00"或符号"—"；有角无分的，分位应当写"0"，不得用符号"—"代替。

3）汉字大写数字金额如零、壹、贰、叁、肆、伍、陆、柒、捌、玖、拾、佰、仟、万、亿等，一律用正楷字或者行书体书写，不得用0、一、二、三、四、五、六、七、八、九、十等简化字代替，不得任意自造简化字。大写金额数字到元或角为止的，在"元"或者"角"字之后应写"整"字；大写金额数字有分的，分字后面不写"整"字。

4）大写金额数字前未印有货币名称的，应加填货币名称，货币名称与金额数字之间不得留有空白。

5）阿拉伯金额数字中间有"0"时，汉字大写金额要写"零"字，如￥102.60，汉字大写金额应写成"人民币壹佰零贰元陆角整"。阿拉伯数字金额中间连续有几个"0"时，汉字大写金额中可以只写一个"零"字，如￥3 005.74，汉字大写金额应写成"人民币叁仟零伍元柒角四分"。阿拉伯金额数字元位是"0"，或者数字中间连续有几个"0"、元位也是"0"但角位不是"0"时，汉字大写金额可以只写一个"零"字，也可以不写"零"字，如￥1230.89，汉字大写金额应写成"人民币壹仟贰佰叁拾元零捌角玖分"，或"人民币壹仟贰佰叁拾元捌角玖分"。

6) 票据的出票日期必须使用中文大写。为防止变造票据的出票日期，在填写月、日时，月为壹、贰和壹拾的，日为壹至玖和壹拾、贰拾和叁拾的，应在其前加"零"。日为拾壹至拾玖的，应在其前加"壹"。如 1 月 15 日，应写成"零壹月壹拾伍日"。

（4）编号连续。

如果原始凭证已预先印定编号，在写坏作废时，应加盖"作废"戳记，妥善保管，不得撕毁。

（5）填制及时。

每笔经济业务发生或完成后，经办业务的有关部门和人员必须及时填制原始凭证，做到不拖延、不积压，并要按规定的程序及时送交会计机构、会计人员进行审核。

原始凭证不得涂改、挖补。如发现原始凭证有误，应由原开具单位重开或者更正，更正处应当加盖开出单位公章，但金额有误的除外。

3. 原始凭证填制方法

原始凭证种类繁多、格式不一，填制方法也不尽相同，下面举例说明原始凭证的填制方法。

（1）发票的格式与填制如图 5-1 所示。

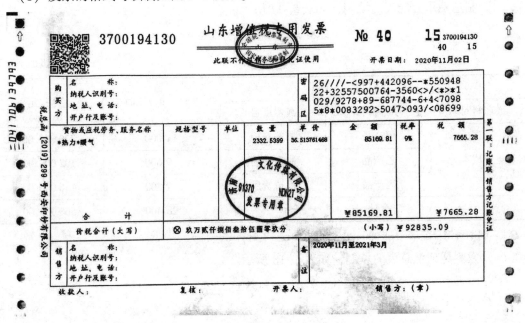

图 5-1　发票的格式与填制

在实际操作中，"购买方"中的名称与纳税人识别号应填写，"销售方"中的每一项一般由销售方开具发票时填写完整。

（2）限额领料单的填制，如表 5-16 所示。

表 5-16 限额领料单

领料单位：××××   凭证编号：20 号

用　　途：甲产品　　　　　　　　　　　　20××年 5 月　　　　　　　　　　　　发料仓库：2 号库

材料编号	材料名称及规格		计量单位	领用限额	实际领用			退回		
					数量	单价/元	金额/元	数量	单价	金额
0123	油漆		千克	500	450	60	27 000			
日期	请领		实发			退回			限额结余/千克	
	数量/千克	领料单位负责人签章	数量/千克	发料人签章	领料人签章	数量	收料人签章	退料人签章		
8	100		100	××	××				400	
15	120		120	××	××				280	
21	80		80	××	××				200	
28	150		150	××	××				50	
合计			450	××	××				50	

供应部门负责人：××　　　　　　生产部门负责人：××　　　　　　仓库管理员：××

（3）制造费用分配表的填制，如表 5-17 所示。

表 5-17 制造费用分配表

20××年××月　　　　　　　　　　　　　　　　　　部门：机加工车间

应借科目			生产工时/工时	金额/元
总账科目	明细科目	成本项目		
生产成本	甲产品	制造费用	11 000	220 000.00
	乙产品	制造费用	9 600	192 000.00
	丙产品	制造费用	7 800	156 000.00
合计			28 400	568 000.00

注：制造费用分配率=568 000÷28 400=20（元/工时）。

（4）发料凭证汇总表的填制，如表 5-18 所示。

表 5-18 发料凭证汇总表

20××年××月　　　　　　　　　　　　　　　　　　　　　　　单位：元

会计科目	领料部门	领用材料		
		原料及主要材料	辅助材料	合计
生产成本	一车间	36 000	3 200	39 200
	二车间	42 000	8 500	50 500
	小计	78 000	11 700	89 700

会计科目	领料部门	领用材料		
		原料及主要材料	辅助材料	合计
制造费用	一车间	8 000	1 200	9 200
	二车间	7 600	900	8 500
	小计	15 600	2 100	17 700
管理费用	行政部门	500	400	900
合计		94 100	14 200	108 300

财会负责人：　　　　　记账：　　　　　复核：　　　　　制表：

三、原始凭证的审核

原始凭证记载的仅仅是会计信息的原始数据，必须经过会计确认才能进入会计信息系统进行加工处理。为了保证原始凭证的真实性、完整性和合法性，企业的会计部门对各种原始凭证要进行严格审核，只有严格审核无误的原始凭证，才能作为编制记账凭证和登记账簿的依据。《中华人民共和国会计法》规定，会计结构、会计人员必须按照国家统一会计制度的规定对原始凭证进行审核。对原始凭证的审核，不仅是会计人员必须履行的法定义务，也是会计监督的重要组成部分。

1. 原始凭证审核的内容

（1）审核原始凭证的真实性、客观性。

审核原始凭证的真实性、客观性主要是指对原始凭证记录的业务内容、数据、金额、日期的真实性，经济业务是否属于本单位生产经营范围等进行审核。

（2）审核原始凭证的合法性、合理性。

审核原始凭证的合法性、合理性主要是指对原始凭证所记载的经济业务是否符合国家相关的法律法规和财经纪律，所记录的经济业务是否符合本企业经营目标进行审核。

（3）审核原始凭证的完整性、正确性。

审核原始凭证的完整性、正确性主要是指对原始凭证中的所有项目是否填列齐全，手续是否齐备，文字、数字是否填写清楚、正确，数量、单价及金额计算有无差错，大小写金额是否一致等内容进行审核。

2. 原始凭证审核后的处理结果

（1）对于合理、合法、真实可靠、符合要求的原始凭证，应按规定办理会计手续，编制记账凭证，据以登记有关会计账簿，并将原始凭证作为记账凭证的附件，加以妥善保管，不得丢失、毁坏。

（2）对于业务真实，只是内容不完整，手续不齐备，或计算上、文字上有错误的原始凭证，应予以退回，督促有关人员补办手续，更正错误，然后按正常情况处理。

（3）对于不真实、不合法的原始凭证，会计人员应拒绝接受，不予报销付款。有严重违法行为的，如伪造或涂改凭证、虚报冒领，应立即向领导汇报，坚决抵制，严肃处理。

审核原始凭证是一项政策性很强的工作，它不但涉及能否正确处理国家、企业和个人之间的经济关系，有时还会涉及个人经济利益，而且财会工作的许多矛盾会在审核的原始凭证中暴露出来，会计人员应该特别注意此项工作。

第三节　记账凭证

一、记账凭证的基本内容

记账凭证作为登记账簿的依据，虽然具有不同的种类，但所有的记账凭证都必须满足记账的基本需要，即记账凭证应具备登记账簿的基本内容或要素。记账凭证的基本内容一般包括：①记账凭证的名称；②记账凭证的填制日期；③记账凭证的种类和编号；④经济业务的摘要；⑤会计科目名称、借贷方向和金额；⑥记账的标记；⑦所附原始凭证张数；⑧记账凭证所涉及的经办人员签名或盖章。

二、记账凭证的填制

1. 记账凭证填制依据

记账凭证是根据审核无误的原始凭证或原始凭证汇总表填列的。记账凭证可以根据每一张原始凭证填制，或者根据若干张同类原始凭证汇总填制，也可以根据原始凭证汇总表填制。

2. 记账凭证填写基本要求

（1）内容全面。

记账凭证的内容要填写全面，包括编制凭证的日期、摘要、会计科目（包括明细科目）、金额、编号、附件张数和责任人员签字等，不得漏填或错填。

（2）摘要清晰。

为了便于登记账簿和日后查阅，记账凭证的摘要应使用简明扼要的语言，正确表达经济业务的主要内容，便于查阅凭证和登记账簿。

（3）填写规范。

记账凭证的日期，一般为编制记账凭证当天的日期。会计科目要统一和规范，不得任意简化和改动；明细科目也要填写齐全。金额栏数字的填写必须规范、正确，与所附原始凭证的金额相符。

（4）会计科目和会计分录正确。

会计科目的使用必须正确，应借、应贷账户的对应关系必须清楚。编制会计分录要先借后贷，可以是一借多贷或一贷多借。如果某项经济业务本身需要编制一个多借多贷的会计分录，为了反映该项经济业务的全貌，可以采用多借多贷的会计分录，不必人为地将一项经济业务所涉及的会计科目分开，编制两张记账凭证。

（5）编号连续。

编号是为了分清记账凭证的先后顺序，便于登记账簿和日后核对记账凭证与会计账簿。在使用通用凭证的企业里，可按经济业务发生的先后顺序分月按自然数 1、2、3……顺序编号；在采用专用记账凭证的企业里，可以采用字号编号法，即按照专用记账凭证的类别顺序分别进行编号，例如收字第×号、付字第×号、转字第×号等。一笔经济业务，如果需要编制多张专用记账凭证，可采用分数编号法，譬如，一笔经济业务需要编制两张转账凭证，凭证的顺序号为 15 号时，其编号可为转字第 $15\frac{1}{2}$ 号、转字第 $15\frac{2}{2}$ 号，前面的整数表示业务顺序，分子表示两张中的第一张和第二张。不论采用哪种凭证编号方法，每月末最后一张记账凭证的编号旁边要加注"全"字，以免凭证散失。

（6）记账凭证应按行次逐项填写。

填制记账凭证时，应按行次逐行填写，不得跳行或留有空行。记账凭证填制完经济业务后，如有空行，应当自金额栏最后一笔金额数字下的空行处至合计数上的空行处划斜线或"～"线注销。

（7）更错方法规范。

在登账之前发现记账凭证错误，一般应重新填制正确的记账凭证，并将错误的记账凭证撕毁。如在登账之后才发现记账凭证错误，则要按照规定的错账更正方法予以更正。

（8）附件张数需注明。

除结账和更正错误的记账凭证可以不附原始凭证外，其他记账凭证均须附有原始凭证，并注明所附原始凭证张数。如果一张原始凭证涉及几张记账凭证，可将原始凭证附在一张主要的记账凭证后面，并在其他记账凭证上注明附有该原始凭证的记账凭证的编号或者附原始凭证复印件。

3. 记账凭证填制方法

（1）专用记账凭证的填制方法。

1）收款凭证的填制方法：收款凭证的"摘要"栏应填列经济业务的简要说明，左上方的"借方科目"应填列"银行存款"或"库存现金"账户。"贷方科目"栏应填写与左上方"借方科目"相对应的一级科目及其明细科目。借方科目应借金额为贷方科目金额"合计"行的合计数。"过账"栏应填写记入总账、日记账或明细账的页次，也可以打"√"，表示已经入账。

【例5-1】　20××年 5 月 21 日企业销售 A 产品一批，数量 1 000 件，单价 50 元/件，增值税税率为 13%。款项已收。凭证编号为 58 号，其收款凭证如表 5-19 所示。

表 5-19　某企业销售 A 产品的收款凭证

借方科目：<u>银行存款</u>　　　　　　　20××年 5 月 21 日　　　　　　　　收字第 58 号

摘要	贷方科目		金额									过账
	总账科目	明细科目	百	十	万	千	百	十	元	角	分	
销售产品	主营业务收入	A 产品			5	0	0	0	0	0	0	
	应交税费	应交增值税（销项税额）				6	5	0	0	0	0	
合计				¥	5	6	5	0	0	0	0	

附凭证壹张

会计主管：（签章）　　记账：（签章）　　复核：（签章）　　出纳：（签章）　　制证：××

2）付款凭证的填制方法。付款凭证的填制方法与收款凭证的填制方法基本相同。不同的是左上方是贷方科目，名称应填列"银行存款"或"库存现金"，在"借方科目"栏填写与其对应的科目名称。

【例 5-2】　某部门 20×× 年 5 月 22 日以现金支付业务员张某预借差旅费 1 000 元。凭证编号为 43 号。填制的付款凭证如表 5-20 所示。

表 5-20　某部门支付预借差旅费的付款凭证

贷方科目：库存现金　　　　　　　　20××年 5 月 22 日　　　　　　　　付字第 43 号

摘要	借方科目		金额									过账
	总账科目	明细科目	百	十	万	千	百	十	元	角	分	
预支差旅费	其他应收款	张某				1	0	0	0	0	0	
合计					¥	1	0	0	0	0	0	

附凭证壹张

会计主管：（印）　　记账：（印）　　复核：（印）　　出纳：（印）　　制单：××

3）转账凭证的填制方法。转账凭证是根据转账业务的原始凭证填制的，其填制方法与收款凭证、付款凭证有所不同。转账凭证的"科目"栏应分别填列应借、应贷的一级科目和所属的明细科目，借方科目在前，贷方科目在后。借方科目应记金额，在借方科目同一行的"借方金额"栏填列；贷方科目应记金额，在贷方科目同一行的"贷方金额"栏填列。借、贷方金额栏合计数应相等。

【例 5-3】　某部门 20×× 年 5 月 23 日生产领用原材料 1 000 元，凭证编号为 120 号。填制转账凭证如表 5-21 所示。

表 5-21 某部门生产领用原材料的转账凭证

20××年 5 月 23 日   转字第 120 号

摘要	总账科目	明细科目	过账	借方金额 百十万千百十元角分	过账	贷方金额 百十万千百十元角分
生产领用材料	生产成本	A产品		1 0 0 0 0 0		
	原材料	甲材料				1 0 0 0 0 0
合计				¥1 0 0 0 0 0		¥1 0 0 0 0 0

附凭证壹张

会计主管：   记账：   复核：   出纳：   制单：××

（2）通用记账凭证的填制。

采用通用记账凭证的单位，统一由有关会计人员根据审核无误的原始凭证填制通用记账凭证，将业务所涉及的会计科目全部填列在记账凭证对应项目栏中，并对借、贷方金额进行合计。制单人填制完毕后须签名盖章，并在凭证右侧注明所附原始凭证的张数。

【例 5-4】 某企业 20××年 5 月 26 日从银行提取现金 1 000 元，以供零星使用，凭证编号为 22 号，其通用记账凭证见表 5-22。

表 5-22 某企业从银行提取现金的记账凭证

20××年 5 月 26 日   记字第 22 号

摘要	总账科目	明细科目	过账	借方金额 百十万千百十元角分	过账	贷方金额 百十万千百十元角分
提取现金	库存现金			1 0 0 0 0 0		
	银行存款					1 0 0 0 0 0
合计				¥1 0 0 0 0 0		¥1 0 0 0 0 0

附凭证壹张

会计主管：   记账：   复核：   出纳：   制单：××

三、记账凭证的审核

记账凭证是确认经济业务信息能否进入会计信息系统的重要环节，是登记账簿的依据。为了保证账簿记录的质量，在登记账簿前必须认真审核记账凭证。

记账凭证审核的内容包括以下几项。

（1）编制依据是否正确、真实。

按照原始凭证的审核要求，对原始凭证进行复核，再审核记账凭证所附的原始凭证是否齐全，记账凭证是否与原始凭证的经济业务内容相符、金额一致。

（2）填写项目是否齐全。

审核记账凭证的基本内容，包括日期、摘要、总分类科目名称、明细分类科目名称、金额、凭证编号、附件张数、相关人员签章等是否正确、齐全。

（3）会计科目是否准确，会计分录是否正确。

使用的会计科目是否与所核算的经济业务相适应，是否符合会计科目使用的要求，是否按照借贷记账法的记账规则和相关会计准则编制会计分录。

（4）计算是否准确。

记账凭证上所反映的数字、金额的计算、填写是否正确。

（5）书写是否清楚。

在审核过程中，若发现记账凭证记录有错误，应查明原因，根据规定的更正方法及时更正。记账凭证必须经过审核并认为正确后，才能作为登记账簿的直接依据。

第四节　会计凭证的传递和保管

一、会计凭证的传递

1. 会计凭证传递的概念

会计凭证的传递是指从会计凭证取得或填制起，经过审核、记账、装订至归档保管时止，在单位内部有关部门和人员之间按照规定的时间、程序、路线办理业务手续和进行处理的过程。为了充分发挥会计凭证的作用，企事业单位在进行会计核算时，不仅要正确填制和严格审核会计凭证，同时还要有效组织会计凭证的传递工作，及时、迅速和完整地向有关方面提供必要的会计信息，发挥会计的职能。

2. 会计凭证传递的意义

会计凭证传递的意义在于：一是有利于及时反映经济业务执行情况，促使有关部门和人员及时了解经济业务发生及完成的具体情况，加速业务处理过程，提高工作效率；二是有利于加强经营管理上的责任制，企业经济业务往往是由几个业务部门共同进行的，会计凭证也随着实际业务进程在相关业务部门之间流转，传递会计凭证可以分清相关经济部门和人员的责任。

3. 会计凭证传递的内容

会计凭证传递包括三方面的内容：一是会计凭证在企业内部各部门及经办人员之间传递的线路，即会计凭证的传递程序；二是会计凭证在各环节及其有关人员的停留及传送时间，即会计凭证的传递时间；三是会计凭证在传递过程中的衔接手续。

4. 会计凭证传递的注意事项

（1）规定科学合理的传递程序。

各单位应根据交易或事项的特点、内部机构设置和人员分工情况，以及经营管理上的需要，恰当地规定各种会计凭证的联数和传递程序。当经济业务发生后，既要做到会计凭证传递程序比较合理，又要避免不必要的环节，从而提高会计工作的效率。

（2）确定合理的会计凭证停留时间。

每一个企业、单位应当根据经济业务的性质、需要办理的各项必要手续等内容，确定会计凭证在各工作环节上的停留时间。

（3）凭证传递环节要严密。

会计凭证传递的各环节应明确所办理的具体手续，要有交接制度，保证各环节的衔接紧密，责任明确，保证凭证的安全和完整。

会计凭证的传递程序、传递时间和传递手续确定后，有关部门和人员应当共同遵守执行。如在执行中发现不协调和不合理的地方，应及时根据实际情况加以修改。

二、会计凭证的保管

会计凭证是重要的经济档案和会计档案。为了便于随时查阅、利用，各种会计凭证在办理好各项业务手续并据以记账后，应由会计部门加以整理、归类，并送交档案部门妥善保管。为了保管好会计凭证，更好地发挥会计凭证的作用，《会计基础工作规范》第五十五条对此做了明确的规定，具体可归纳为以下几点。

1. 会计凭证的整理归类

会计部门在记账以后，应定期（一般为一个月）将会计凭证加以归类整理，即把记账凭证及其所附原始凭证，按记账凭证的编号顺序进行整理，在确保记账凭证及其所附原始凭证完整无缺后，将其折叠整齐，加上封面、封底，装订成册，并在装订线上加贴封签，以防散失和任意拆装。在封面上要注明单位名称、凭证种类、所属年月和起讫日期、起讫号码、凭证张数等。会计主管或指定装订人员要在装订线封签处签名或盖章，然后入档保管。

2. 会计凭证的造册归档

每年的会计凭证都应由会计部门按照归档的要求，负责整理立卷或装订成册。当年的会计凭证，在会计年度终了后，可暂由会计部门保管1年，期满后，原则上应由会计部门编造清册，并移交本单位档案部门保管。档案部门接收的会计凭证，原则上要保持原卷册的封装，个别需要拆封重新整理的，应由会计部门和经办人员共同拆封整理，以明确责任。会计凭证必须做到妥善保管、存放有序、查找方便，并要严防毁损、丢失和泄密。

3. 会计凭证的借阅

会计凭证原则上不得借出，如有特殊需要，须报请批准，但不得拆散原卷册，并应限期归还。需要查阅已入档的会计凭证时，必须办理借阅手续。其他单位因特殊原因需要使用原始凭证时，经本单位会计机构负责人、会计主管人员批准，可以复制。但向外单位提供的原始凭证复印件，应在专设的登记簿上登记，并由提供人员和收取人员共同签名或盖章。

4. 会计凭证的销毁

会计凭证应按规定的保管期限保管。保管期未满，任何人都不得随意销毁会计凭证。保管期满但未结清的债权债务会计凭证和涉及其他未了事项的会计凭证不得销毁。按规定销毁会计凭证时，必须开列清单，报经批准后，由档案部门和会计部门共同派员监销。在销毁会计凭证前，监督销毁人员应认真清点核对；销毁后，在销毁清册上签名或盖章，并将监销情况报本单位负责人。

本章小结

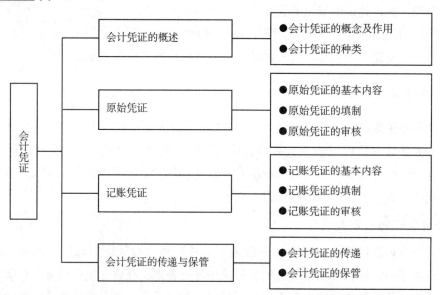

练习题

一、单项选择题

1. （　　）是记录经济业务、明确经济责任和据以登记账簿的书面证明。

　A. 科目汇总表　　B. 会计凭证　　　　C. 原始凭证　　　　D. 记账凭证

2. 会计凭证按（　　）不同，分为原始凭证和记账凭证。

　A. 填制的程序和用途　　　　　　　B. 填制的手续

　C. 来源　　　　　　　　　　　　　D. 记账凭证

3. 在填制会计凭证时，1 518.53 的大写金额为（　　　）。

　A. 壹仟伍佰拾捌元伍角叁分整　　　　B. 壹仟伍佰壹拾捌元伍角叁分整

　C. 壹仟伍佰拾捌元伍角叁分　　　　　D. 壹仟伍佰壹拾捌元伍角叁分

4. 原始凭证金额有错误的，应当（　　　）。

    A. 在原始凭证上更正

    B. 由出具单位更正并且加盖公章

    C. 由经办人更正

    D. 由出具单位重开，不得在原始凭证上更正

5. 会计机构和会计人员对真实、合法、合理但内容不准确、不完整的原始凭证，应当（　　）。

    A. 不予受理　　　　　　　　　　　B. 予以受理

    C. 予以纠正　　　　　　　　　　　D. 予以退回，要求更正、补充

6. 会计机构和会计人员对不真实、不合法的原始凭证和违法收支，应当（　　）。

    A. 不予接受　　　　　　　　　　　B. 予以退回

    C. 予以纠正　　　　　　　　　　　D. 不予接受，并向单位负责人报告

7. 为了保证会计账簿记录的正确性，会计人员应根据（　　）及有关资料编制记账凭证。

    A. 填写齐全的原始凭证　　　　　　B. 外来原始凭证

    C. 审核无误的原始凭证　　　　　　D. 盖有填制单位财务公章的原始凭证

8. 会计核算工作的基础环节是（　　）。

    A. 合法地取得、正确地填制和审核会计凭证　　B. 登记会计账簿

    C. 进行财产清查　　　　　　　　　D. 编制财务报表

9. 下列记账凭证中，可以不附原始凭证的是（　　）。

    A. 所有收款凭证　　　　　　　　　B. 所有付款凭证

    C. 所有转账凭证　　　　　　　　　D. 用于结账的记账凭证

10. 限额领料单属于（　　）。

    A. 通用凭证　　B. 一次凭证　　　C. 累计凭证　　　D. 汇总凭证

11. 下列各项中，（　　）不属于记账凭证基本要素。

    A. 交易或事项的内容摘要　　　　　B. 交易或事项的数量、单价和金额

    C. 应记会计科目、方向及金额　　　D. 凭证的编号

12. 企业常用的收款凭证、付款凭证和转账凭证均属于（　　）。

    A. 单式记账凭证B. 复式记账凭证　　C. 一次凭证　　　D. 通用凭证

13. 以下项目中，属于一次凭证和累计凭证主要区别的是（　　）。

    A. 一次凭证是记载一笔经济业务，累计凭证是记载多笔经济业务

    B. 累计凭证是自制原始凭证，一次凭证是外来原始凭证

    C. 累计凭证填制的手续是多次完成的，一次凭证填制的手续是一次完成的

    D. 累计凭证是汇总凭证，一次凭证是单式凭证

14. 收款凭证左上角"借方科目"应填列的会计科目是（　　）。

    A. 银行存款　　　　　　　　　　　B. 库存现金

    C. 主营业务收入　　　　　　　　　D. 银行存款或库存现金

15. 登记账簿的直接依据是（　　）。

    A. 经济业务　　　B. 原始凭证　　　　　C. 会计报表　　　　D. 记账凭证

二、多项选择题

1. 原始凭证的审核内容包括（　　）等方面。

    A. 真实性　　　　B. 合法性、合理性　　C. 正确性　　　　　D. 完整性

2. 专用记账凭证按其所反映的经济业务是否与现金和银行存款有关，通常可以分为（　　）。

    A. 收款凭证　　　B. 付款凭证　　　　　C. 转账凭证　　　　D. 结算凭证

3. 下列人员中，应在记账凭证上签名或盖章的有（　　）。

    A. 审核人员　　　B. 会计主管人员　　　C. 记账人员　　　　D. 制单人员

4. 涉及现金与银行存款之间的划款业务时，可以编制的记账凭证有（　　）。

    A. 银行存款收款凭证　　　　　　　　　B. 银行存款付款凭证

    C. 现金收款凭证　　　　　　　　　　　D. 现金付款凭证

5. 记账凭证的填制除必须做到记录真实、内容完整、填制及时、书写清楚外，还必须符合（　　）等要求。

    A. 如有空行，应当在空行处划线注销

    B. 发生错误应该按规定的方法更正

    C. 必须连续编号

    D. 除另有规定外，应该有附件并注明附件张数

6. 原始凭证作为会计凭证之一，其作用是可以（　　）。

    A. 记录经济业务　　　　　　　　　　　B. 明确经济责任

    C. 作为编制记账凭证的依据　　　　　　D. 作为编制财务报表的依据

7. 记账凭证审核的主要内容有（　　）

    A. 项目是否齐全　B. 科目是否正确　　C. 内容是否真实　　D. 数量是否正确

8. 以下有关会计凭证的表述，正确的有（　　）。

    A. 会计凭证是记录经济业务的书面证明

    B. 会计凭证是明确经济责任的书面文件

    C. 会计凭证是编制报表的依据

    D. 会计凭证是登记账簿的依据

9. 下列属于原始凭证的有（　　）

    A. 领料单　　　　B. 购货发票　　　　　C. 限额领料单　　　D. 工资汇总表

10. 下列项目中符合填制会计凭证要求的是（　　）。

    A. 大小写金额必须相符且填写规范

    B. 阿拉伯数字连笔书写

    C. 阿拉伯数字前面的人民币符号写为"￥"

D. 大写金额有分的，分字后面不写"整"字

三、判断题

1. 填制原始凭证，汉字大写金额数字到元位或角位为止的，后面必须写"整"，分位后面不写"整"。（ ）

2. 审核无误的原始凭证是登记账簿的直接依据。（ ）

3. 原始凭证可以由非财会部门和人员填制，但记账凭证只能由财会部门和人员填制。（ ）

4. 会计凭证按其取得的来源不同，可以分为原始凭证和记账凭证。（ ）

5. 现金存入银行时，为避免重复记账，可以只编制银行存款收款凭证，不编制现金付款凭证。（ ）

6. 发料凭证汇总表是一种汇总记账凭证。（ ）

7. 从外单位取得的原始凭证遗失时，必须取得原签发单位盖有公章的证明，并注明原始凭证的号码、金额、内容等，由经办单位会计机构负责人、会计主管人员审核签章后，才能代作原始凭证。（ ）

8. 所有的记账凭证都应附有原始凭证。（ ）

9. 记账凭证是指会计人员根据审核无误的原始凭证，对其进行归类、整理编制的，记录经济业务简要内容，确定、记录会计分录，作为登记账簿依据的书面证明。（ ）

10. 自制原始凭证的填制，都应由会计人员填写，以保证原始凭证填制的正确性。（ ）

11. 会计档案保管期满后，可由档案管理部门自行销毁。（ ）

12. 各种凭证不得随意涂改、刮擦、挖补，若填写有误，应用红字更正法予以更正。（ ）

13. 为了简化工作手续，可以将不同内容和类别的原始凭证汇总，填制在一张记账凭证上。（ ）

14. 在编制记账凭证时，原始凭证就是记账凭证的附件。（ ）

15. 会计部门应于记账之后，定期对各种会计凭证进行分类整理，并将各种记账凭证按编号顺序排列，连同所附的原始凭证一起加具封面，装订成册。（ ）

四、名词解释

1. 会计凭证　2. 原始凭证　3. 记账凭证　　4. 一次凭证　　5. 收款凭证
6. 付款凭证　7. 转账凭证　8. 汇总记账凭证　9. 单式记账凭证　10. 复式记账凭证

五、简答题

1. 简述会计凭证的定义与作用。

2. 什么是原始凭证？它是如何分类的？

3. 简述记账凭证的定义、分类与基本内容。

4. 记账凭证审核的内容是什么？

5. 如何组织会计凭证的传递？

六、实务题

1.【目的】练习会计凭证的填制。

【资料】某企业20××年4月份发生的部分经济业务如下。

(1) 4月3日,开出现金支票,从银行提取现金1 800元,凭证编号20号。

(2) 4月5日,接到银行收款通知,北城公司归还前欠货款6 500元,已存入银行,凭证编号22号。

(3) 4月22日,销售给红光工厂A商品100件,每件80元,货款8 000元,增值税1 040元,货款尚未收到,凭证编号43号。

【要求】根据资料,编制正确的会计凭证,将表5-23~表5-25补充完整。

表5-23　某企业付款凭证

贷方科目：　　　　　　　　　　　年　月　日　　　　　　　　　　付字第__号

摘要	借方科目		金额								过账
	总账科目	明细科目	百	十	万	千	百	十	元	角	分	
合计												

附凭证　张

会计主管：　　　记账：　　　复核：　　　出纳：　　　制单：

表5-24　某企业收款凭证

借方科目：　　　　　　　　　　　年　月　日　　　　　　　　　　收字第__号

摘要	贷方科目		金额								过账
	总账科目	明细科目	百	十	万	千	百	十	元	角	分	
合计												

附凭证　张

会计主管：　　　记账：　　　复核：　　　出纳：　　　制证：

表 5-25 某企业转账凭证

年 月 日   转字第__号

摘要	总账科目	明细科目	过账	借方金额								过账	贷方金额								附凭证
				百	十	万	千	百	十	元	角	分		百	十	万	千	百	十	元	角	分	
																							张
合计																							

会计主管: 记账: 复核: 出纳: 制单:

2.【目的】练习专用记账凭证的编制。

【资料】某企业20××年7月份发生下列经济业务(增值税税率为13%)。

(1) 7月1日,签发现金支票(NO.52226)从银行提取现金50 000元备用。

(2) 7月1日,以现金支付张某预借差旅费1 000元。

(3) 7月2日,签发转账支票(NO.717521),以银行存款归还光明公司的购货款8 500元。

(4) 7月3日,接受华夏公司投入资本40 000元存入银行。

(5) 7月4日,向银行借入期限为6个月的借款42 000元,存入银行。

(6) 7月5日,取得罚款收入,并收到现金8 000元。

(7) 7月6日,将现金20 000元存入银行。

(8) 7月7日,签发转账支票(NO.717522)购买甲材料一批,买价为9 000元,运费600元。

(9) 7月8日,销售产品一批,不含税售价8 000元,款项已存入银行。

(10) 7月10日,签发现金支票(NO.52227),购买厂部办公用品,金额500元。

(11) 7月12日,7日购入的甲材料运达企业,并验收入库。

(12) 7月14日,收到上月A工厂所欠销货款48 000元,存入银行。

(13) 7月15日,收到固定资产的租金730元现金。

(14) 7月20日,销售产品一批,不含税售价40 000元,货款尚未收到。

(15) 7月28日,计提本月固定资产折旧费2 500元,其中,车间设备折旧1 200元,厂部固定资产折旧1 300元。

(16) 7月29日,签发转账支票(NO.717523)支付厂部办公设备修理费2 000元。

(17) 7月29日,以银行存款6 000元归还银行短期借款。

(18) 7月29日,报销职工医药费200元,以现金支付。

(19) 7月29日,张某报销差旅费1 100元,补付现金100元。

(20) 7月31日,以银行存款归还上月欠宏大工厂的材料款20 000元。

（21）7 月 31 日，以银行存款 5 800 元缴纳所得税。

（22）7 月 31 日，结转本月已销产品的成本 6 000 元。

（23）7 月 31 日，结转本月销售费用 500 元。

【要求】根据上述业务，编制会计分录，并指明所用专用凭证的类别及编号。

第六章

会计账簿

■■\ **学习目标** ....

◆明确会计账簿的概念及种类，了解会计账簿的基本内容。

◆掌握日记账的设置与登记，掌握分类账的种类、适用范围及登记方法。

◆了解会计账簿的启用和登记要求，掌握更正错账的方法，了解账簿的更换和保管。

◆理解对账，掌握结账的方法。

■■\ **重点、难点** ....

◆日记账的登记；明细账的账页格式；总账与明细账的平行登记。

第一节　会计账簿概述

一、会计账簿的概念及意义

1. 会计账簿的概念

会计账簿，简称"账簿"，是由具有一定格式、相互联系的账页组成，以审核无误的会计凭证为依据，用以连续、系统、全面地记录各项经济业务的簿籍。

任何一个单位发生经济业务后，都必然要取得或填制有关凭证，以证明该项经济业务的完成情况。但是会计凭证数量多，格式不一，又很分散，不能全面、连续、系统反映单位某一类或全部经济业务的增减变动情况，且不便于日后查阅。所以，为了提供完整而系统的会计核算资料，每个单位都必须设置和登记账簿。

账簿和账户既有区别又有联系。账户是在账簿中按规定的会计科目开设的户头，用来反映某一会计科目所要核算的内容；账簿是按照账户进行归类，以反映各项经济业务、积累和贮存会计信息资料的载体。簿籍是账簿的外表形式，账户记录才是账簿的内容。

2. 会计账簿的意义

登记账簿是会计核算的专门方法之一，是重要的会计核算基础工作。合理地设置和登记账簿，有着重要的意义。

（1）提供系统、完整的会计核算资料。

通过账簿的设置和登记，可以把记录在会计凭证上的大量分散的经济业务进行归类整理，从而全面反映企业的资金运动。

（2）保护财产物资的安全与完整。

通过会计账簿的设置和登记，能够连续、系统反映财产物资的增减变化及结存情况；通过财产清查、账实核对等方法，反映财产管理的具体情况，帮助发现问题，及时解决，以确保财产物资的安全完整。

（3）为财务成果的分配提供依据。

通过设置和登记账簿，可以正确地计算收入、费用和利润，提供经营成果的详细资料，为财务成果的分配提供依据。

（4）为编制会计报表提供依据。

为总结一定时期的会计核算工作成果，必须定期结账和对账，核对无误的账簿记录是编制会计报表最主要的依据。

二、会计账簿的种类

1. 按用途分类

账簿按其用途不同，可以分为序时账簿、分类账簿和备查账簿。

（1）序时账簿。

序时账簿又称日记账，是按照经济业务发生时间的先后顺序，逐日逐笔进行登记的账簿。序时账簿按照其反映经济业务内容的不同，可分为普通日记账和特种日记账。

普通日记账是用来登记全部经济业务发生情况的日记账。通常是把每天所发生的经济业务，按照业务发生的先后顺序，直接以会计分录的形式记入账簿。因此，普通日记账也称分录账，又由于其只有借方、贷方两个金额栏，故也称两栏式日记账。

特种日记账是用来记录某一类经济业务发生情况的日记账。在会计实务中，通常只设置库存现金日记账和银行存款日记账。

（2）分类账簿。

分类账簿也称分类账，是对经济业务进行分类登记的账簿。分类账簿根据其反映经济业务内容详细程度的不同，可分为总分类账和明细分类账。

总分类账，简称"总账"，是根据总账科目设置的，用来分类记录全部经济业务，提供总括核算资料的分类账簿。

明细分类账，简称"明细账"，是根据明细科目设置的，用来分类记录某一类经济业务，提供明细核算资料的分类账簿。

总分类账对其所属的明细分类账起统驭作用，明细分类账是对总分类账的补充说明。通过总分类账和明细分类账的设置和登记，既可以提供总括的核算资料，又可以提供详细的核算资料；根据总分类账和明细分类账之间的钩稽关系，进行账账核对，可以增强账簿记录的正确性。

（3）备查账簿。

备查账簿也称辅助账，是对在序时账簿和分类账簿等主要账簿中未能登记或登记不全的事项进行补充登记，提供备查资料的账簿。该种账簿可以对一些经济业务的内容提供必要的参考资料，如租入固定资产登记簿、受托加工材料登记簿等。

2. 按外表形式分类

账簿按其外表形式不同，可分为订本式账簿、活页式账簿和卡片式账簿。

（1）订本式账簿。

订本式账簿，简称"订本账"，是在账簿启用前，就把若干按顺序编号、格式相同的账页装订在一起的账簿。采用订本式账簿，可以避免账页散失或人为抽换账页。但是由于账页的序号和总页次已经固定，所以在账簿中开设账户时必须为每一账户预留空白账页，预留不足，就会影响账簿记录的连续性；预留过多则会造成浪费。另外，采用订本式账簿，在同一时间里，只能由一人记账，不能由多人分工同时记账。订本式账簿适用于总分类账和特种日记账。

（2）活页式账簿。

活页式账簿，简称"活页账"，是将若干张零散的账页暂时装订在账页夹内的账簿。这种账簿可以根据需要随时增减账页，并可以由多人分工同时记账。活页式账簿的缺点是，账页易于散失，或被蓄意抽换。为此，活页式的账页应预先连续编号并放置在账夹中，同时要有相关人员签章。在更换新账时，要将所有已登记的账页装订成册，妥善保管。活页式账簿主要适用于各种明细分类账。

（3）卡片式账簿。

卡片式账簿，简称"卡片账"，是指由若干零散的、具有一定格式的、存放在卡片箱内的卡片组成的账簿。卡片式账簿的优缺点与活页式账簿基本相同。在登记卡片式账簿时，必须将卡片顺序编号并放置在卡片箱内，由专人保管，以确保安全。卡片式账簿通常适用于固定资产、材料等资产的明细分类账。

3. 按账页格式分类

账簿按其账页格式，可分为三栏式账簿、多栏式账簿、数量金额式账簿和横线登记式账簿等。

（1）三栏式账簿。

三栏式账簿是在账页上设置"收入（或增加）""支出（或减少）"和"结余"三栏，或者设置"借方""贷方"和"余额"三栏，只记录金额的账簿。一般适用于各类总账和只需进行金额核算的货币资金、往来业务的明细账等，如各种总分类账、库存现金日记账、银行存款日记账、应收账款明细账、应付账款明细账等。

（2）多栏式账簿。

多栏式账簿是指根据经济业务的内容和管理的需要，在账页的"借方"和"贷方"栏内再分别按照明细科目或某明细科目的各明细项目设置若干专栏的账簿。这种账簿可以分别设"借方"和"贷方"专栏，也可以只设"借方"专栏，贷方的内容在相应的"借方"专栏内用红字登记，表示冲减。多栏式账簿一般适用于费用、成本等明细账，如制造费用明细账、管理费用明细账、生产成本明细账等。

（3）数量金额式账簿。

数量金额式账簿是在账页上设置"收入""发出"和"结存"三栏，各栏内又分设"数量""单价"和"金额"栏，既记录金额又记录数量的账簿。这种账簿一般适用于不仅需要进行金额核算，而且需要进行数量核算的各项财产的明细账，如原材料明细账、库存商品明细账等。

（4）横线登记式账簿。

横线登记式账簿也称平行式账簿，是将前后密切相关的业务在同一横行内详细登记的账簿，以检查每笔经济业务完成及变动情况，如材料采购和其他应收款明细账。

三、会计账簿的基本内容

1. 封面

封面主要用来标明账簿的名称、使用年度等内容。

2. 扉页

扉页一般设在封面之后，并印有"账簿启用及交接记录表"（或"账簿启用和经管人员一览表"）的字样，其基本格式如表6-1所示。

表6-1　账簿启用及交接记录表

使用单位		单位签章
账簿名称		
账簿编号	总×册　　　第×页	
账簿页数	本账簿共计　　　页	
启用日期	年　月　日至　　年　月　日	
经管人姓名	盖章	
部门负责人	盖章	

	交接日期			移交人		接管人		监交人	
				姓名	盖章	姓名	盖章	姓名	盖章
交接记录	年	月	日						
	年	月	日						
	年	月	日						
	年	月	日						
备注									

3. 账页

账页是账簿的主体，一般包括以下主要内容：①账户名称（即会计科目或明细科目）；②日期；③凭证的种类和号数；④摘要；⑤金额；⑥页次。

第二节 会计账簿的设置与登记

一、日记账的设置与登记

库存现金日记账和银行存款日记账是专门用于记录货币资金收支情况的特种日记账，其账页格式一般采用三栏式，设"收入""支出"和"结余"（或"借方""贷方"和"余额"）三栏。

为了清晰地反映库存现金和银行存款收付业务的具体内容，在"摘要"栏后还专设"对方科目"栏，登记对方科目名称。为了便于反映银行存款收付所采用的结算方式，并突出各单位支票的管理，银行存款日记账还专设了"结算凭证种类和号数"栏。

1. 库存现金日记账

库存现金日记账通常由出纳人员根据审核后的库存现金收、付款凭证，逐日逐笔进行顺序登记。"收入"栏通常根据库存现金收款凭证登记，"支出"栏则根据库存现金付款凭证登记。但由于从银行提取库存现金的业务只填制银行存款付款凭证，不填制库存现金收款凭证，因而该业务的库存现金收入数应根据银行存款付款凭证登记。每日营业终了，出纳人员将收付款项逐笔顺序登记完毕后，计算库存现金收入和支出的合计数及账面余额，并将库存现金日记账的账面余额同库存现金的实存额进行核对，确认是否相符。库存现金日记账的格式和登记如表6-2所示。

表6-2　库存现金日记账（三栏式）　　　　　　　　单位：元

××年		凭证		摘要	对方科目	收入	支出	结余
月	日	字	号					
3	1			期初余额				300
3	4	银付	14	提取现金	银行存款	200		500
3	4	现付	11	购买办公用品	管理费用		70	430
3	4	现付	12	预借差旅费	其他应收款		200	230
				本日合计		200	270	230

2. 银行存款日记账

银行存款日记账一般由出纳人员根据审核后的银行存款收、付款凭证，逐日逐笔顺序登记。"收入"栏通常根据银行存款收款凭证进行登记，"支出"栏则根据银行存款付款凭证进行登记。由于将库存现金存入银行，按规定只填制库存现金付款凭证，而不填制银行存款收款凭证，因而该业务的银行存款收入数，应根据库存现金付款凭证登记。每日营业终了，出纳人员将收付款项逐笔顺序登记完毕后，计算出银行存款收入和支出的合计数及账面余额，以便于定期同银行对账单进行核对。银行存款日记账的格式和登记如表6-3所示。

表6-3　银行存款日记账（三栏式）　　　　　　　　单位：元

××年		凭证		摘要	结算凭证		对方科目	收入	支出	结余
月	日	字	号		种类	号数				
1	1			上年结余						20 000
1	3	银收	1	销售产品	进账	152	主营业务收入	10 000		30 000
1	3	银付	1	支付购料款	转支	213	在途物资		5 000	25 000
1	3	银付	2	提取现金	现支	120	库存现金		1 000	24 000
1	3	银收	2	收到货款	信汇	024	应收账款	4 500		28 500
1	3	现付	1	存现金	现存	123	库存现金	1 000		29 500
				本日合计				15 500	6 000	29 500

在会计实务中，企业为了在日记账中反映货币资金的收入来源和支出用途，可以采用多栏式，即"收入"栏按与库存现金和银行存款相对应的贷方科目设置专栏；"支出"栏按与库存现金和银行存款相对应的借方科目设置专栏。如果库存现金和银行存款的对应科目较多，为了避免账页过宽，可以分别设置库存现金收入日记账、库存现金支出日记账、银行存款收入日记账和银行存款支出日记账。库存现金日记账（多栏式）、库存现金收入日记账、库存现金支出日记账格式分别如表6-4、表6-5、表6-6所示。

表6-4　库存现金日记账（多栏式）

××年		凭证		摘要	收入			支出			结余
月	日	字	号		应贷科目	……	合计	应借科目	……	合计	

表6-5　库存现金收入日记账

××年		凭证		摘要	贷方科目			支出合计	结余
月	日	字	号			……	收入合计		

表6-6　库存现金支出日记账

××年		凭证		摘要	借方科目			收入合计	结余
月	日	字	号			……	支出合计		

二、分类账的设置与登记

1. 总分类账

　　总分类账是按照总分类账户分类归集和登记全部经济业务的账簿。在总分类账中，通常应按会计科目的编号顺序分设账户，并为每一个账户预留若干账页。由于总分类账能够全面、总括地反映经济活动情况，同时是编制会计报表的基础资料，因而所有的经济单位都应该设置总分类账。

　　总分类账通常采用借方、贷方、余额三栏式的订本式账簿，如表6-7所示。根据实际需要，在总分类账中的"借方""贷方"两栏内，也可增设对方科目栏。

表6-7　总分类账（三栏式）

会计科目：银行存款　　　　　　　　　　　　　　　　　　　　　　　第　页　　单位：元

××年		凭证		摘要	借方	贷方	借或贷	余额
月	日	字	号					
6	1			月初余额			借	100 000
6	3	银付	1	提取现金		1 500	借	98 500
6	7	银收	1	销售产品	2 500		借	101 000
6	15	银付	2	购买材料		6 000	借	95 000
6	25	现付	1	将现金送存银行	1 000		借	96 000
6	30			本 月 合 计	3 500	7 500	借	96 000

总分类账一般可以根据记账凭证逐笔登记，也可以将记账凭证汇总后登记，具体的登记依据和方法，取决于所采用的会计核算组织程序。

2. 明细分类账

明细分类账是根据明细科目设置的，用来分类记录某一类经济业务，提供明细核算资料的分类账簿。明细分类账一般采用活页式账簿，也有的采用卡片式账簿（如固定资产明细账）。明细账的账页格式主要有四种。

（1）三栏式明细分类账。

三栏式明细分类账的格式同三栏式总分类账相同，即账页只设有"借方""贷方"和"余额"三个金额栏，不设"数量"栏。这种格式适用于只需要进行金额核算而不需要进行数量核算的债权、债务结算科目，如"应付账款""应收账款"等账户的明细账。三栏式明细分类账的格式如表6-8所示。

表6-8　（一级科目名称）明细分类账（三栏式）

二级或明细科目：

年		凭证		摘要	借方	贷方	借或贷	余额
月	日	字	号					

（2）数量金额式明细分类账。

数量金额式明细分类账的账页，在"收入""发出"和"结存"栏内，分别设有"数量""单价"和"金额"三个栏次。这种账页格式适用于既要进行金额核算，又要进行实物数量核算的各种财产物资科目，如"原材料""库存商品"等。数量金额式明细分类账的格式如表6-9所示。

表 6-9 （一级科目名称）明细分类账（数量金额式）

类别： 编号：

品名或规格： 存放地点：

储备定额： 计量单位：

年		凭证		摘要	收入			发出			结存		
月	日	字	号		数量	单价	金额	数量	单价	金额	数量	单价	金额

（3）多栏式明细分类账。

多栏式明细分类账是根据经济业务的特点和经营管理的需要，在同一账页内按该科目的有关明细项目分设专栏记录。这种账页格式适用于只记金额，不记数量，而且在管理上需要了解其构成内容的收入、费用、应交税费等科目，如"管理费用""主营业务收入""应交税费——应交增值税"等。多栏式明细分类账的格式设计及登记方法因科目类别及核算内容不同而分为三种情况。

成本费用类明细分类账一般按借方设专栏，格式如表 6-10 所示。也可不设"贷方"栏和"余额"栏，需冲减有关费用的事项，可以在明细分类账中以红字在借方登记。

表 6-10 （一级科目名称）明细分类账（成本费用类）

年		凭证		摘要	借方（项目）				合计	贷方	余额
月	日	字	号								

收入类明细分类账一般按贷方设多栏，格式如表 6-11 所示。也可不设"借方"栏和"余额"栏，需要冲减有关收入的事项，可以在明细分类账中以红字在贷方登记。

表 6-11 （一级科目名称）明细分类账（收入类）

年		凭证		摘要	借方	贷方（项目）			合计	余额
月	日	字	号							

"应交税费——应交增值税"明细分类账一般按借方和贷方分设多栏，即按增值税构成项目设多栏记录，格式如表 6-12 所示。

表6-12 "应交税费——应交增值税"明细分类账

年		凭证		摘要	借方（项目）				贷方（项目）				借或贷	余额
月	日	字	号		进项税额	已交税金	……	合计	销项税额	进项税额转出	……	合计		

（4）横线登记式明细分类账。

横线登记式明细分类账要求将前后密切相关的经济业务在同一横行内进行登记，以检查每笔经济业务的完成及变动情况。如在途物资明细账（或材料采购明细分类账）要将同一批次材料的采购成本和入库成本在同一横行内登记，并检查分析材料的入库情况。其他应收款——备用金明细分类账也常用此格式。在途物资明细分类账的格式如表6-13所示。

表6-13 在途物资明细分类账

材料名称或类别：

年		凭证		发票账单号	摘要	借方				年		凭证		收料单号	摘要	贷方
月	日	字	号			买价	采购费用	……	合计	月	日	字	号			

明细分类账通常根据原始凭证或标有明细科目及金额的记账凭证进行登记，可以逐笔登记，也可以定期汇总登记。如数量金额式明细账通常由记账人员根据收料单、领料单、入库单、出货单等货物收、发凭证逐笔登记，并随时结出结存数。

3. 总分类账与明细分类账的平行登记

（1）总分类账与明细分类账之间的关系。

总分类账与其所属的明细分类账所记录的经济业务的内容是相同的，但提供核算资料的详细程度不同。总分类账对其所属的明细分类账起着统驭和控制的作用，明细分类账对其所属的总分类账起着补充和说明的作用。它们所提供的资料相互补充，既总括又详细地反映相同的经济业务。

（2）总分类账与明细分类账平行登记的原则。

总分类账与明细分类账的登记，应当遵循平行登记的原则。所谓平行登记，是指对发生的经济业务，根据会计凭证，一方面在有关的总分类账中进行总括登记，另一方面在其所属的明细分类账中进行明细登记，要做到同期登记、方向相同、金额相等。

同期登记，是指在同一会计期间登记，而并非同时登记。因为明细分类账主要根据原始凭证于平时登记，而总分类账因会计核算组织程序不同，可能在平时登记，也可能定期登记，但登记总分类账与明细分类账必须在同一会计期间。

方向相同，是指同一笔经济业务，如果在总分类账中登记为借方，在所属的明细分类账中也应登记为借方；如果在总分类账中登记为贷方，在所属的明细分类账中也应登记为贷方。

金额相等，是指同一笔经济业务，记入总分类账的金额必须与记入各有关明细分类账中的金额之和相等。

（3）平行登记的数量关系。

根据总分类账与其所属的明细分类账平行登记规则记账后，总分类账与明细分类账之间产生了下列数量关系。

$$总分类账期初余额 = 所属明细分类账期初余额之和$$
$$总分类账本期借方（贷方）发生额 = 所属明细分类账本期借方（贷方）发生额之和$$
$$总分类账期末余额 = 所属明细分类账期末余额之和$$

下面以"原材料""应付账款"为例说明总分类账和明细分类账的平行登记。

【例6-1】　20××年1月1日，企业的"原材料""应付账款"总分类账户及其所属的明细分类账户的余额如下。

（1）"原材料"总账账户为借方余额35 000元，其所属明细账户结存情况为："甲材料"明细账户，结存2 000千克，单位成本为10元/千克，金额计20 000元；"乙材料"明细账户，结存50吨，单位成本为300元/吨，金额计15 000元。

（2）"应付账款"总账账户为贷方余额10 000元，其所属明细账户余额为："A工厂"明细账户，贷方余额6 000元；"B工厂"明细账户，贷方余额4 000元。

（3）20××年1月份，企业发生的有关交易或事项如下。

1）1月9日，向A工厂购入甲材料500千克，单价10元/千克，共计5 000元；向B工厂购入乙材料100吨，单价300元/吨，共计30 000元。甲、乙材料已验收入库，货款均尚未支付。

2）1月12日，向A工厂购入甲材料400千克，单价10元/千克，共计4 000元；乙材料50吨，单价300元/吨，共计15 000元。材料均已验收入库，货款尚未支付。

3）1月20日，以银行存款偿付前欠A工厂的货款20 000元及B工厂的货款30 000元。

4）1月26日，生产车间为生产产品领用甲材料1 000千克，金额为10 000元；领用乙材料100吨，金额为30 000元。

对于发生的以上交易或事项，企业应编制的会计分录如下。

（1）借：原材料——甲材料　　　　　　　　　　　　　　　　　　　　5 000

　　　　　　——乙材料　　　　　　　　　　　　　　　　　　　　30 000

　　　贷：应付账款——A工厂　　　　　　　　　　　　　　　　　　　　5 000

			——B 工厂		30 000
(2) 借：原材料——甲材料					4 000
			——乙材料		15 000
	贷：应付账款——A 工厂				19 000
(3) 借：应付账款——A 工厂					20 000
			——B 工厂		30 000
	贷：银行存款				50 000
(4) 借：生产成本					40 000
	贷：原材料——甲材料				10 000
			——乙材料		30 000

根据平行登记的要求，将上述业务在"原材料"和"应付账款"总账账户及其所属的明细账户中进行登记，如表6-14~表6-19所示。

表6-14　原材料总分类账

账户名称：原材料　　　　　　　　　　　　　　　　　　　　　　　　第　页　单位：元

20××年		凭证		摘要	借方	贷方	借或贷	余额
月	日	字	号					
1	1	(略)	(略)	期初余额			借	35 000
1	9			购入材料	35 000		借	70 000
1	12			购入材料	19 000		借	89 000
1	26			领用材料		40 000	借	49 000
1	31			本月合计	54 000	40 000	借	49 000

表6-15　应付账款总分类账

账户名称：应付账款　　　　　　　　　　　　　　　　　　　　　　　第　页　单位：元

20××年		凭证		摘要	借方	贷方	借或贷	余额
月	字	字	号					
1	1	(略)	(略)	期初余额			贷	10 000
1	9			购料欠款		35 000	贷	45 000
1	12			购料欠款		19 000	贷	64 000
1	20			偿还欠款	50 000		贷	14 000
1	31			本月合计	50 000	54 000	贷	14 000

表6-16 原材料明细分类账（甲材料）

明细账户：甲材料　　　　　　　　计量单位：千克　　　　　　　　金额单位：元

| 20××年 | | 凭证 | | 摘要 | 收入 | | | 发出 | | | 结存 | | |
月	日	字	号		数量	单价	金额	数量	单价	金额	数量	单价	金额
1	1	（略）	（略）	期初余额							2 000	10	20 000
1	9			购入材料	500	10	5 000				2 500	10	25 000
1	12			购入材料	400	10	4 000				2 900	10	29 000
1	26			生产领料				1 000	10	10000	1 900	10	19 000
1	31			本月合计	900		9 000	1000		10 000	1 900	10	19 000

表6-17 原材料明细分类账（乙材料）

明细账户：乙材料　　　　　　　　计量单位：吨　　　　　　　　金额单位：元

| 20××年 | | 凭证 | | 摘要 | 收入 | | | 发出 | | | 结存 | | |
月	日	字	号		数量	单价	金额	数量	单价	金额	数量	单价	金额
1	1	（略）	（略）	期初余额							50	300	15 000
1	9			购入材料	100	300	30 000				150	300	45 000
1	12			购入材料	50	300	15 000				200	300	60 000
1	26			生产领料				100	300	30 000	100	300	30 000
1	31			本月合计	150		45 000	100		30 000	100	300	30 000

表6-18 应付账款明细账（A工厂）

明细账户：A工厂　　　　　　　　　　　　　　　　　　单位：元

| 20××年 | | 凭证 | | 摘要 | 借方 | 贷方 | 借或贷 | 余额 |
月	字	字	号					
1	1	（略）	（略）	期初余额			贷	6 000
1	9			购料欠款		5 000	贷	11 000
1	12			购料欠款		19 000	贷	30 000
1	20			偿还欠款	20 000		贷	10 000
1	31			本月合计	20 000	24 000	贷	10 000

表6-19 应付账款明细账（B工厂）

明细账户：B工厂　　　　　　　　　　　　　　　　　　　　　　　　　　　　　单位：元

20××年		凭证		摘要	借方	贷方	借或贷	余额
月	字	字	号					
1	1	（略）	（略）	期初余额			贷	4 000
1	9			购料欠款		30 000	贷	34 000
1	20			偿还欠款	30 000		贷	4 000
1	31			本月合计	30 000	30 000	贷	4 000

　　为了便于核对，可以编制"原材料""应付账款"账户所属明细分类账户本期发生额及余额明细表，如表6-20、表6-21所示。

表6-20 原材料明细分类账户本期发生额及余额明细表　　　　金额单位：元

明细分类科目	计量单位	单价	期初余额		本期发生额				期末金额	
			数量	金额	收入		发出		数量	金额
					数量	金额	数量	金额		
甲材料	千克	10	2 000	20 000	900	9 000	1 000	10 000	1 900	19 000
乙材料	吨	300	50	15 000	150	45 000	100	30 000	100	30 000
合计				35 000		54 000		40 000		49 000

表6-21 应付账款明细分类账户本期发生额及余额明细表　　　　单位：元

明细分类科目	期初余额		本期发生额		期末余额	
	借方	贷方	借方	贷方	借方	贷方
A工厂		6 000	20 000	24 000		10 000
B工厂		4 000	30 000	30 000		4 000
合计		10 000	50 000	54 000		14 000

第三节　会计账簿的登记规则

一、账簿的启用要求

　　启用会计账簿时，应在账簿的封面上写明单位名称、账簿名称，在账簿的扉页上填写"账簿启用及交接记录表"，并加盖单位公章或专用章，并由记账人员和会计主管人员签章。记账人员或者会计机构负责人、会计主管人员调动工作时，应当注明交接日期、接办人员或者监管人员姓名，并由交接双方人员签名或者盖章。

　　启用订本式账簿，应当从第一页到最后一页编定页数，不得跳页、缺号。

使用活页式账簿，应当将账页按账户顺序编号，并须定期装订成册。装订后再按实际使用的账页编定页码，另加目录，记明每个账户的名称和页次。

启用总分类账时，除在账页中设好账户外，还需按所设账户的页码编写目录表。

二、账簿的登记要求

账簿登记应遵循以下基本要求。

（1）登记会计账簿时，应将会计凭证日期、编号、业务内容、摘要、金额和其他有关资料逐项记入账内，做到数字准确、摘要清楚、登记及时、字迹工整。账簿记录的日期，应该填写记账凭证上的日期；以自制的原始凭证，如收料单、领料单等作为记账依据的，账簿记录的日期应按有关自制凭证上的日期填列。

（2）登记完毕后，要在记账凭证上签名或者盖章，并注明已经登账的符号（如"√"），表示已经记账，以免发生漏记或重记。

（3）账簿中书写的文字和数字上面要留有适当的空格，不要写满格，一般应占格距的1/2，预留改错的空间。

（4）登记账簿要用蓝黑墨水或者碳素墨水笔书写，不得使用圆珠笔（银行的复写账簿除外）或铅笔书写。

但下列特殊情况可以用红色墨水记账：①按照红字冲账的记账凭证，冲销错误记录；②在不设借贷等栏的多栏式账页中，登记减少数；③在三栏式账户的余额栏前，如未印明余额方向的，在余额栏内登记负数余额；④根据国家统一会计制度的规定可以用红字登记的其他会计记录。

（5）各种账簿按页次顺序连续登记，不得跳行、隔页。如果发生跳行、隔页，应将空行、空页划线注销，或者注明"此行空白""此页空白"字样，并由记账人员签名或盖章。

（6）凡需要结出余额的账户，结出余额后，应当在"借或贷"等栏内写明"借"或者"贷"等字样。没有余额的账户，应当在"借或贷"等栏内写"平"字，并在余额栏内用"Q"表示。库存现金日记账和银行存款日记账必须逐日结出余额。

（7）每一账页登记完毕结转下页时，应结出本页合计数及余额，写在本页最后一行和下页第一行有关栏内，并在本页的"摘要"栏内注明"过次页"字样，在次页的摘要栏内注明"承前页"字样。也可以将本页合计数及金额只写在下页第一行有关栏内，并在"摘要"栏内注明"承前页"字样。

（8）账簿记录发生错误时，不得涂改、挖补、刮擦或用药水消除字迹，不准重新抄写。应根据错误的情况，按规定的错账更正方法进行更正。

三、更正错账的方法

如果出现登账错误，如账户名称（会计科目）记错、借贷方向记错、金额记错以及重记、漏记等，必须根据错误的具体情况，采用相应的规则和方法更正。错账更正方法有三种，分别是划线更正法、红字更正法和补充登记法。

1. 划线更正法

在结账之前，如果发现账簿记录中有文字或数字上的错误，而记账凭证没有错误，应采用划线更正法更正。其具体做法是：首先，将错误的文字或数字划一条红色横线，以示注销；然后，用蓝字或黑字将正确的文字或数字填写在划线上方的空白处，并由更正人员在更正处盖章，以明确责任。

采用划线更正法进行更正错账时，应该注意：划线时必须使原有字迹仍可辨认，以备查考；对于文字差错，一般可以只划去错误文字，但对于数字差错，应将错误的数字全部划线注销，而不得只更正其中的个别数字。比如，账簿中把 275.30 元误记为 257.30 元，可采用划线更正法。更正时，要把 257.30 元全数用红线划掉，即"~~257.30~~"，再在上方写上正确数字"275.30"，而不能只划去其中的"57"，即"~~57~~"，改为"75"。

2. 红字更正法

红字更正法又称红字冲账法，主要适用于两种情况。

（1）根据记账凭证所记录的内容记账以后，发现记账凭证中的应借、应贷会计科目有错误，应采用红字更正法。更正的方法是：先用红字填制一张与原错误记账凭证内容完全相同的记账凭证，并据以用红字登记入账，冲销原有错误的账簿记录；然后，再用蓝字或黑字填制一张正确的记账凭证，据以登记入账。

【例 6-2】 某企业管理部门用库存现金 300 元购买办公用品。在填制记账凭证时误记入"制造费用"账户，并据以登记入账。其错误记账凭证所反映的会计分录为：

借：制造费用　　　　　　　　　　　　　　　　　　　　　　　300
　　贷：库存现金　　　　　　　　　　　　　　　　　　　　　　　　300

在更正时，应先用红字填写一张与错误凭证完全相同的记账凭证，并在摘要栏填写"冲销×月×日第×号凭证错误"，并据以用红字记账，冲销错账（带框数字表示红字金额，下同）。

借：制造费用　　　　　　　　　　　　　　　　　　　　　　　300
　　贷：库存现金　　　　　　　　　　　　　　　　　　　　　　　　300

同时，再用蓝字或黑字填制一张正确的记账凭证，并在摘要栏填写"更正×月×日第×号凭证错误"，并据以登记入账。其会计分录如下。

借：管理费用　　　　　　　　　　　　　　　　　　　　　　　300
　　贷：库存现金　　　　　　　　　　　　　　　　　　　　　　　　300

（2）根据记账凭证所记录的内容记账以后，发现记账凭证中应借、应贷的会计科目没有错误，只是所记金额大于应记的正确金额，应采用红字更正法。更正的方法是：将多记的金额用红字填制一张与原记账凭证应借、应贷科目相同的记账凭证，并据以登记入账，以冲销多记金额。

【例6-3】　某企业管理部门用库存现金购买办公用品300元。在填制记账凭证时，误记金额为3 000元，并据以登记入账。其会计分录如下：

借：管理费用　　　　　　　　　　　　　　　　　　　　　　　3 000
　　贷：库存现金　　　　　　　　　　　　　　　　　　　　　　　3 000

在更正时，应用红字金额2 700元填制如下记账凭证，并在摘要栏填写"冲销×月×日第×号凭证多记金额"。

借：管理费用　　　　　　　　　　　　　　　　　　　　　　　2 700
　　贷：库存现金　　　　　　　　　　　　　　　　　　　　　　　2 700

错误的记账凭证以红字金额记账后，原有错误的记录便得到更正。

3. 补充登记法

记账后，若发现记账凭证中应借、应贷的会计科目正确，但凭证中所记金额小于应记的正确金额，应采用补充登记法。更正的方法是：将少记的金额用蓝字或黑字填制一张与原错误记账凭证应借、应贷科目相同的记账凭证，并据以登记入账，以补记少记金额。

【例6-4】　车间领用材料20 000元，用于产品生产。在填制记账凭证时，误记金额为2 000元，会计分录如下。

借：生产成本　　　　　　　　　　　　　　　　　　　　　　　2 000
　　贷：原材料　　　　　　　　　　　　　　　　　　　　　　　2 000

在更正时，应用蓝字或黑字填制如下凭证，并在摘要栏填写"补充×月×日第×号凭证少记金额"。

借：生产成本　　　　　　　　　　　　　　　　　　　　　　　18 000
　　贷：原材料　　　　　　　　　　　　　　　　　　　　　　　18 000

第四节　对账和结账

为了保证账簿登记的正确性，总结企业一定会计期间（月份、季度、半年、年度）的经济活动发生情况，必须定期进行账目核对与结算，即进行对账与结账工作。

一、对账

对账就是核对账目，是保证会计账簿记录质量的重要程序。为了保证各种账簿记录的真实、完整和正确，如实反映和监督经济活动，各单位必须做好对账工作。

对账的主要内容如下。

1. 账证核对

账证核对是指将账簿记录与会计凭证进行核对，做到账证相符。通过核对账簿记录与会计凭证的时间、凭证字号、内容、金额是否一致，记账方向是否相符，可保证账证相符。账证核对工作，一般在日常的编制凭证和记账过程中通过复核进行，在期末结账时也可进行重点抽查核对。账证核对是保证账账核对、账实核对的基础。

2. 账账核对

账账核对是将各种账簿之间的有关数字进行核对。账账核对是利用账簿之间的钩稽关系，通过核对，保证账账相符。具体内容包括以下四个方面。

（1）总账借方与贷方的核对。

总账所有账户本期借方发生额合计数与本期贷方发生额合计数，期末借方余额合计数与期末贷方余额合计数，应分别核对相符。

（2）总账与日记账的核对。

总分类账中"库存现金""银行存款"账户的本期发生额和期末余额与库存现金日记账、银行存款日记账的本期发生额和期末余额核对相符。

（3）总账与明细账的核对。

总账的本期发生额和期末余额应与所属的各明细账本期发生额合计和期末余额合计核对相符。

（4）各部门财产物资明细账的核对。

会计部门掌管的财产物资明细账的期末余额，应与财产物资保管和使用部门掌管的相应明细账的期末余额核对相符。

3. 账实核对

账实核对是核对各种财产物资的账面余额与实存数额是否相符。主要包括：①库存现金日记账账面余额与库存现金实际库存数额相核对；②银行存款日记账账面余额与银行对账单相核对；③各种材料、物资明细账账面余额与其实存数额相核对；④各种应收、应付款明细账账面余额与有关债务、债权单位或个人核对。

账实核对一般要结合财产清查进行，财产清查详细内容见第七章。

二、结账

结账，就是把一定时期内的经济业务全部登记入账后，计算出每个账户的本期发生额和期末余额，并将余额转入下期或新的账簿。结账的目的是了解各账户的本期增减变动和期末结存情况，定期总结、考核企业的生产经营成果，并为编制会计报表提供依据。

1. 结账的基本程序

（1）将本期发生的经济业务全部登记入账。

（2）根据权责发生制的要求，调整有关账项，合理确定本期应计的收入和应计的费用。

1）应计收入和应计费用的调整。应计收入是指本期已经发生且符合收入确认条件，应归属本期收入，但尚未收到款项而未登记入账的收入。对于这类调整事项，应确认为本期收入，借记"应收账款"等科目，贷记"主营业务收入"等科目；待以后收妥款项时，再借记"银行存款"等科目，贷记"应收账款"等科目。应计费用是指本期已经发生，应归属本期费用，但尚未实际支付款项而未登记入账的费用，如应计银行借款利息。

2）收入分摊和成本分摊的调整。收入分摊是指前期已经收到款项，但由于尚未提供产品或劳务，因而当时未确认为收入的预收款项，本期按提供产品或劳务的情况分摊确认为本期收入，如企业销售商品的预收货款。在收到预收款项时，应借记"银行存款"等科目，贷记"预收账款"等科目；在以后提供商品或劳务、确认本期收入时，借记"预收账款"等科目，贷记"主营业务收入"等科目。

成本分摊是指企业的支出已经发生，能使若干期受益，为正确计算各个会计期间的盈亏，将这些支出在其受益期间进行分配。例如购建固定资产的支出，企业在购建时，应借记"固定资产"科目，贷记"银行存款"等科目；在期末进行摊销时，应借记"制造费用""管理费用"等科目，贷记"累计折旧"科目。

3）其他期末账项调整事项，如结转制造费用，结转完工产品成本和已售产品成本，计提应付职工薪酬，提取各种税费等。

（3）将损益类账户转入"本年利润"账户，结平所有损益类账户。

（4）结算出资产、负债和所有者权益账户的本期发生额和期末余额，并结转下期。

2. 结账的基本方法

结账工作分为月结、季结和年结。

（1）办理月结，应在各账户本月份最后一笔记录下面划一通栏红线，表示本月结束；然后，在红线下结算出本月发生额和月末余额（无月末余额的，可在"余额"栏内注明"平"字或注明"Q"符号），并在"摘要"栏内注明"×月份发生额及余额"或"本月合计"字样；最后，在月结下面划一通栏红线，表示完成月结工作。

（2）办理季结，应在各账户本季度最后一个月的月结下面（需按月结出累计发生额的，应在"本月合计"下面）划一通栏红线，表示本季结束；然后，在红线下结算出本季发生额和季末余额，并在"摘要"栏内注明"第×季度发生额及余额"或"本季合计"字样；最后，再在季结下面划一通栏红线，表示完成季结工作。

（3）办理年结，应在12月份月结下面（需办理季结的，应在第4季度的季结下面）划一通栏红线，表示年度终了；然后，在红线下面结算填列全年12个月份的月结发生额合计或4个季度的季结发生额合计，并在"摘要"栏内注明"×年度发生额及余额"或"本年合计"字样；在此基础上，将年初借（贷）方余额抄列于"×年度发生额及余额"或"本年合计"下一行的借（贷）方栏内，并在"摘要"栏内注明"年初余额"或"上年结转"字样，同时将年末借（贷）方余额，列在"年初余额"下一行的"贷（借）方"栏内，并在"摘要"栏内注明"结转下年"字样；最后加计借贷两方合计数相等，并在合计数下划通栏双红线，表示完成年结工作。需要更换新账的，应在进行年结的同时，在新账中有关账户的第一行"摘要"栏内注明"上年结转"或"年初结转"字样，并将上年的年末余额以同方向记入新账中的"余额"栏内。新旧账有关账户余额的转记事项，不编制记账凭证。

结账的具体方法如表 6-22 所示。

表 6-22 总账

会计科目：原材料   单位：元

××年		凭证		摘要	借方	贷方	借或贷	余额
月	日	字	号					
1	1			年初余额	⋮	⋮	借	6 000.00
1	31			1 月份发生额及余额	10 000.00	9 000.00	借	7 000.00
2	1			⋮	⋮	⋮		
2	28			2 月份发生额及余额	8 000.00	9 000.00	借	6 000.00
12	1			⋮	⋮	⋮		⋮
	31			12 月份发生额及余额	80 000.00	78 000.00	借	8 000.00
	31			××年度发生额及余额	858 000.00	856 000.00	借	8 000.00
				年初余额	6 000.00			
				结转下年		8 000.00		
				合计	864 000.00	864 000.00		

注：⋯⋯⋯⋯表示单红实线；————表示双红实线。

三、账簿的更换与保管

1. 账簿的更换

总分类账、日记账和多数明细分类账应每年更换一次，但有些财产物资的明细分类账和债权债务的明细分类账可以跨年度使用，各种备查账也可以连续使用。各种账簿在年终结账时，每个账户的年末余额都要直接转入下一年度新账的余额栏中，无须编制记账凭证。在旧账簿的"摘要"栏中注明"结转下年"字样，同时在下年度新账页的第一行"摘要"栏内注明"上年结转"。

2. 账簿的保管

年末结账后，会计人员应将活页账簿的空白账页抽出，并在填写齐全的账簿启用及交接表、账户目录前加上封面，固定装订成册，经统一编号后，与各种订本账一起归档保管。各种账簿的保管年限和销毁的审批程序，应按会计制度的规定严格执行。

本章小结

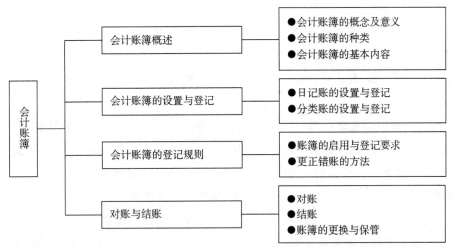

练习题

一、单项选择题

1. 登记账簿的依据是（　　）。

　A. 经济合同　　　B. 会计凭证　　　　　C. 会计分录　　　　D. 原始凭证

2. 应收账款明细账一般应采用（　　）账页。

　A. 三栏式　　　　B. 多栏式　　　　　　C. 横线登记式　　　D. 数量金额式

3. 租入固定资产登记簿属于（　　）。

　A. 序时账簿　　　B. 明细分类账　　　　C. 总分类账　　　　D. 备查账簿

4. 活页式账簿和卡片式账簿可适用于（　　）。

　A. 日记账　　　　B. 总分类账　　　　　C. 备查账簿　　　　D. 明细分类账

5. 总账、库存现金日记账和银行存款日记账应采用（　　）。

　A. 活页账　　　　B. 订本账　　　　　　C. 卡片账　　　　　D. 以上均可

6. 库存现金日记账中，"凭证字号"栏不可能出现（　　）。

　A. 现收××　　　B. 现付××　　　　　C. 银收××　　　　D. 银付××

7. 账簿按其（　　）不同，可以分为订本式账簿、活页式账簿和卡片式账簿。

　A. 用途　　　　　B. 外表形式　　　　　C. 账页格式　　　　D. 经济内容

8. （　　）明细分类账应根据经济业务的内容和经营管理的需要，在"借方"或"贷方"
栏分别按明细项目设若干专栏。

　A. 三栏式　　　　B. 多栏式　　　　　　C. 数量金额式　　　D. 横线登记式

9. （　　）采用数量金额式明细分类账。

　A. 应收账款明细分类账　　　　　　　　B. 材料采购明细分类账

C. 管理费用明细分类账　　　　　　D. 原材料明细分类账

10. 在结账前，若发现记账凭证中所记金额大于应记金额，而应借、应贷科目没有错误，并已过账，应用（　　）更正。

　　A. 补充登记法　B. 红字更正法　　C. 划线更正法　　　D. 以上方法均可

11. 若记账凭证正确，记账时将 40 000 元误记为 4 000 元，更正时应采用（　　）。

　　A. 红字更正法　B. 补充登记法　　C. 蓝字更正法　　　D. 划线更正法

12. 用补充登记法更正错账时，（　　）。

　　A. 应用红字按少记金额填制一张补记凭证　B. 应用蓝字按少记金额填制一张补记凭证

　　C. 应用红字按应记金额填制一张补记凭证　D. 应用蓝字按应记金额填制一张补记凭证

13. 新的会计年度开始，启用新账时，可以继续使用，不必更换新账的是（　　）。

　　A. 总分类账　　　　　　　　　　B. 银行存款日记账

　　C. 固定资产卡片　　　　　　　　D. 管理费用明细分类账

14. （　　）采用多栏式明细分类账。

　　A. 生产成本明细分类账　　　　　B. 应收账款明细分类账

　　C. 固定资产明细分类账　　　　　D. 库存商品明细分类账

15. 明细分类账的登记依据是（　　）。

　　A. 原始凭证　　　　　　　　　　B. 记账凭证

　　C. 原始凭证汇总表　　　　　　　D. 原始凭证、原始凭证汇总表或记账凭证

二、多项选择题

1. 账簿按用途可分为（　　）。

　　A. 订本式账簿　B. 序时账簿　　　C. 备查账簿　　　　D. 分类账簿

2. 在账簿记录中，红笔只能用于（　　）。

　　A. 更正、冲销错误记录

　　B. 在不设借方或贷方专栏的多栏式账页中，登记减少金额

　　C. 期末结账时，划通栏红线

　　D. 三栏式账户的"余额"栏前，如果未说明余额方向，在余额栏内登记负数余额

3. 更正错账的方法有（　　）。

　　A. 划线更正法　B. 补充登记法　　C. 增减登记法　　　D. 红字更正法

4. 下列账户的明细分类账应采用多栏式的有（　　）。

　　A. "管理费用"　B. "制造费用"　　C. "本年利润"　　　D. "应收账款"

5. 总分类账户与其所属的明细分类账户平行登记的结果，必然是（　　）。

　　A. 总分类账期初余额＝所属明细分类账期初余额之和

　　B. 总分类账期末余额＝所属明细分类账期末余额之和

　　C. 总分类账户本期借方发生额＝所属明细分类账本期借方发生额之和

　　D. 总分类账户本期贷方发生额＝所属明细分类账本期贷方发生额之和

6. 库存现金日记账和银行存款日记账（　　　）。

    A. 一般采用订本式账簿和三栏式账页　　B. 由出纳人员登记

    C. 根据审核后的收款、付款记账凭证登记 D. 逐日逐笔序时登记

7. 明细分类账的账页格式主要有（　　　）。

    A. 三栏式　　　　　B. 多栏式　　　　　C. 数量金额式　　　D. 卡片式

8. 采用三栏式明细分类账的有（　　　）。

    A. 销售费用明细分类账　　　　　　　　B. 应收账款明细分类账

    C. 短期借款明细分类账　　　　　　　　D. 制造费用明细分类账

9. 用划线更正法更正错误时，（　　　）。

    A. 应用红笔划线，并将错误数字全部划销 B. 用蓝笔在错误数字上方写上正确数字

    C. 用红笔在错误数字上方写上正确数字 D. 由更正人员在更正处盖章以示负责

10. 对账包括（　　　）。

    A. 账证核对　　B. 账账核对　　　　C. 账实核对　　　　D. 账表核对

11. 账账核对包括（　　　）。

    A. 总账与日记账核对

    B. 总账与明细账核对

    C. 会计账与保管账核对

    D. 各种应收、应付账款明细账面余额与有关债权、债务单位的账目余额相核对

12. 企业从银行提取现金500元，该业务应登记（　　　）。

    A. 库存现金日记账　　　　　　　　　　B. 银行存款日记账

    C. 总分类账　　　　　　　　　　　　　D. 明细分类账

13. 登账要求（　　　）。

    A. 书写的文字、数字上面要留适当的空格，一般应占格距的二分之一

    B. 可用圆珠笔、蓝黑钢笔

    C. 不得用铅笔

    D. 要按页码顺序登记，不得跳行、隔页

14. 平行登记的要点有（　　　）。

    A. 依据相同　　B. 同期登记　　　　C. 方向一致　　　D. 金额相等

15. 任何会计主体都必须设置的账簿有（　　　）。

    A. 日记账　　B. 辅助账　　　　　C. 总分类账　　　D. 明细分类账

三、判断题

1. 结账就是登记每个账户的期末余额。　　　　　　　　　　　　　　　　　（　　　）

2. 总分类账户和所属明细分类账户进行平行登记时，可以不在同一天登记，但应该在同一
    会计期间内登记。　　　　　　　　　　　　　　　　　　　　　　　　　（　　　）

3. 平行登记的结果，是使总账和所属明细账之间形成相互核对的数量关系。　　（　　　）

4. 更正错账时编制的记账凭证，可以不附原始凭证。 （　　）

5. 订本式账簿可以根据需要随时增减账页，并可以由多人分工同时记账。 （　　）

6. 每日经济业务登记完毕，应结出库存现金日记账的余额，并以账面余额同库存现金的实存额进行核对，检查账实是否相符。 （　　）

7. 多栏式明细账适用于明细项目较多，且要求分别列示的成本、费用、收入、利润及利润分配明细账。 （　　）

8. 如果账簿记录发生错误，应根据错误的具体情况，采用规定的方法予以更正，不得涂改、挖补、刮擦或用药水消除字迹。 （　　）

9. 为了实行钱账分管原则，通常由出纳人员填制收款凭证和付款凭证，由会计人员登记现金日记账和银行存款日记账。 （　　）

10. 年终更换新账时，新旧账簿有关账户之间的转记金额，应该编制记账凭证。 （　　）

四、名词解释

1. 会计账簿　　2. 总分类账　　3. 明细分类账　　4. 备查账簿

5. 序时账簿　　6. 对账　　　　7. 结账　　　　　8. 平行登记

五、简答题

1. 什么是会计账簿？设置和登记会计账簿的意义有哪些？

2. 会计账簿的种类有哪些？是如何分类的？

3. 订本式账簿、活页式账簿、卡片式账簿各有什么优缺点？总分类账、明细分类账、日记账应分别采用什么形式？

4. 明细分类账的格式有哪些？分别适用哪些账户？

5. 简述总分类账和明细分类账的关系。

6. 什么是平行登记？平行登记的要点有哪些？

7. 登记账簿的要求有哪些？

8. 更正错账的方法有哪些？分别适用于哪些情况？

9. 什么是对账？对账具体包括哪些内容？

10. 什么是结账？结账前账项调整的内容有哪些？如何结账？

六、实务题

1. 【目的】练习日记账的登记。

【资料】某企业20××年7月31日库存现金日记账余额为4 000元，银行存款日记账余额为10 000元。8月份发生下列业务。

（1）3日，投资者投入资本25 000元，存入银行。

（2）5日，以银行存款20 000元偿付前欠货款。

（3）6日，将现金1 000元存入银行。

（4）9日，用现金暂借职工李某差旅费2 000元。

（5）12日，收到某工厂前欠销货款50 000元，存入银行。

（6）16 日，销售产品，价格 50 000 元，增值税 6 500 元，款项收到存入银行。

（7）18 日，购买材料 40 000 元，增值税 5 200 元，以银行存款支付。

（8）21 日，职工李某报销差旅费 1 800 元，交回剩余现金 200 元。

（9）25 日，用银行存款支付广告费 5 000 元。

（10）28 日，从银行提取现金 18 000 元，准备发放工资。

（11）30 日，用现金 18 000 元发放职工工资。

【要求】根据上述资料，编制收款、付款凭证，并登记库存现金日记账和银行存款日记账。

2. 【目的】练习总分类账和明细分类账的平行登记。

【资料】某企业 20×× 年 5 月末有关总分类账户和明细分类账户期末余额如下。

"原材料"总分类账为 7 800 元，其所属明细分类账为：A 材料 600 千克，单价 5 元/千克，共计 3 000 元；B 材料 1 200 千克，单价 4 元/千克，共计 4 800 元。

"应付账款"总分类账为 6 000 元，其所属明细分类账为：甲公司 4 000 元；乙工厂 2 000 元。该企业 6 月份发生下列经济业务。

（1）6 月 5 日发出 A 材料 300 千克，单价 5 元/千克，共计 1 500 元；发出 B 材料 600 千克，单价 4 元/千克，共计 2 400 元。上述材料直接用于产品生产。

（2）6 月 10 日，向甲公司购入 A 材料 700 千克，单价 5 元/千克，增值税 455 元。材料已入库，货款尚未支付。

（3）6 月 15 日，向乙工厂购入 B 材料 300 千克，单价 4 元/千克，增值税 156 元。材料已入库，货款尚未支付。

（4）6 月 25 日，以银行存款偿还甲公司货款 4 000 元、乙工厂货款 2 000 元。

【要求】根据上述资料，分别开设原材料、应付账款总账及明细分类账进行登记，并结出本期发生额和期末余额，并编制原材料、应付账款明细账户本期发生额和余额表。

3. 【目的】练习错账的更正方法。

【资料】某公司本月发生下列错账。

（1）用银行存款偿还 B 公司款项 5 000 元，编制如下会计分录并登记入账。

　　　借：应收账款　　　　　　　　　　　　　　　　　　　5 000

　　　　　贷：银行存款　　　　　　　　　　　　　　　　　　　5 000

（2）会计人员在登账时，将 5 300 元误记为 3 500 元。

（3）以银行存款 6 900 元购买材料并入库，编制如下会计分录并登记入账。

　　　借：原材料　　　　　　　　　　　　　　　　　　　　9 600

　　　　　贷：银行存款　　　　　　　　　　　　　　　　　　　9 600

（4）车间领用材料 8 000 元作为一般耗用，编制如下会计分录并登记入账。

　　　借：制造费用　　　　　　　　　　　　　　　　　　　　800

　　　　　贷：原材料　　　　　　　　　　　　　　　　　　　　800

【要求】说明上述错账应分别采取哪种更正方法，并予以更正。

第七章

财产清查

◆理解财产清查的意义和作用。

◆了解财产清查的程序和方法。

◆掌握两种盘存制度以及财产清查结果的账务处理。

◣ 重点、难点

◆银行存款余额调节表的编制。

◆财产清查结果的账务处理。

第一节　财产清查概述

一、财产清查的意义

企业的货币资金、存货、固定资产等各项财产物资以及各项债权债务的增减变动和结余情况，一般通过填制凭证和登记账簿等方法可以得到正确的反映。但是在实际工作中，可能由于多方面的原因而使得账面数与实际数产生差异，即账实不符。

产生账实不符的原因，有客观的也有主观的。比如，实物财产在收发时因计量不准、验收不严而产生品种、数量或质量上的差错；实物财产在存储过程中由于自然原因产生溢余或损耗；由于管理不善或工作人员失职造成财产物资的损坏、霉烂变质和短缺；由于不法分子的营私舞弊、贪污盗窃而造成财产物资的损失；由于各项财产物资的增减变动出现漏记、重记和计算错误等而产生差异。

为了准确掌握各项财产物资的真实情况，确保会计信息的真实可靠，必须在账簿记录的基础上，进行财产清查。

财产清查，就是通过对各项财产进行实地盘点和核对，来查明货币资金、存货、固定资产以及债权债务等实有数与账面数是否相符的一种专门方法。财产清查不仅仅是会计核算的一种专门方法，也是财产物资管理的一项重要制度。

二、财产清查的作用

（1）通过财产清查，可以保证会计信息的真实可靠。

财产清查查明了各项财产物资的实有数，将实有数与账面结余数相比较，找出存在的差异，分析差异的产生原因，并以此调整账簿记录，切实做到账实相符，从而保证会计信息真实可靠。

（2）通过财产清查，可以促使企业建立健全经济责任制度。

财产清查可以查明各项财产物资的收发、领退和保管过程中有无管理不善造成的收发差错、霉烂变质、损失浪费或者被非法挪用、贪污盗窃等情况，促使企业采取有效措施，建立健全核算手续和管理制度，明确各有关人员的经济责任，从而加强对财产物资的管理，保护企业财产物资的安全与完整。

（3）通过财产清查，可以促使企业挖掘财产物资潜力，加速资金周转。

财产清查可以查明财产物资的储备利用情况，对储备不足的应及时补充，以满足生产经营的需要；对积压、逾量、呆滞和不配套的，应及时转让或出售，避免损失或浪费。这样，促进企业充分挖掘内部物资潜力，合理有效地使用各项资源。

三、财产清查的种类

在会计实务中，财产清查的种类很多，可以按不同的标准进行分类，主要有以下两种分类方式。

1. 按清查对象的范围分类

财产清查按其清查范围的大小，可分为全面清查和局部清查。

（1）全面清查。

全面清查是指对属于本单位或存放在本单位的所有财产物资、货币资金和各项债权债务进行全面盘点和核对。全面清查的内容多，范围广，一般出现以下情况就必须进行一次全面清查：①年终决算之前，要进行一次全面清查；②单位撤并，或者改变其隶属关系时，要进行一次全面清查，以明确经济责任；③开展资产评估、清产核资等专项经济活动时，需要进行全面清查，摸清家底，以便有针对性地组织资金供应。

（2）局部清查。

局部清查是指根据管理的需要或依据有关规定，对部分财产物资、债权债务进行盘点和核对。通常情况下，对于流动性较大的材料物资，除年度清查外，年内还要轮流盘点或重点抽查；对于贵重物资，每月都应清查盘点一次；对于现金，应由出纳人员当日清点核对；对于银行存款，每月要同银行核对一次；对于各项应收账款，每年至少核对一至两次。

2. 按照清查的时间分类

财产清查按照是否事先有计划，可分为定期清查和不定期清查。

（1）定期清查。

定期清查是指按事先的计划安排时间对财产物资、债权债务进行的清查，一般在年度、季度、月份、每日结账时进行。例如，每日结账时，要对现金进行账实核对；每月结账时，要对银行存款日记账进行核对。定期清查可以是全面清查，也可以是局部清查。

（2）不定期清查。

不定期清查是指事先并无计划安排，而是根据实际需要所进行的临时性清查。通常在出现以下几种情况时，需要开展不定期检查：①更换现金出纳和财产物资保管人员时，应对相关的出纳人员和实物保管人员进行清查，以分清经济责任；②发生意外损失和非常灾害时，应该对单位遭受损失的相关财产物资进行清算，以查明损失情况；③上级主管部门和财政、审计部门对本单位进行财务检查时；④进行临时性的清产核资时。不定期清查可以是局部清查，也可以是全面清查。

四、财产清查的盘存制度

财产清查的盘存制度是指日常会计核算中采用什么方式来确定各项财产物资的账面结存额。财产清查的盘存制度有两种，即永续盘存制和实地盘存制。

1. 永续盘存制

永续盘存制又称账面盘存制，是指平时对各项财产物资的增加数和减少数都必须根据会计凭证，在财产物资明细账中进行连续、全面的记录，并以此计算财产物资期末账面余额的一种方法。其计算公式是：

$$期末账面余额=期初账面余额+本期增加数-本期减少数$$

在这种方式下，财产物资的收发都要经过十分严密的手续，任何财产物资的增减变动都要进行相应的登记，并随时结出余额，便于掌握各种财产物资的收、发、存以及积压物资的情况，有利于加强管理，因而在实际工作中被广泛使用。但其不足之处是对财产物资的日常收、发都要记录并结算出余额，会计核算的工作量较大。

永续盘存制下的账务处理如下。

【例7-1】 某企业20××年5月库存甲材料有关资料如表7-1所示。

表7-1 库存甲材料有关资料

日期	摘要	数量/件	单价/(元·件⁻¹)	金额/元
5月1日	期初结存	30	500	15 000
5月5日	购进	20	500	10 000

日期	摘要	数量/件	单价/(元·件$^{-1}$)	金额/元
5 月 12 日	发出	40	500	20 000
5 月 21 日	购进	50	500	25 000
5 月 26 日	发出	20	500	10 000
5 月 30 日	购进	10	500	5 000

本期共购进甲材料 80 件，发出甲材料 60 件，甲材料账存数量为 50（30+80-60）件；甲材料账存金额为 25 000（15 000+40 000-30 000）元。其明细账如表 7-2 所示。

表 7-2　甲材料明细账（永续盘存制）

科目：原材料　　　　　　　　　规格等级：　　　　　　　　　品名：甲材料
子目：甲材料　　　　　　　　　计量单位：件　　　　　　　　　总页__ 分页__

20××年		凭证		摘要	收入			发出			结存		
月	日	字	号		数量/件	单价/(元·件$^{-1}$)	金额/元	数量/件	单价/(元·件$^{-1}$)	金额/元	数量/件	单价/(元·件$^{-1}$)	金额/元
5	1	(略)	(略)	期初结存							30	500	15 000
5	5			购进	20	500	10 000				50	500	25 000
5	12			发出				40	500	20 000	10	500	5 000
5	21			购进	50	500	25 000				60	500	30 000
5	26			发出				20	500	10 000	40	500	20 000
5	30			购进	10	500	5 000				50	500	25 000
5	31			本月合计	80		40 000	60		30 000	50	500	25 000

在永续盘存制下，存货的收、发都要记录，不仅有利于从数量和金额两个方面对存货进行控制，还有利于保证存货的安全、完整，正确地计算当期损益。但因财产物资的收、发都是以有关会计凭证为依据进行登记的，由于不可避免的人为或自然原因，均可能发生账实不符的情况。因此，采用永续盘存制，仍然需要对财产物资进行实地清查盘点，以确保账实相符。若经盘点，甲材料实存数量为 51 件，则需要进一步查明甲材料盘盈的原因并调整账面记录。

2. 实地盘存制

实地盘存制是指平时在账簿中只登记增加数，不登记减少数，期末将实地盘点的结果作为结存数，然后倒推减少数，并据以记账的一种方法。这种方法是根据期末盘点数来倒推本期减少数，所以又称以存计销制，其计算公式是：

本期减少数=期初账面余额+本期增加数-期末结存数

【例 7-2】　承【例 7-1】，期末经实地盘点，发现甲材料实际库存数为 51 件。采用实地盘存制，则本期发出甲材料的数量 59（30+80-51）件，本期发出甲材料的金额为 29 500（15 000+40 000-25 500）元；根据上述计算，甲材料明细账记录如表 7-3 所示。

表7-3　甲材料明细账（实地盘存制）

科目：原材料　　　　　　　　　规格等级：　　　　　　　　　　品名：甲材料
子目：甲材料　　　　　　　　　计量单位：件　　　　　　　　　总页__分页__

20××年		凭证		摘要	收入			发出			结存		
月	日	字	号		数量/件	单价/(元·件$^{-1}$)	金额/元	数量/件	单价/(元·件$^{-1}$)	金额/元	数量/件	单价/(元·件$^{-1}$)	金额/元
5	1	略	略	期初结存							30	500	15 000
5	5			购进	20	500	10 000						
5	21			购进	50	500	25 000						
5	30			购进	10	500	5 000						
5	31			本月发出				59	500	29 500	51	500	25 500
5	31			本月合计	80		40 000	59		29 500	51	500	25 500

在实地盘存制下，只对财产物资的增加数进行记录，省去了财产物资减少数及每日结存数的逐笔记录，手续得以简化，核算工作也比较简单。但由于平时没有登记财产物资的发出数，在财产物资明细账中也就不能随时反映其增减变化以及结存情况；另外，这种盘存方法是以期末盘存数倒推发出数，有可能将损耗、浪费等减少的财产物资也记为本期发出的财产物资，从而不能准确掌握财产物资的短缺、毁损及丢失情况，容易造成管理上的漏洞。如【例7-2】的盘盈，则无法反映。实地盘存制适用于价廉、收发频繁的财产物资，如食堂用煤、工地用砖等。无论是采用实地盘存制还是采用永续盘存制，都必须定期对存货进行盘点，这是确定存货实存数唯一可靠的方法。

第二节　财产清查的方法

一、财产清查的程序

财产清查是一项非常复杂、细致的工作，它不仅是会计部门的重要任务，而且是各个财产物资保管部门的重要职责。为了妥善地做好财产清查工作，应在业务上和组织上做好准备工作，按照一定的程序进行清查。

首先要进行组织准备，包括建立清查小组，编制清查计划等。其次，还应该做好业务准备工作，主要包括以下三方面。

（1）会计部门和会计人员应在财产清查之前，将有关账簿登记齐全，结出余额，做好账簿准备，为账实核对提供正确的账簿资料。

（2）财产物资的保管、使用等相关业务部门，应登记好所经管的全部财产物资明细账，并结出余额。将所保管以及所用的各种财产物资归位整理好，贴上标签，标明品种、规格和结存数量，以便盘点核对。

（3）准备好各种计量器具和清查登记用的清单、表册，通常有盘点表、实存账存对比表、未达账项登记表等。

在完成以上各项准备工作以后，就应该由清查人员依据清查对象的特点，以及预先确定的清查目的，采用合适的清查方法，实施财产清查和盘点。

在盘点财产物资时，财产物资的保管人员必须在场；在盘点现金时，出纳人员必须在场。实施盘点时，应由盘点人员做好盘点记录；盘点结束后，盘点人员应根据财产物资的盘点记录，编制盘点表，并由参与盘点的人员、财产物资保管人员及其相关责任人签名或盖章。同时，应就盘点表的资料以及相关账簿资料填制实存账存对比表等，并据以检查账实是否相符，同时根据对比结果调整账簿记录。

二、实物资产的清查

实物清查是指对具有实物形态的各种财产物资的清查，主要包括固定资产、原材料、在产品、库存商品、半成品等。对不同的实物确定其数量时，可根据具体情况分别采用不同的方法，如实地盘点法、技术推算法、抽样盘点法等。

盘点实物的工作量较大，盘点时要求分清层次，先重点，后一般，将固定资产、材料、库存商品等逐项查清。实际清查过程中，既不能重盘又不能漏盘，既要注重数量又要注重质量。可分三个步骤进行。

1. 盘点实物，根据实物的特点采取相应的方法

（1）盘点固定资产。

盘点固定资产时，对于生产用房、非生产用房、其他建筑物等要逐一清查，简易用房要按固定资产标准检查是否符合固定资产的条件；对于机器设备、运输设备、传导设备、电力设备等要逐一清查，并注意有无内部转移实物而会计账簿中未反映、设备不完好、生产报废遗弃但未办手续、不符合固定资产标准等问题。

（2）盘点材料。

盘点材料时，应分材料类别逐一盘点，对包装完整的材料可根据有关凭证和包装上所注明的数量进行核对；对于零散的材料，可采用过数、计量、过磅、度量等方式确定其数量。清查时要注意材料的数量和质量，检查有无名实不符、有无霉烂变质、有无品种串号等问题。

（3）清查库存商品、半成品、在产品。

清查库存商品、半成品、在产品时，除注意数量外还要注意其配套性、完工程度、质量等问题。

2. 填写盘点表

盘点表是记录实地盘点结果的书面文件，也是反映盘点日财产物资实有数的原始凭证。盘点表一式三份，一份由清点人员留存备查，一份交由实物保管人员保存，第三份交财会部门以便对账。盘点后，参加清查工作的人员和实物保管人员均应在盘点表上签名，以明确经济责任。盘点表格式如表7-4所示。

表7-4　盘点表

单位名称：　　　　　　　　　　　　　　盘点时间：

财产类别：　　　　　　　　　　　　　　存放地点：　　　　　　　　　编号：

编号	名称	规格型号	计量单位	实存数量	单价	金额	备注

盘点人签名：　　　　　　　　　　　　　实物保管人签章：

3. 编制实物清查结果报告表

为了核对清查结果，财会部门应根据盘点表及有关账簿资料编制实存账存对比表或固定资产盘盈盘亏报告表，以确定实存数与账存数的差异，并作为调整账簿记录的原始凭证。实存账存对比表格式如表7-5所示。

表7-5　实存账存对比表

单位名称：　　　　　　　　　　　年　月　日　　　　　　　　　编号：

编号	类别及名称	计量单位	单价	实存		账存		对比结果				备注
				数量	金额	数量	金额	盘盈		盘亏		
								数量	金额	数量	金额	

三、货币资金的清查

1. 库存现金的清查

库存现金的清查主要是采用实地盘点法确定现金的实存数，然后与库存现金日记账的账面余额进行核对，以查明账实是否相符。清查现金时，出纳人员必须在场，还应注意检查开支是否遵守财经纪律，有无白条抵库、超过库存限额、未经批准坐支现金等现象。清查结束后，应填制库存现金盘点报告表，格式如表7-6所示。

表7-6　库存现金盘点报告表

年　月　日

账存金额	实存金额	长款	短款	备注

盘点人：（签章）　　　　　　　　　　　出纳员：（签章）

2. 银行存款的清查

与实物、库存现金清查所使用的方法不同，银行存款的清查采用与开户行核对账目的方法进行，即将开户银行转来的对账单与本单位的银行存款日记账进行核对，以查明账实是否相符。

在实际工作中，企业收到银行对账单后，应将银行存款日记账上的每笔业务与银行对账单逐笔勾对。核对时常常会出现银行对账单余额与本单位银行存款日记账余额不一致的情况。当出现双方账面余额不相等时，有两种可能：一是企业或银行账簿记录有误，二是发生未达账项。所谓未达账项，是指企业与银行之间，由于凭证传递时间上的不一致而造成的一方已经入账，而另一方尚未入账的款项。具体有四种情况。

（1）企业已收款入账而银行尚未收款入账的款项，如企业送存银行的转账支票。

（2）企业已付款入账而银行尚未付款入账的款项，如企业开出支票，持票人尚未到银行兑取。

（3）银行已收款入账而企业尚未收款入账的款项，如采用委托收款方式，银行已收到货款，企业尚未收到有关凭证。

（4）银行已付款入账而企业尚未付款入账的款项，如银行已从企业存款账户扣除借款利息，企业尚未接到付息通知。

在核对银行账目的过程中，如发现未达账项，企业应编制银行存款余额调节表。

银行存款余额调节表的编制方法是：以银行存款日记账余额加上银行已收、企业未收的款项，减去银行已付、企业未付的款项；以银行对账单余额加上企业已收、银行未收的款项，减去企业已付、银行未付的款项。若双方的调整后余额相等，一般说明双方账面记录无误。如果调整后的双方余额不等，则说明账面记录有差错，需要进一步核对账目，查找原因，加以更正。

【例7-3】 A 股份有限公司20××年5月31日银行存款日记账余额为70 500元，银行转来的对账单余额为127 500元，经过逐笔校对，发现以下未达账项。

（1）企业送存转账支票60 000元，并已登记银行存款增加，但银行尚未记账。

（2）企业开出转账支票45 000元，但持票单位尚未到银行办理转账，银行尚未记账。

（3）企业委托银行代收某单位购货款75 000元，银行已收妥登记入账，但企业尚未收到收款通知。

（4）银行代企业支付养路费3 000元，银行已登记，企业银行存款减少，但企业尚未收到银行付款通知，尚未记账。

请编制银行存款余额调节表。

银行存款余额调节表编制结果如表7-7所示。

表7-7　银行存款余额调节表

20××年5月31日　　　　　　　　　　　　　　　　　　　　　　　单位：元

项目	金额	项目	金额
银行存款日记账余额	70 500	银行对账单余额	127 500
加：银行已收款入账而企业尚未收款入账的款项	75 000	加：企业已收款入账而银行尚未收款入账的款项	60 000
减：银行已付款入账而企业尚未付款入账的款项	3 000	减：企业已付款入账而银行尚未付款入账的款项	45 000
调节后企业银行存款余额	142 500	调节后银行对账单余额	142 500

调节后的存款余额表明企业可动用的银行存款实有数，但银行存款余额调节表并不能作为调整账面记录的依据。对于银行已入账、企业尚未入账的未达账项，企业应待有关凭证到达后，再据以进行账务处理。

四、往来款项的清查

往来款项主要包括各种应收账款、应付账款、预收账款、预付账款、其他应收款和其他应付款。往来款项的清查采用同对方单位或个人核对账目的方法。

在进行往来款项清查时，首先检查本单位各种往来款项的记录是否完整、准确，确定无误后再编制往来款项对账单，通过电函、信函或派人送交等方式，请对方核对。往来款项对账单一般一式两联，一份由对方保存，一份作为回单联，由对方对账并将对账结果注明后盖章退回，表示已核对；如果发现数额不符，则在回单联上注明不符情况，或另抄对账单退回，以便进一步核对。如有未达账项，需要双方及时进行调节。对往来款项的清查结果应编制往来款项清查结果报告表，格式如表7-8所示。

表7-8　往来款项清查结果报告表

种类：　　　　　　　　　　　　　　年　月　日　　　　　　　　　单位：

明细账户	清查结果		差异额及原因说明	
	本企业账面金额	对方账面金额	差异额	差异原因说明

制表：

第三节　财产清查结果的处理

财产清查的结果必须按国家有关规定，严格认真地予以处理。财产清查结果的处理分为业务处理和账务处理两种。

一、财产清查结果的业务处理

1. 认真查明账实不符的原因，根据具体原因确定处理方法

对于财产清查中发现的各种财产物资的盘盈、盘亏以及各种损失，要核实数额，查明原因，明确责任，提出处理意见，报请领导审批。

2. 积极处理多余物资和长期不清的债权、债务

在清查过程中，对于积压、呆滞和不需要的物资，应积极组织调剂和改制或转让，力求做到物尽其用；对于长期不清的债权、债务，应主动与对方单位协调，研究解决处理方案。

3. 总结经验教训，建立健全财产物资管理制度

财产清查后，针对清查中发现的问题，要认真总结经验教训，制订改进措施，建立健全各项管理制度，促进企业切实做好财产物资管理工作，真正发挥财产清查的作用。

4. 及时调整账簿记录，做到账实相符

对于财产清查中所发现的财产物资的盘盈、盘亏，要按规定程序报经有关领导审批，会计部门要根据审批意见，及时编制记账凭证并登记入账，以保证账实相符。

二、财产清查结果的账务处理

财产清查后，无论出现盘盈、盘亏还是毁损，都应该进行账务处理，调整账面，使账存数与实存数保持一致，以保证账实相符。

财产清查结果的账务处理一般分两个步骤：第一步，根据查明属实的财产盘盈、盘亏或毁损的数字编制实存账存对比表，填制记账凭证，并据以登记账簿，达到账实相符；第二步，待查清原因，明确责任以后，根据审批后的处理决定，填制记账凭证，并据以登记入账。

1. 账户设置

为了核算和监督财产清查结果的账务处理情况，须设置"待处理财产损溢"账户。该账户借方登记审批前财产物资的盘亏、毁损数以及报经批准后盘盈的转销数，贷方登记审批前财产物资的盘盈数以及报经批准后盘亏和毁损的转销数。

期末余额如在借方，表示尚待批准处理的财产净损失；如在贷方，表示尚待批准处理的财产净溢余。期末结账前应查明原因，处理完毕，该账户按规定转销后应无余额。

在"待处理财产损溢"的总账账户下还应设置"待处理流动资产损溢"和"待处理固定资产损溢"两个明细分类账户，分别对相关的流动资产和固定资产损溢进行核算。"待处理财产损溢"账户的基本结构可表示为：

借方	待处理财产损溢	贷方
①待处理财产盘亏金额 ②根据批准的处理意见结 转的待处理财产盘盈数		①待处理财产盘盈金额 ②根据批准的处理意见结转的待 处理财产盘亏数

2. 库存现金清查结果的账务处理

库存现金清查以后，对于发现的现金长款或短款，在报请批准前转入"待处理财产损溢"账户，待查明原因和批准后转出。对于现金短款，应由责任人赔偿的，计入"其他应收款"账户；无法查明原因的，计入"管理费用"账户。对于现金长款，应支付给有关人员或单位的，计入"其他应付款"账户；无法查明原因的，计入"营业外收入"账户。

【例7-4】 A股份有限公司20××年12月31日进行财产清查，发现库存现金短少100元，由出纳员王小的过失造成。

批准前应编制的会计分录如下。

借：待处理财产损溢——待处理流动资产损溢   100

  贷：库存现金   100

批准后应编制的会计分录如下。

借：其他应收款——王小   100

  贷：待处理财产损溢——待处理流动资产损溢   100

3. 存货清查结果的账务处理

企业在财产清查过程中，对于盘盈的原材料、库存商品等存货的价值，应当计入"待处理财产损溢"账户的贷方；对于盘亏或毁损的存货，应当将其盘亏、毁损的金额和应负担的增值税进项税额计入"待处理财产损溢"账户的借方。

当报请企业有关部门对盘盈、盘亏或毁损的结果进行处理时，一般应按照下列规定处理。

（1）若属于收发计量或核算上的误差造成的盘盈，经批准，冲减管理费用。

（2）对于盘亏、毁损的存货，应视其具体原因进行不同的处理。

1）属于定额内的正常损耗，经批准转作管理费用。

2）属于超定额损耗及毁损，能确定过失人的，由过失人赔偿；属于保险责任范围的，应向保险公司赔偿；扣除赔偿及残值后的净损失，计入管理费用。

3）属于自然灾害造成的存货损毁，扣除保险赔偿和残值后，计入营业外支出。

无法查明原因的存货的盘盈或亏损应冲减或增加管理费用。

【例7-5】 A股份有限公司20××年12月31日进行财产清查，产成品盘盈10件，单价500元，价值5 000元。在报经审批后，转销产成品盘盈。

批准前应编制的会计分录如下。

借：库存商品   5 000

　　　贷：待处理财产损溢——待处理流动资产损溢　　　　　　　　　5 000

批准后应编制的会计分录如下。

　　借：待处理财产损溢——待处理流动资产损溢　　　　　　　　　5 000

　　　贷：管理费用　　　　　　　　　　　　　　　　　　　　　　5 000

【例7-6】 A股份有限公司20××年12月31日进行财产清查，发现甲材料账面余额为455千克，价值19 110元；盘点实际存量为450千克，价值18 900元。经查明，其中2千克为定额损耗，2千克为日常计量差错，1千克为保管员私自送人。甲材料的单价为42元/千克。

　　批准前应编制的会计分录如下。

　　借：待处理财产损溢——待处理流动资产损溢　　　　　　　　　210

　　　　贷：原材料——甲材料　　　　　　　　　　　　　　　　　210

批准后应编制的会计分录如下。

　　借：管理费用　　　　　　　　　　　　　　　　　　　　　　　168

　　　　其他应收款　　　　　　　　　　　　　　　　　　　　　　42

　　　　贷：待处理财产损溢　　　　　　　　　　　　　　　　　　210

4. 固定资产清查结果的账务处理

企业在财产清查中，对于盘盈的固定资产，应作为前期差错计入"以前年度损益调整"账户，按同类或类似固定资产的市场价格或重置价值，减去按该项资产的新旧程度估计的价值损耗后的余额，作为入账价值，借记"固定资产"账户，贷记"以前年度损益调整"账户，期末将"以前年度损益调整"账户的余额转入"利润分配——未分配利润"账户。

在清查中发现的盘亏和毁损的固定资产，在经批准处理前，应按账面净值借记"待处理财产损溢——待处理固定资产损溢"，按已提折旧额借记"累计折旧"账户，按账面原值贷记"固定资产"账户；经批准后，属于过失人或保险公司应赔偿部分的，借记"其他应收款"账户，其余部分借记"营业外支出——固定资产盘亏"账户，贷记"待处理财产损溢——待处理固定资产损溢"账户。

【例7-7】 A股份有限公司20××年12月31日进行财产清查，发现账外设备一台，估计原价20 000元，已提折旧12 000元。

该项业务应编制的会计分录如下。

　　借：固定资产　　　　　　　　　　　　　　　　　　　　　　　8 000

　　　贷：以前年度损益调整　　　　　　　　　　　　　　　　　　8 000

【例7-8】 A股份有限公司20××年12月31日进行财产清查，盘亏水泵一台，原价5 200元，账面已提折旧1 400元。经审批，转作营业外支出。

批准前应编制的会计分录如下。

　　借：待处理财产损溢——待处理固定资产损溢　　　　　　　　　3 800

　　　　累计折旧　　　　　　　　　　　　　　　　　　　　　　　1 400

　　　　贷：固定资产　　　　　　　　　　　　　　　　　　5 200

批准后应编制的会计分录如下。

　　借：营业外支出　　　　　　　　　　　　　　　　　　3 800

　　　　贷：待处理财产损溢——待处理固定资产损溢　　　　　3 800

5. 往来款项清查结果的账务处理

对于在财产清查中发现的长期不能结算的往来款项，应及时进行清理。经确认无法收回的应收账款，称为坏账。对于确认的坏账，经批准后应予以核销。核销时，不应通过"待处理财产损溢"账户，而应通过设置"坏账准备"账户进行核算。另外，对于在财产清查中查明确实无法支付的应付账款，应按规定报经批准后，转为营业外收入。

【例7-9】　A股份有限公司20××年12月31日进行财产清查，在清查中发现：应付福州化工厂的购货款12 000元，由于该企业破产无法支付，经批准注销了该负债。

该项业务应编制的会计分录如下。

　　借：应付账款——福州化工厂　　　　　　　　　　　12 000

　　　　贷：营业外收入　　　　　　　　　　　　　　　　　12 000

本章小结

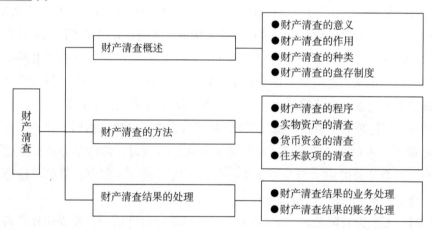

练习题

一、单选题

1. 以下选项中，不是财产清查基本程序的是（　　　）。

　　A. 清查前的准备工作　　　　　　　B. 账项核对和实地盘点

　　C. 清查结果处理　　　　　　　　　D. 复查报告

2. 银行存款余额调节表中调节后的余额是（　　　）。

　　A. 银行存款的账面余额

　　B. 对账单余额与日记账余额的平均数

C. 对账日企业可以动用的银行存款实有数额

D. 银行方面的账面余额

3. "待处理财产损溢"账户未转销的借方余额表示（　　）。

　　A. 等待处理的财产盘盈

　　B. 等待处理的财产盘亏

　　C. 尚待批准处理的财产盘盈数大于尚待批准处理的财产盘亏和毁损数的差额

　　D. 尚待批准处理的财产盘盈数小于尚待批准处理的财产盘亏和毁损数的差额

4. 盘盈的固定资产经批准后，一般应计入（　　）账户。

　　A. "本年利润"　　　　　　　　　　B. "以前年度损益调整"

　　C. "投资收益"　　　　　　　　　　D. "其他业务收入"

5. 对银行存款进行清查时，应将（　　）与银行对账单逐笔核对。

　　A. 银行存款总账　B. 银行存款日记账　　C. 银行支票备查簿　D. 库存现金日记账

6. 下列各项中，采用与对方核对账目的方法清查的是（　　）。

　　A. 固定资产　　　B. 存货　　　　　　C. 库存现金　　　　D. 往来款项

7. 在企业与银行双方记账无误的情况下，银行存款日记账与银行对账单余额不一致是由于有（　　）存在。

　　A. 应收账款　　　B. 应付账款　　　　C. 未达账项　　　　D. 其他货币资金

8. 银行存款日记账余额为56 000元，调整前银行已收、企业未收的款项为2 000元，企业已收、银行未收的款项为1 200元，银行已付、企业未付款项为3 000元。则调整后存款余额为（　　）元。

　　A. 56 200　　　　　B. 55 000　　　　　C. 58 000　　　　　D. 51 200

9. 对企业与开户银行之间的未达账项进行账务处理的时间是（　　）。

　　A. 编好银行存款余额调节表时　　　　B. 查明未达账项时

　　C. 收到银行对账单时　　　　　　　　D. 实际收到有关结算凭证时

10. 库存现金盘点时发现短缺，则借记的会计账户是（　　）。

　　A. "库存现金"　　　　　　　　　　　B. "其他应付款"

　　C. "待处理财产损溢"　　　　　　　　D. "其他应收款"

11. 因管理不善而导致的盘亏，应计入（　　）。

　　A. 其他应收款　B. 管理费用　　　　　C. 营业外支出　　　D. 财务费用

12. 对库存现金的清查应采用的方法是（　　）。

　　A. 实地盘点法　B. 检查现金日记账　　C. 倒挤法　　　　　D. 抽查现金

二、多项选择题

1. 银行存款日记账余额与银行对账单余额不一致，原因可能有（　　）。

　　A. 银行存款日记账有误　　　　　　　B. 银行记账有误

　　C. 存在未达账项　　　　　　　　　　D. 存在企业与银行均未付的款项

2. 下列记录中可以作为调整账面数字的原始凭证的有（　　　）。

    A. 盘存单　　　　　　　　　　　　B. 实存账存对比表

    C. 银行存款余额调节表　　　　　　D. 库存现金盘点报告表

3. 对于盘亏、毁损的存货，经批准后进行账务处理时，可能涉及的借方账户有（　　　）。

    A. 其他应收款　　B. 营业外支出　　C. 管理费用　　D. 原材料

4. 下列业务中需要通过"待处理财产损溢"账户核算的有（　　　）。

    A. 库存现金丢失　　　　　　　　　B. 原材料盘亏

    C. 发现账外固定资产　　　　　　　D. 应收账款无法收回

5. 使企业银行存款日记账余额小于银行对账单余额的未达账项有（　　　）。

    A. 企业已收款记账而银行尚未收款记账　B. 企业已付款记账而银行尚未付款记账

    C. 银行已收款记账而企业尚未收款记账　D. 银行已付款记账而企业尚未付款记账

6. "待处理财产损溢"账户借方登记的有（　　　）。

    A. 等待批准处理的财产盘亏、毁损　　B. 经批准转销的财产盘亏、毁损

    C. 等待批准处理的财产盘盈　　　　　D. 经批准转销的财产盘盈

7. 以下情况中可能造成账实不符的有（　　　）。

    A. 财产收发计量或检验不准　　　　B. 管理不善

    C. 存在未达账项　　　　　　　　　D. 账簿记录发生差错

8. 单位年终决算时进行的清查属于（　　　）。

    A. 全面清查　　B. 局部清查　　　C. 定期清查　　　D. 不定期清查

9. 企业编制银行存款余额调节表，在调整银行存款日记账余额时，应考虑的情况有（　　　）。

    A. 企业已收而银行未收　　　　　　B. 银行已收而企业未收

    C. 银行已付而企业未付　　　　　　D. 企业已付而银行未付

10. 下列情形中，需要进行全面清查的有（　　　）。

    A. 单位进行撤并时　　　　　　　　B. 对外投资时

    C. 开展清产核资时　　　　　　　　D. 单位负责人调离时

三、判断题

1. 经批准转销固定资产盘亏净损失时，账务处理应借记"营业外支出"账户，贷记"固定资产清理"账户。（　　　）

2. 银行存款余额调节表只是为了核对账目，并不能作为调整银行存款账面余额的原始凭证。（　　　）

3. 对仓库中的所有存货进行盘点属于全面清查。（　　　）

4. 存货盘亏、毁损的净损失一律计入"管理费用"账户。（　　　）

5. 对银行存款进行清查时，如果存在账实不符现象，肯定是由未达账项引起的。（　　　）

6. 实物盘点后，应将实存账存对比表作为调整账面余额记录的原始依据。（　　　）

7. 盘点实物时，发现账面数大于实存数，即为盘盈。 （ ）

8. 未达账项仅仅是指企业因未收到凭证而未入账的款项。 （ ）

9. 库存现金清查包括出纳人员每日终了前进行的库存现金账款核对和清查小组进行的定期或不定期的现金盘点、核对。清查小组清查时，出纳人员可以不在场。 （ ）

10. 转销已批准处理的财产盘盈数登记在"待处理财产损溢"账户的贷方。 （ ）

四、名词解释

1. 财产清查　　2. 未达账项　　3. 全面清查　　4. 局部清查

5. 定期清查　　6. 不定期清查　　7. 实地盘存制　　8. 永续盘存制

五、简答题

1. 简述财产清查的作用。

2. 什么是未达账项？未达账项的种类有哪些？

3. 简述财产清查的两种盘存制度及各自的优缺点。

4. 简述实物资产、库存现金、银行存款和往来款项的清查方法的异同。

六、实务题

1. 【目的】练习存货毁损的账务处理。

【资料】某企业因暴雨毁损库存材料一批，该批原材料实际成本为 20 000 元，收回残料价值 800 元，保险公司赔偿 11 600 元。

【要求】（1）编制批准处理前该企业的相关会计分录。

（2）编制批准处理后该企业的相关会计分录。

2. 【目的】练习银行存款余额调节表的编制。

【资料】20×× 年 12 月 31 日某企业银行存款日记账余额为 75 000 元，银行对账单余额为 73 900 元，经逐笔核对，发现未达账项有以下几项。

（1）12 月 28 日，企业销售产品，收到转账支票 2 000 元，送存银行，银行尚未收到款项。

（2）12 月 29 日，企业开出转账支票支付水电费 9 300 元，持票人未到银行兑取。

（3）12 月 29 日，银行收到企业委托代收的某公司购货款 1 000 元，企业未收到收款通知。

（4）银行已扣掉企业应付的借款利息 9 400 元，企业尚未收到付息通知。

【要求】编制银行存款余额调节表。

3. 【目的】练习财产清查结果的账务处理。

【资料】某企业年末进行财产清查，清查结果如下。

（1）库存现金溢余 500 元，无法查明原因。

（2）盘亏材料 10 000 元，可以收回的保险赔偿和过失人赔偿合计 5 000 元，剩余的净损失中有 3 000 元属于非常损失，2 000 元属于自然损耗。

（3）发现设备短缺一台，账面原价 5 000 元，已计提折旧 1 000 元。

【要求】对上述业务进行账务处理。

第八章

会计报表

◆了解会计报表的含义、作用、种类和编制要求。

◆了解资产负债表、利润表的作用。

◆掌握资产负债表的概念、内容、格式和编制。

◆掌握利润表的概念、内容、格式和编制。

重点、难点

◆资产负债表的内容、格式及编制。

◆利润表的格式、内容及编制。

第一节　会计报表概述

一、会计报表的含义

财务会计报告是指企业对外提供的反映企业某一特定日期的财务状况和某一会计期间的经营成果、现金流量等会计信息的文件。

财务会计报告包括会计报表及其附注和其他应当在财务会计报告中披露的相关信息和资料。

会计报表也称财务报表，是财务会计报告的主干部分，是指以会计凭证、会计账簿和其他会计资料为依据，按照规定的格式、内容和填报要求定期编制并对外报送的，以货币作为计量单位，总括反映企业财务状况、经营成果和现金流量的书面文件。

编制会计报表是会计核算的一种专门方法。

会计报表至少应当包括资产负债表、利润表、现金流量表、所有者权益变动表和附注。本章重点介绍资产负债表和利润表的编制，其他内容将在财务会计中介绍。

二、会计报表的作用

会计工作的目标，是向企业的管理者和与企业有关的外部利害关系人提供对决策有用的会计信息。会计报表是提供会计信息的重要工具，对单位内部和外部的利益关系方都有重要意义。

1. 为企业内部的经营管理者进行日常经营管理提供必要的信息资料

企业的经营管理者需要不断地考核、分析本企业的财务状况、成本费用情况，评价本企业的经营管理工作，总结经验，查明问题存在的原因，改进经营管理工作、提高管理水平，以及预测经济前景，进行经营决策。所有这些工作都必须借助会计报表所提供的会计信息。

2. 为投资者进行投资决策提供必要的信息资料

企业的投资者包括国家、法人、外商和社会公众等。投资者所关心的是投资的报酬和投资的风险，在投资前需要了解企业的财务状况和经营活动情况，以便做出正确的投资决策；投资后，需要了解企业的经营成果、资金使用情况以及资金支付报酬的能力等。会计报表正是投资者了解所需信息的主要渠道。

3. 为债权人提供表明企业资金运转情况和偿债能力的信息资料

随着市场经济的不断发展，商业信贷和商业信用在社会经济发展的过程中日趋重要。由商业信贷所形成的债权人主要包括银行、非银行金融机构等，它们需要能反映企业能否按时支付利息和偿还债务的资料。

4. 为财政、工商、税务等行政管理部门提供对企业实施管理和监督的信息资料

财政、工商、税务等行政管理部门履行国家管理企业的职能，负责检查企业的资金使用情况、成本计算情况、利润的形成和分配情况以及税金的计算和结缴情况，以及企业财经法纪的遵守情况。会计报表作为集中、概括反映企业经济活动情况及其结果的会计载体，是财政、工商、税务各部门对企业实施管理和监督的重要资料。

5. 为企业内部审计机构和外部审计部门检查、监督企业的生产经营活动提供必要的信息资料

审计工作一般是从会计报表审计开始的。会计报表不仅能够为审计工作提供详尽、全面的数据资料，而且可以为会计凭证和会计账簿的进一步审计指明方向。

三、会计报表的种类

1. 按照会计报表所反映的经济内容分类

（1）反映企业特定日期财务状况的会计报表，如资产负债表。

（2）反映企业一定时期财务状况变动情况的会计报表，如现金流量表和所有者权益变

动表。

（3）反映企业一定时期经营成果的会计报表，如利润表。

2. 按照会计报表的报送对象分类

（1）对外会计报表。

对外会计报表虽可用于企业内部管理，但更偏重于外部使用者的信息要求，如资产负债表、利润表、现金流量表和所有者权益变动表。

（2）对内会计报表。

对内会计报表是根据因企业内部管理需要编制的，如反映企业成本、费用情况的会计报表。

3. 按照会计报表的编制主体分类

（1）个别会计报表。

个别会计报表是指独立核算的一个单位按照会计准则的规定，根据本企业会计核算资料和其他资料编制的会计报表。

（2）合并会计报表。

合并会计报表是以母公司和子公司组成的企业集团为会计主体，根据母公司和所属子公司的会计报表，由母公司编制的综合反映企业集团财务状况、经营成果和现金流量的会计报表。

4. 按照会计报表编制的时间分类

（1）中期报表。

中期报表又可分为半年度会计报表、季度会计报表和月度会计报表。

（2）年度报表。

年度报表又称决算报表，是年终编制的，全面反映企业财务状况、经营成果和现金流量等的报表。

5. 按照会计报表反映的资金运动状态分类

（1）静态会计报表。

静态会计报表是指反映企业资金运动处于某一相对静止状态的会计报表。一般情况下，反映企业某一特定日期的财务状况的会计报表为静态会计报表，如资产负债表。静态会计报表亦称时点报表。

（2）动态会计报表。

动态会计报表是指反映企业资金处于运动状态的会计报表。一般情况下，反映企业某一特定时期的财务状况变动情况和经营成果的报表，为动态会计报表，如利润表、现金流量表和所有者权益变动表。动态会计报表亦称时期报表。

四、会计报表的编制要求

1. 数字真实

数字真实是指会计报表与企业的客观财务状况、经营成果和现金流量相吻合。为了保证会计报表的真实性，会计报表中各项目数字必须以报告期的实际数字来填列，不能使用计划数、估计数代替实际数，更不允许弄虚作假、篡改或伪造数字。

2. 内容完整

会计报表必须按照国家规定的报表种类和内容填报，不得漏填漏报。每份会计报表应填列的内容，无论是表内项目还是报表附注资料，都应一一填列齐全。

3. 计算正确

在各会计报表中，都有需要进行专门计算才能填列的项目。对于这些需要计算填列的项目，必须根据企业会计准则等规定的计算口径、计算方法和计算公式进行计算，不得任意删减和增加。

4. 编报及时

编报及时是指企业应按规定的时间编报会计报表，以便报表的使用者及时、有效地利用会计报表资料。一般来说，月度报表应于月份终了后的 6 天内报送，季度报表应于季度终了后的 15 天内报送，半年度会计报表应于半年度终了后的 60 天内报送，年度报表应于年度终了后的 4 个月内报送。

第二节 资产负债表

一、资产负债表的概念和作用

1. 资产负债表的概念

资产负债表是指反映企业某一特定日期（如月末、季末、年末等）财务状况的会计报表，是企业经营活动的静态体现。它是根据"资产=负债+所有者权益"这一会计等式，依照一定的分类标准和顺序，将企业在一定日期的全部资产、负债和所有者权益项目进行适当分类、汇总、排列后编制而成的。

2. 资产负债表的作用

（1）资产负债表可以反映企业资产的构成及其状况，分析企业在某一特定日期所拥有的经济资源及其分布情况。

（2）资产负债表可以反映企业某一特定日期的负债总额及其结构，分析企业目前与未来需要支付的债务数额。

（3）资产负债表可以反映企业所有者权益的情况，了解企业现有的投资者在企业资产总额中所占的份额。

资产负债表可以帮助报表使用者全面了解企业的财务状况，分析企业的债务偿还能力，从而为未来的经济决策提供参考。

二、资产负债表的内容和结构

资产负债表的内容主要包括资产、负债、所有者权益三方面，它是根据"资产＝负债＋所有者权益"这一会计等式编制而成的。因为"资产＝负债＋所有者权益"这一会计等式是静态的平衡公式，所以资产负债表是静态会计报表。

1. 资产负债表的内容

（1）资产。

资产应当按照流动资产和非流动资产两大类分别在资产负债表中列示，在流动资产和非流动资产类别下进一步按流动性分项列示。

资产负债表中列示的流动资产项目通常包括货币资金、交易性金融资产、应收票据、应收账款、预付款项、其他应收款、存货和一年内到期的非流动资产等，非流动资产项目通常包括债权投资、长期股权投资、固定资产、在建工程、无形资产、开发支出、长期待摊费用以及其他非流动资产等。

（2）负债。

负债应当按照流动负债和非流动负债在资产负债表中分别进行列示，在流动负债和非流动负债类别下再进一步按流动性分项列示。

资产负债表中列示的流动负债项目通常包括短期借款、应付票据、应付账款、预收款项、应付职工薪酬、应交税费、其他应付款和一年内到期的非流动负债等，非流动负债项目通常包括长期借款、应付债券和其他非流动负债等。

（3）所有者权益。

资产负债表中的所有者权益一般按照实收资本（或股本）、资本公积、盈余公积和未分配利润分项列示。

2. 资产负债表的结构

我国企业的资产负债表采用账户式结构。

账户式资产负债表分左右两方，左方为资产项目，大体按资产的流动性强弱排列，流动性强的资产如货币资金、交易性金融资产等排在前面，流动性弱的资产如长期股权投资、固定资产等排在后面。右方为负债及所有者权益项目，一般按要求清偿时间的先后顺序排列：短期借款、应付账款等需要在一年以内或者长于一年的一个正常营业周期内偿还的流动负债排在前面，长期借款等在一年以上才须偿还的非流动负债排在中间，在企业清算之前不需要偿还的所有者权益项目排在后面。我国企业资产负债表格式如表8-4所示。

三、资产负债表的编制方法

1. "年初余额"的填列方法

"年初余额"栏内各项目数字，应根据上年末资产负债表"期末余额"栏所列数字填列。如果本年度资产负债表规定的各个项目的名称和内容同上年度不一致，应对上年年末资产负债表各项目的名称和数字按本年度的规定进行调整，填入本表"年初余额"栏内。

2. "期末余额"的填列方法

资产负债表的"期末余额"栏主要有以下几种填列方法。

（1）根据总账账户的余额直接填列。

如"短期借款""实收资本（或股本）""资本公积"等项目，根据"短期借款""实收资本（或股本）""资本公积"各总账账户的余额直接填列。

（2）根据几个总账账户的余额计算填列。

有些项目，则需要根据几个总账账户的余额计算填列，如"货币资金"项目，应根据"库存现金""银行存款""其他货币资金"三个总账账户余额合计填列。"存货"项目，应根据"原材料""库存商品""委托加工物资""周转材料""材料采购"（或"在途物资"）"发出商品""生产成本"等总账账户期末余额之和，加或减"材料成本差异"的期末余额（若为贷方余额，应减去；若为借方余额，应加上），再减去"存货跌价准备"备抵账户余额后的金额填列。

【例8-1】　某企业采用计划成本核算材料，20××年12月31日结账后有关账户余额为："材料采购"账户余额为140 000元（借方），"原材料"账户余额为2 400 000元（借方），"周转材料"账户余额为1 800 000元（借方），"库存商品"账户余额为1 600 000元（借方），"生产成本"账户余额为600 000元（借方），"材料成本差异"账户余额为120 000元（贷方），"存货跌价准备"账户余额为210 000元（贷方）。

则该企业20××年12月31日资产负债表中的"存货"项目金额为：140 000+2 400 000+1 800 000+1 600 000+600 000−120 000−210 000=6 210 000（元）。

（3）根据有关明细账户的余额计算填列。

1）"应收账款"项目，应根据"应收账款"和"预收账款"账户所属的明细账户的期末借方余额合计数，减去"坏账准备"账户中有关应收账款计提的坏账准备金额后的差额填列。

2）"预收款项"项目，应根据"应收账款"和"预收账款"账户所属的明细账户的期末贷方余额合计数填列。

3）"预付款项"项目，应根据"应付账款"和"预付账款"账户所属的明细账户的期末借方余额合计数，减去"坏账准备"账户中有关预付账款计提的坏账准备金额后的差额填列。

4）"应付账款"项目，应根据"应付账款"和"预付账款"账户所属的明细账户的期末贷方余额合计数填列。

5）"未分配利润"项目，应根据"利润分配"账户中所属的"未分配利润"明细账户期末余额填列。

【例8-2】　某企业20××年12月31日结账后有关账户所属明细账户借贷方余额如表8-1所示（假设"坏账准备"账户期末余额为0）。

表 8-1　有关账户所属明细账户余额　　　　　　　　　　　单位：元

账户名称	明细账户借方余额合计	明细账户贷方余额合计
应收账款	1 600 000	100 000
预付账款	800 000	60 000
应付账款	400 000	1 800 000
预收账款	600 000	1 400 000

该企业 20××年 12 月 31 日资产负债表中相关项目的金额如下。

"应收账款"项目金额为：1 600 000+600 000=2 200 000（元）。

"预付款项"项目金额为：800 000+400 000=1 200 000（元）。

"应付账款"项目金额为：60 000+1 800 000=1 860 000（元）。

"预收款项"项目金额为：1 400 000+100 000=1 500 000（元）。

（4）根据总账账户和明细账账户余额分析计算填列。

如"长期借款"项目，需要根据"长期借款"总账余额扣除"长期借款"账户所属的明细账户中将在一年内到期且企业不能自主地将清偿义务展期的长期借款后的金额填列。

【例 8-3】　某企业长期借款情况如表 8-2 所示。

表 8-2　长期借款

借款起始日期	借款期限/年	金额/元
2019 年 1 月 1 日	3	1 000 000
2017 年 1 月 1 日	5	2 000 000
2016 年 6 月 1 日	4	1 500 000

该企业 2019 年 12 月 31 日资产负债表中"长期借款"项目金额为：1 000 000+2 000 000=3 000 000（元）。

本例中，"长期借款"项目应根据"长期借款"总账账户余额 4 500 000（1 000 000+2 000 000+1 500 000）元，减去一年内到期的长期借款 1 500 000 元后的金额填列；而一年内到期的长期借款 1 500 000 元应填列在"一年内到期的非流动负债"项目中。

（5）根据总账账户与其备抵账户抵销后的净额填列。

如"长期股权投资"项目，应根据"长期股权投资"账户的期末余额减去"长期股权投资减值准备"账户余额后的净额填列；"固定资产"项目，应根据"固定资产"和"固定资产清理"账户期末余额减去"累计折旧""固定资产减值准备"账户余额后的净额填列；"无形资产"项目，应根据"无形资产"账户期末余额减去"累计摊销""无形资产减值准备"账户余额后的净额填列。

【例 8-4】　某企业 20××年 12 月 31 日"固定资产"账户的期末余额合计 450 000 元，"累计折旧"账户期末贷方余额为 50 000 元。

该企业 20××年 12 月 31 日资产负债表中的"固定资产"项目金额为：450 000-50 000=

400 000（元）。

四、资产负债表编制举例

【例8-5】 根据下方资料编制南方股份有限公司的资产负债表。

1. 南方股份有限公司20××年年底各账户期末余额资料如表8-3所示。

表8-3 南方股份有限公司20××年年底各账户期末余额 单位：元

账户名称	借方余额	账户名称	贷方余额
库存现金	550	短期借款	41 000
银行存款	76 000	应付账款	12 000
其他货币资金	500	预收账款	4 400
应收账款	8 000	应付职工薪酬	7 000
其他应收款	550	其他应付款	750
原材料	349 000	应交税费	39 650
生产成本	36 000	累计折旧	230 000
库存商品	50 000	利润分配——未分配利润	62 300
无形资产	7 500	股本	491 000
固定资产	628 000	盈余公积	50 000
		资本公积	218 000
合计	1 156 100	合计	1 156 100

2. 有关明细资料

应收账款——红星公司（借方）：10 000。

应收账款——鲁光公司（贷方）：2 000。

根据上述资料编制的资产负债表如表8-4所示。

表8-4 资产负债表 会企01表

编制单位：南方股份有限公司 20××年12月31日 单位：元

资产	期末余额	年初余额	负债和所有者权益（或股东权益）	期末余额	年初余额
流动资产：			流动负债：		
货币资金	77 050		短期借款	41 000	
交易性金融资产			交易性金融负债		
衍生金融资产			衍生金融负债		
应收票据			应付票据		
应收账款	10 000		应付账款	12 000	

资产	期末余额	年初余额	负债和所有者权益（或股东权益）	期末余额	年初余额
应收款项融资			预收款项	6 400	
预付款项			合同负债		
其他应收款	550		应付职工薪酬	7 000	
存货	435 000		应交税费	39 650	
合同资产			其他应付款	750	
持有待售资产			持有待售负债		
一年内到期的非流动资产			一年内到期的非流动负债		
其他流动资产			其他流动负债		
流动资产合计	522 600		流动负债合计	106 800	
非流动资产：			非流动负债：		
债权投资			长期借款		
其他债权投资			应付债券		
长期应收款			其中：优先股		
长期股权投资			永续债		
其他权益工具投资			租赁负债		
其他非流动金融资产			长期应付款		
投资性房地产			预计负债		
固定资产	398 000		递延收益		
在建工程			递延所得税负债		
生产性生物资产			其他非流动负债		
油气资产			非流动负债合计		
使用权资产			负债合计	106 800	
无形资产	7 500		所有者权益（或股东权益）：		
开发支出			实收资本（或股本）	491 000	
商誉			其他权益工具		
长期待摊费用			其中：优先股		
递延所得税资产			永续债		
其他非流动资产			资本公积	218 000	
非流动资产合计	405 500		减：库存股		
			其他综合收益		
			专项储备		

续表

资产	期末余额	年初余额	负债和所有者权益 （或股东权益）	期末余额	年初余额
			盈余公积	50 000	
			未分配利润	62 300	
			所有者权益 （或股东权益）合计	821 300	
资产总计	928 100		负债和所有者权益 （或股东权益）总计	928 100	

第三节　利润表

一、利润表的概念和作用

利润表是指反映企业在一定会计期间经营成果的报表。

利润表可以反映企业在一定会计期间收入、费用、利润（或亏损）的数额的构成情况，帮助会计报表使用者全面了解企业的经营成果，分析企业的获利能力及盈利增长趋势，从而为其做出经济决策提供依据。

二、利润表的格式及内容

利润表是根据"收入−费用=利润"设计而成的，属于动态报表，采用多步式，主要反映营业收入、营业利润、利润总额和净利润等，格式如表8-6所示。

三、利润表的编制

1. "上期金额"栏的编制方法

利润表"上期金额"栏内各项数字，应根据上年该期利润表"本期金额"栏内所列数字填列。如果上年该期利润表规定的各个项目的名称和内容同本期不一致，应对上年该期利润表各项目的名称和数据按照本期的规定进行调整，再填入利润表"上期金额"栏内。

2. "本期金额"栏各项目的编制方法

"本期金额"栏内各项数字，应当按照相关账户的发生额分析填列。

（1）根据总分类账户的发生额直接填列。

利润表中的"销售费用""管理费用""财务费用""资产减值损失""投资收益""营业外收入""营业外支出""所得税费用"等项目，可直接根据相应总分类账户的实际发生额填列。

（2）根据有关账户的发生额合并计算填列。

利润表中的"营业收入"项目，应根据"主营业务收入"和"其他业务收入"账户的发生额合计填列；"营业成本"项目，应根据"主营业务成本"和"其他业务成本"账户的发生额合计填列。

"营业利润""利润总额""净利润"等项目都应根据表内各有关项目的钩稽关系计算填列。如为亏损，以"-"号填列。

现举例说明一般企业利润表的编制方法。

【例8-6】 南方股份有限公司20××年10月份有关损益类账户的发生额如表8-5所示。

表8-5　南方股份有限公司20××年10月份各损益账户发生额

账户名称	发生额/元
主营业务收入	2 000 000
其他业务收入	38 000
营业外收入	4 500
主营业务成本	1 800 600
其他业务成本	25 000
税金及附加	20 500
销售费用	40 200
管理费用	23 000
财务费用	8 300
营业外支出	4 000

假设该企业财务费用全部为利息费用，所得税税率为25%，且不存在纳税调整项目，则编制的10月份利润表如表8-6所示。

表8-6　利润表　　　　　　　　　　　　　　　　　　　　　会企02表

编制单位：南方股份有限公司　　　　　　20××年10月　　　　　　　　　单位：元

项目	本期金额	上期金额
一、营业收入	2 038 000	
减：营业成本	1 825 600	
税金及附加	20 500	
销售费用	40 200	
管理费用	23 000	
研发费用		
财务费用	8 300	

项目	本期金额	上期金额
其中：利息费用	8 300	
利息收入		
资产减值损失（损失以"-"号填列）		
信用减值损失（损失以"-"号填列）		
加：其他收益		
投资收益（损失以"-"号填列）		
其中：对联营企业和合营企业的投资收益		
以摊余成本计量的金融资产终止确认收益（损失以"-"号填列）		
净敞口套期收益（损失以"-"号填列）		
公允价值变动收益（损失以"-"号填列）		
资产处置收益（损失以"-"号填列）		
二、营业利润（亏损以"-"号填列）	120 400	
加：营业外收入	4 500	
减：营业外支出	4 000	
三、利润总额（亏损总额以"-"号填列）	120 900	
减：所得税费用	30 225	
四、净利润（净亏损以"-"号填列）	90 675	
五、其他综合收益的税后净额		
（一）不能重分类进损益的其他综合收益		
1. 重新计量设定受益计划变动额		
2. 权益法下不能转损益的其他综合收益		
3. 其他权益工具投资公允价值变动		
4. 企业自身信用风险公允价值变动		
……		
（二）将重分类进损益的其他综合收益		
1. 权益法下可转损益的其他综合收益		
2. 其他债权投资公允价值变动		
3. 金融资产重分类计入其他综合收益的金额		
4. 其他债权投资信用减值准备		

续表

项目	本期金额	上期金额
5. 现金流量套期储备		
6. 外币财务报表折算差额		……
六、综合收益总额	90 675	
七、每股收益		
（一）基本每股收益		
（二）稀释每股收益		

本章小结

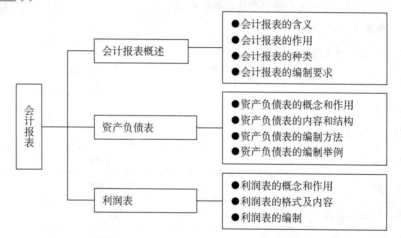

练习题

一、单项选择题

1. 反映经营成果的会计报表是（　　）。

    A. 资产负债表　　　　　　　　　　B. 利润表

    C. 现金流量表　　　　　　　　　　D. 所有者权益变动表

2. 在以下项目中，不属于资产负债表的流动资产项目的是（　　）。

    A. 存货　　　　　　　　　　　　　B. 预付款项

    C. 一年内到期的非流动资产　　　　D. 无形资产

3. 资产负债表的下列项目中，只需要根据一个总账账户就能填列的是（　　）。

    A. "货币资金"　　B. "资本公积"　　　C. "预付款项"　　　D. "无形资产"

4. 下列资产负债表项目中，需要根据相关总账所属明细账户的期末余额分析计算填列的是（　　）。

    A. "长期借款"　　B. "固定资产"　　　C. "存货"　　　　　D. "预收账款"

5. 某企业"应付账款"账户月末贷方余额 40 000 元，其中，"应付甲公司账款"明细账户贷方余额 35 000 元，"应付乙公司账款"明细账户贷方余额 5 000 元。"预付账款"账户月末借方余额 50 000 元。其中，"预付 A 工厂账款"明细账户贷方余额 10 000 元，"预付 B 工厂账款"明细账户借方余额 60 000 元。该企业月末资产负债表中，"应付账款"项目的金额为（　　）元。

 A. 50 000   B. 30 000   C. 40 000   D. 70 000

6. 以下项目中，属于资产负债表中的流动负债项目的是（　　）。

 A. "应付债券"   B. "递延所得税负债"

 C. "应交税费"   D. "实收资本（或股本）"

7. 在我国，利润表的结构大多采用（　　）。

 A. 账户式   B. 报告式   C. 多步式   D. 单步式

8. 企业当期应缴纳的增值税为 54 000 元，当期应缴纳的消费税、资源税、城市维护建设税和教育费附加分别为 5 000 元、600 元、8 500 元、6 810 元，则利润表上的"税金及附加"项目的数额应为（　　）元。

 A. 74 910   B. 20 910   C. 14 100   D. 54 000

9. 会计报表按（　　）分类，可分为资产负债表、利润表、现金流量表。

 A. 反映内容   B. 编报时间   C. 编制单位   D. 服务对象

10. 资产负债表的编制原理是（　　）。

 A. 资产+负债=所有者权益   B. 收入−费用=利润

 C. 资产=负债+所有者权益   D. 资产+所有者权益=负债

二、多项选择题

1. 企业会计报表的使用者包括（　　）。

 A. 现有的投资者   B. 潜在的投资者

 C. 贷款人、供应商和其他债权人   D. 顾客、职工及其他社会公众

2. 资产负债表中的"货币资金"项目须根据（　　）账户余额合计填列。

 A. "库存现金"   B. "银行存款"

 C. "其他货币资金"   D. "预付账款"

3. 资产负债表中"存货"项目的金额，应根据（　　）账户的余额分析填列。

 A. "在途物资"   B. "材料成本差异"

 C. "发出商品"   D. "生产成本"

4. 资产负债表中的"应付账款"项目应根据（　　）填列。

 A. 应付账款总账余额   B. 应付账款所属明细账借方余额合计

 C. 应付账款所属明细账贷方余额合计   D. 预付账款所属明细账贷方余额合计

5. 资产负债表"期末余额"栏各项目的数据应（　　）。

 A. 根据总账账户的余额填列

 B. 根据有关明细账户的余额计算填列

C. 根据总账账户和明细账户的余额分析计算填列

D. 根据总账账户与其备抵账户抵销后的净额填列

6. 会计报表的编制要求有（   ）。

   A. 内容完整　　　B. 数字真实　　　　C. 计算正确　　　　D. 编报及时

7. 资产负债表的作用包括（   ）。

   A. 可以反映企业某一日期的负债总额及其结构

   B. 可以反映企业资产的构成及其状况

   C. 可以反映企业所有者权益的情况

   D. 可以帮助报表使用者全面了解企业的财务状况，分析企业的债务偿还能力

8. 资产负债表中的流动资产项目包括（   ）。

   A. "交易性金融资产"　　　　　　B. "预付款项"

   C. "一年内到期的非流动资产"　　D. "在建工程"

9. 资产负债表中的负债项目包括（   ）。

   A. "长期借款"　　　　　　B. "其他应付款"

   C. "长期股权投资"　　　　D. "预收款项"

10. 资产负债表中的所有者权益项目包括（   ）。

   A. "实收资本"　　　　　　B. "资本公积"

   C. "盈余公积"　　　　　　D. "长期股权投资"

三、判断题

1. 资产负债表是反映某一特定期间（1个月、1个季度或1年）全部资产、负债和所有者权益及其构成情况的报表，它是一张静态报表。（   ）

2. 利润表是指反映企业在一定会计期间的经营成果的报表。（   ）

3. 月度、季度和半年度会计报表统称中期报表。（   ）

4. 季度报表应于季度终了后的15天内报送。（   ）

5. 资产负债表是根据"资产＝负债+所有者权益"这一会计等式，依照一定的分类标准和顺序，将企业在一定日期的全部资产、负债和所有者权益项目进行适当分类、汇总、排列后编制而成的。（   ）

6. 我国企业的资产负债表采用多步式结构。（   ）

7. 企业对内会计报表一般包括反映企业收支情况的会计报表和反映企业成本、费用情况的会计报表。（   ）

8. 按照编制主体不同，会计报表分为对外会计报表和对内会计报表。（   ）

9. 年度会计报表亦称年报，是用以总括反映企业年终财务状况和全年经营成果情况的会计报表，主要包括资产负债表、利润表、现金流量表和所有者权益变动表。（   ）

10. 会计报表必须按照国家规定的报表种类和内容填报，不得漏填漏报。每份会计报表应填列的内容，无论是表内项目还是报表附注资料，都应一一填列齐全。（   ）

四、简答题

1. 什么是会计报表？为什么要编制会计报表？

2. 编制会计报表有哪些要求？

3. 简述会计报表的种类。

4. 什么是资产负债表？简述资产负债表的结构、内容和编制方法。

5. 什么是利润表？简述利润表的结构、内容和编制方法。

五、实务题

1. 【目的】掌握资产负债表的编制方法。

【资料】南方股份有限公司20××年12月月底有关账户余额资料如表8-7所示。

【要求】根据资料编制南方股份有限公司的资产负债表。

表8-7 南方股份有限公司20××年12月月底的有关账户余额

账户名称	借方余额/元	贷方余额/元
库存现金	2 000	
银行存款	811 445	
其他货币资金	7 300	
应收账款	600 000	
坏账准备		1 800
预付账款	100 000	
其他应收款	5 000	
在途物资	275 000	
原材料	45 000	
周转材料	38 050	
库存商品	2 212 400	
材料成本差异	4 250	
长期股权投资	250 000	
固定资产	2 401 000	
累计折旧		170 000
在建工程	674 000	
无形资产	540 000	
长期待摊费用	200 000	
短期借款		50 000
应付票据		100 000
应付账款		953 800
其他应付款		88 815.85

续表

账户名称	借方余额/元	贷方余额/元
应付职工薪酬——工资		100 000
应付职工薪酬——职工福利费		80 000
应交税费		105 344
长期借款		1 160 000
股本		5 000 000
盈余公积		135 685.15
利润分配——未分配利润		220 000
合计	8 165 445	8 165 445

2. 【目的】掌握利润表的编制。

【资料】大华电子股份有限公司20××年有关损益类账户的累计发生额如表8-8所示。假设所得税税率是25%，企业当期无纳税调整事项。

【要求】根据资料编制大华电子股份有限公司的利润表。

表8-8　大华电子股份有限公司20××年有关损益类账户的发生额

账户名称	借方发生额/元	贷方发生额/元
主营业务收入		150 000
其他业务收入		20 000
投资收益		50 000
营业外收入		2 000
主营业务成本	80 000	
税金及附加	15 000	
其他业务成本	10 000	
销售费用	4 000	
管理费用	5 000	
财务费用	2 000	
营业外支出	1 000	

会计核算组织程序

◆掌握会计核算组织程序的含义，了解会计核算组织程序的意义、设计要求及种类。

◆掌握记账凭证核算组织程序、科目汇总表核算组织程序和汇总记账凭证核算组织程序的基本内容。

◆记账凭证核算组织程序的账簿组织、记账程序和记账方法。

◆各种会计核算组织程序的区别及各自的优缺点、适用范围。

◆科目汇总表和汇总记账凭证的编制方法。

第一节 会计核算组织程序概述

一、会计核算组织程序的含义

为了系统地核算和监督会计主体的经济活动，会计自身有着一套完整的、专门的会计核算方法。

经济业务发生后，应通过填制凭证得到最初的会计核算资料，然后对其进行整理、归类和汇总，在账簿中形成比较系统的核算资料，最后将这些账簿中的日常核算资料按照一定的指标体系进行进一步的加工整理，以会计报表的形式提供综合的会计信息。

为了整个会计处理过程的顺利进行，需要根据经济业务的具体内容设计会计凭证、账簿、报表的种类和格式，并确定它们之间的相互关系以及专门的核算方法，这就是会计核算组织程序，也称账务处理程序或会计核算形式。会计核算组织程序基本构成如图9-1所示。

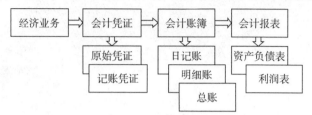

图9-1　会计核算组织程序基本构成

具体来讲，会计核算组织程序就是指账簿组织、记账程序和记账方法相互结合的方式。账簿组织是指会计凭证、账簿和报表的种类、格式以及它们之间的相互关系；记账程序是指从填制凭证开始，到登记账簿、编制报表为止的一系列具体步骤；记账方法是指填制凭证、登记账簿、编制报表过程中所采用的各种专门核算方法。不同的账簿组织、记账程序和记账方法科学地结合在一起，就形成了不同的会计核算组织程序。

二、会计核算组织程序的意义

1. 有利于会计工作的规范化

会计核算组织程序明确了会计凭证等会计资料的内容以及具体的账务处理流程，有利于会计分工协作、明确责任、加强岗位责任制，使会计工作有序、规范地进行。

2. 有利于会计信息质量的提高

会计核算组织程序合理地确定了会计凭证、会计账簿和会计报表之间的相互对应关系，形成了一套严密的会计信息处理体系，从而保证了会计信息的客观性、相关性和及时性。

3. 有利于会计工作效率的提高

科学合理的会计核算组织程序，使选用的会计凭证、会计账簿和会计报表种类适当、格式适用、数量适中，而且可以减少不必要的会计核算环节，提高会计工作效率。

三、会计核算组织程序的设计要求

1. 符合实际

不同的会计主体，其经济活动特点、规模大小、业务繁简各有不同，会计机构设置和会计人员配备也不尽相同，所以各单位必须从实际出发，根据经济管理的需要设计相应的会计核算组织程序。

2. 保证质量

设计会计核算组织程序，要保证能够准确、全面、系统、及时地反映单位的经济活动情况，提供有用的会计信息，以满足单位内部及外部各会计信息使用者的需要。

3. 节约成本

设计会计核算组织程序，在保证会计信息质量和效率的前提下，应尽可能地简化会计核算手续，节省核算时间，降低核算成本。

四、会计核算组织程序的种类

会计核算组织程序按照会计凭证、会计账簿的不同组合以及记账程序的不同，可以分为不同的种类。目前我国会计工作中采用的主要有三种类型：记账凭证核算组织程序、科目汇总表核算组织程序、汇总记账凭证核算组织程序。这几种会计核算组织程序的主要区别在于登记总分类账的依据和方法不同。各单位可以根据经济业务的特点，选择适合本单位实际情况的会计核算组织程序。

第二节　记账凭证核算组织程序

记账凭证核算组织程序是根据原始凭证或原始凭证汇总表编制记账凭证，然后根据记账凭证逐笔登记总分类账，并定期编制会计报表的一种会计核算组织程序。由于总分类账是直接根据记账凭证逐笔登记的，所以这种会计核算组织程序就称为记账凭证核算组织程序。

一、记账凭证核算组织程序的基本内容

1. 账簿组织

（1）会计凭证设置。

记账凭证可以采用专用凭证，分别设置收款凭证、付款凭证和转账凭证来分别记录企业经营过程中的收款业务、付款业务和转账业务，也可以采用通用凭证来记录各类经济业务。

（2）会计账簿设置。

会计账簿一般应设置日记账、总分类账和明细分类账。

日记账主要设置库存现金日记账和银行存款日记账，格式上一般采用三栏式；总分类账按照总账科目设置，格式应采用三栏式账页；明细分类账可以根据企业经营管理的需要设置具体明细科目，格式上采用三栏式、数量金额式、多栏式等。

（3）会计报表设置。

会计报表应设置资产负债表、利润表等。

2. 记账程序

记账凭证核算组织程序下，对经济业务进行账务处理的具体步骤如图9-2所示，可归纳如下。

（1）根据原始凭证或原始凭证汇总表，填制收款凭证、付款凭证或转账凭证。

（2）根据收款凭证和付款凭证，逐笔登记库存现金日记账或银行存款日记账。

（3）根据记账凭证和原始凭证或原始凭证汇总表，逐笔登记明细分类账。

（4）根据记账凭证逐笔登记总分类账。

（5）期末，将库存现金日记账、银行存款日记账和各明细分类账的余额与相关总分类账的账户余额进行核对。

（6）期末，根据总分类账和相关明细分类账的记录编制会计报表。

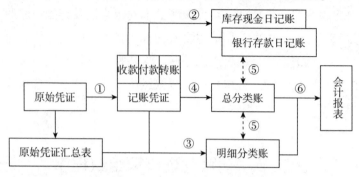

图 9-2　记账凭证核算组织程序

3. 记账方法

记账凭证核算组织程序中，记账方法是指从期初开设账户开始，经过日常经济业务处理，到期末编制报表为止这一过程中所采用的各种专门核算方法，如前面章节介绍的设置会计科目与账户、填制凭证、登记账簿、编制报表等。

二、记账凭证核算组织程序的特点

1. 主要特点

记账凭证核算组织程序的主要特点就是根据记账凭证直接登记总分类账。记账凭证核算组织程序是会计核算组织程序中最基本的一种核算形式，包括了各种会计核算组织程序的基本要素，其他各种会计核算组织程序都是在这种核算形式的基础上发展和演变而形成的。

2. 优点与缺点

记账凭证核算组织程序的优点有：①记账层次清楚，易于理解掌握；②账户对应关系清晰，便于账务核对；③总分类账户所反映的内容比较详细。

记账凭证核算组织程序的缺点有：①总账登记工作量较大，尤其在经济业务比较多的情况下；②不便于总账工作的分工；③总账预留账页不易确定。

3. 适用范围

记账凭证核算组织程序一般适用于经营规模较小、经济业务较少、会计凭证不多的单位。

三、记账凭证核算组织程序应用实例

华信公司20××年9月1日总账及有关明细账期初余额如表9-1所示。

表 9-1 华信公司总账及有关明细账期初余额

编制单位：华信公司　　　　　　　20××年9月1日　　　　　　　单位：元

账户名称	借方金额	账户名称	贷方金额
库存现金	1 000	应付账款——安阳公司	16 000
银行存款	85 000	应付职工薪酬——职工福利	2 000
原材料——A 材料	2 000（1 000 千克）	累计折旧	50 000
原材料——B 材料	10 000（2 000 千克）	实收资本	100 000
库存商品——甲产品	2 000（200 件）	盈余公积	30 000
固定资产	160 000	本年利润	62 000
合计	260 000	合计	260 000

1. 日常业务的账务处理

华信公司20××年9月发生的经济业务如下文各例所示。

【例9-1】 20××年9月2日，华信公司从大通公司购入 A 材料500 千克，单价2 元/千克，共计1 000 元；B 材料400 千克，单价5 元/千克，共计2 000 元；增值税税额为390 元。材料已验收入库，款项通过银行付讫。

该项业务的账务处理程序如下。

（1）根据原始凭证或原始凭证汇总表，填制付款凭证"付字第1号"，如表9-2 所示；并将相关原始凭证贴附在该凭证后面。

表 9-2 付款凭证（购入原材料）

贷方科目：银行存款　　　　　　　20××年9月2日　　　　　　　付字第1号

摘要	借方科目		金额								过账
	总账科目	明细科目	千	百	十	万	千	百	十	元	角	分	
购入材料	原材料	A 材料					1	0	0	0	0	0	
		B 材料					2	0	0	0	0	0	
	应交税费	应交增值税						3	9	0	0	0	
合计					¥	3	3	9	0	0	0	

（2）根据"付字第1号"凭证，登记银行存款日记账，如表9-3 所示。

（3）根据"付字第1号"凭证及所附原始凭证，分别登记"原材料——A 材料""原材料——B 材料""应交税费——应交增值税"明细分类账，分别如表9-4、表9-5、表9-6 所示。

（4）根据"付字第1号"凭证分别登记"原材料""应交税费""银行存款"总分类账，分别如表9-7、表9-8、表9-9 所示。

至此，该笔业务的日常账务处理基本结束。

表9-3　银行存款日记账（购入材料）　　　　　　　　　　　　　　单位：元

20××年		凭证		摘要	结算凭证		对方科目	收入	支出	结余
月	日	字	号		种类	号数				
9	1			期初余额						85 000
	2	付	1	购入材料	转支	152	原材料		3 390	81 610

表9-4　原材料明细分类账（A材料）

明细账户：A材料　　　　　　　　　　计量单位：千克　　　　　　　　　　金额单位：元

20××年		凭证		摘要	收入			发出			结存		
月	日	字	号		数量	单价	金额	数量	单价	金额	数量	单价	金额
9	1			期初余额							1 000	2	2 000
	2	付	1	购入材料	500	2	1 000				1 500	2	3 000

表9-5　原材料明细分类账（B材料）

明细账户：B材料　　　　　　　　　　计量单位：千克　　　　　　　　　　金额单位：元

20××年		凭证		摘要	收入			发出			结存		
月	日	字	号		数量	单价	金额	数量	单价	金额	数量	单价	金额
9	1			期初余额							2 000	5	10 000
	2	付	1	购入材料	400	5	2 000				2 400	5	12 000

表9-6　应交税费明细分类账（应交增值税）

明细账户：应交增值税　　　　　　　　　　　　　　　　　　　　　　　单位：元

20××年		凭证		摘要	借方			贷方			借或贷	余额
月	日	字	号		进项	已交税金	合计	销项	进项转出	合计		
9	2	付	1	购入材料	390		390				借	390

表9-7　总分类账（原材料）

会计科目：原材料　　　　　　　　　　　　　　　　　　　　　　第　页　　单位：元

20××年		凭证		摘要	借方	贷方	借或贷	余额
月	日	字	号					
9	1			期初余额			借	12 000
	2	付	1	购入材料	3 000		借	15 000

表9-8　总分类账（应交税费）

会计科目：应交税费　　　　　　　　　　　　　　　　　　　　　第　页　　单位：元

20××年		凭证		摘要	借方	贷方	借或贷	余额
月	日	字	号					
9	2	付	1	购入材料	390		借	390

表9-9　总分类账（银行存款）

会计科目：银行存款　　　　　　　　　　　　　　　　　　　　　第　页　　单位：元

20××年		凭证		摘要	借方	贷方	借或贷	余额
月	日	字	号					
9	1			期初余额			借	85 000
	2	付	1	购入材料		3 390	借	81 610

【例9-2】　20××9月3日，华信公司向鸿发超市购入行政部门办公用品一批，金额500元，货款未付。

该项业务的账务处理程序如下。

（1）根据有关原始凭证，填制转账凭证"转字第1号"，如表9-10所示；并将相关原始凭证贴附在该凭证后面。

表 9-10 转账凭证（购买办公用品）

20××年 9 月 3 日   转字第 1 号

摘要	总账科目	明细科目	借方金额							贷方金额							过账
			万	千	百	十	元	角	分	万	千	百	十	元	角	分	
购买用品	管理费用				5	0	0	0	0								
	应付账款	鸿发超市										5	0	0	0	0	
合计					¥	5	0	0	0	0		¥	5	0	0	0	0	

（2）根据"转字第 1 号"凭证，登记"应付账款——鸿发超市"明细分类账，如表 9-11 所示；

（3）根据"转字第 1 号"凭证分别登记"管理费用""应付账款"总分类账，如表 9-12、表 9-13 所示。

表 9-11 应付账款明细分类账

明细账户：鸿发超市   单位：元

20××年		凭证		摘要	借方	贷方	借或贷	余额
月	日	字	号					
9	3	转	1	购买办公用品		500	贷	500

表 9-12 总分类账（管理费用）

会计科目：管理费用   第　页　单位：元

20××年		凭证		摘要	借方	贷方	借或贷	余额
月	日	字	号					
9	3	转	1	购买办公用品	500		借	500

表 9-13　总分类账（应付账款）

会计科目：应付账款　　　　　　　　　　　　　　　　　　　　　　　第　页

20××年		凭证		摘要	借方	贷方	借或贷	余额
月	日	字	号					
9	1			期初余额			贷	16 000
	3	转	1	购买办公用品		500	贷	16 500

日常业务的账务处理方法相同，以下的业务给予简化处理，以会计分录代替。

【例 9-3】　20××年 9 月 5 日，华信公司向希望工程捐款 4 500 元，以银行存款支付。

账务处理方法为：填制付款凭证"付字第 2 号"，并编制如下会计分录。

借：营业外支出　　　　　　　　　　　　　　　　　　　　　　　4 500

　　贷：银行存款　　　　　　　　　　　　　　　　　　　　　　　4 500

【例 9-4】　计提本月管理部门固定资产折旧费 1 000 元。

账务处理方法为：填制转账凭证"转字第 2 号"，并编制如下会计分录。

借：管理费用　　　　　　　　　　　　　　　　　　　　　　　1 000

　　贷：累计折旧　　　　　　　　　　　　　　　　　　　　　　　1 000

【例 9-5】　20××年 9 月 15 日，从银行提取现金 18 000 元，备发工资。

账务处理方法为：填制付款凭证"付字第 3 号"，并编制如下会计分录。

借：库存现金　　　　　　　　　　　　　　　　　　　　　　　18 000

　　贷：银行存款　　　　　　　　　　　　　　　　　　　　　　　18 000

【例 9-6】　20××年 9 月，以现金 18 000 元发放本月生产工人工资。

账务处理方法为：填制转账凭证"付字第 4 号"，并编制如下会计分录。

借：应付职工薪酬——工资　　　　　　　　　　　　　　　　　18 000

　　贷：库存现金　　　　　　　　　　　　　　　　　　　　　　　18 000

【例 9-7】　20××年 9 月 17 日，本月生产甲产品耗用 A 材料 1 000 千克、B 材料 1 200 千克。

账务处理方法为：填制转账凭证"转字第 3 号"，并编制如下会计分录。

借：生产成本——甲产品　　　　　　　　　　　　　　　　　8 000

　　贷：原材料——A 材料　　　　　　　　　　　　　　　　　2 000

　　　　　　——B 材料　　　　　　　　　　　　　　　　　6 000

【例 9-8】　20××年 9 月，分配结转本月甲产品生产工人工资 18 000 元，并按 14% 计提职工福利费。

账务处理方法为：填制转账凭证"转字第 4 号"，并编制如下会计分录。

借：生产成本——甲产品　　　　　　　　　　　　　　　　　2 520

贷：应付职工薪酬——工资 18 000

——职工福利 2 520

【例9-9】 20××年9月完工甲产品2 852件，结转完工产品成本28 520元。

账务处理方法为：填制转账凭证"转字第5号"，并编制如下会计分录。

借：库存商品——甲产品 28 520

贷：生产成本——甲产品 28 520

【例9-10】 20××年9月21日，销售产品2 000件，单价20元/件，价款合计40 000元，增值税税额为5 200元，款项存入银行。

账务处理方法为：填制收款凭证"收字第1号"，并编制如下会计分录。

借：银行存款 45 200

贷：主营业务收入 40 000

应交税费——应交增值税（销项税额） 5 200

【例9-11】 结转已售甲产品成本20 000元。

账务处理方法为：填制转账凭证"转字第6号"，并编制如下会计分录。

借：主营业务成本 20 000

贷：库存商品——甲产品 20 000

【例9-12】 结转本月各项收入。

账务处理方法为：填制转账凭证"转字第7号"，并编制如下会计分录。

借：主营业务收入 40 000

贷：本年利润 40 000

【例9-13】 结转本月各项费用。

账务处理方法为：填制转账凭证"转字第8号"，并编制如下会计分录。

借：本年利润 26 000

贷：主营业务成本 20 000

管理费用 1 500

营业外支出 4 500

【例9-14】 按本月利润总额的25%计算所得税。

账务处理方法为：填制转账凭证"转字第9号"，并编制如下会计分录。

借：所得税费用 3 500

贷：应交税费——应交所得税 3 500

【例9-15】 结转本月所得税费用。

账务处理方法为：填制转账凭证"转字第10号"，并编制如下会计分录。

借：本年利润 3 500

贷：所得税费用 3 500

在日常业务全部结束后进行账项调整及损益结转，最后进行结账，将各个账户的发生额及余额结算出来。以银行存款日记账、原材料明细分类账、应付账款明细分类账及其总分类账为例，如表9-14至表9-21所示，其他总分类账户以T型账户代替，如图9-3所示。

表9-14 银行存款日记账 单位：元

20××年		凭证		摘要	结算凭证		对方科目	收入	支出	结余
月	日	字	号		种类	号数				
9	1			期初余额						85 000
	2	付	1	购入材料	转支	152	原材料		3 390	81 610
	5	付	2	捐款支出	转支	153	营业外支出		4 500	77 110
	15	付	3	提取现金	现支	067	库存现金		18 000	59 110
	21	收	1	销售产品	进账单	204	主营业务收入	45 200		104 310
	30			本月合计				45 200	25 890	104 310

表9-15 原材料明细分类账（A材料）

明细账户：A材料 计量单位：千克 金额单位：元

20××年		凭证		摘要	收入			发出			结存		
月	日	字	号		数量	单价	金额	数量	单价	金额	数量	单价	金额
9	1			期初余额							1000	2	2 000
	2	付	1	购入材料	500	2	1 000				1500	2	3 000
	17	转	3	生产领用				1000	2	2 000	500	2	1 000
	30			本月合计	500	2	1 000	1000	2	2 000	500	2	1 000

表9-16 原材料明细分类账（B材料）

明细账户：B材料 计量单位：千克 金额单位：元

20××年		凭证		摘要	收入			发出			结存		
月	日	字	号		数量	单价	金额	数量	单价	金额	数量	单价	金额
9	1			期初余额							2 000	5	10 000
	2	付	1	购入材料	400	5	2 000				2 400	5	12 000
	17	转	3	生产领用				1 200	5	6 000	1 200	5	6 000
	30			本月合计	400	5	2 000	1 200	5	6 000	1 200	5	6 000

表9-17 应付账款明细分类账（安阳公司）

明细账户：安阳公司 单位：元

20××年		凭证		摘要	借方	贷方	借或贷	余额
月	日	字	号					
9	1			期初余额			贷	16 000
	30			本月合计			贷	16 000

表9-18　应付账款明细分类账（鸿发超市）

明细账户：鸿发超市　　　　　　　　　　　　　　　　　　　　　　　　　　　　　　单位：元

20××年		凭证		摘要	借方	贷方	借或贷	余额
月	日	字	号					
9	3	转	1	购买办公用品		500	贷	500
	30			本月合计		500	贷	500

表9-19　总分类账（银行存款）

会计科目：银行存款　　　　　　　　　　　　　　　　　　　　　　　　　　第　页　单位：元

20××年		凭证		摘要	借方	贷方	借或贷	余额
月	日	字	号					
9	1			期初余额			借	85 000
	2	付	1	购入材料		3 390	借	81 610
	5	付	2	捐款支出		4 500	借	77 110
	15	付	3	提取现金		18 000	借	59 110
	21	收	1	销售产品	45 200		借	104 310
	30			本月合计	45 200	25 890	借	104 310

表9-20　总分类账（原材料）

会计科目：原材料　　　　　　　　　　　　　　　　　　　　　　　　　　　第　页　单位：元

20××年		凭证		摘要	借方	贷方	借或贷	余额
月	日	字	号					
9	1			期初余额			借	12 000
	2	付	1	购入材料	3 000		借	15 000
	17	转	3	生产领用材料		8 000	借	7 000
	30			本月合计	3 000	8 000	借	7 000

表9-21　总分类账（应付账款）

会计科目：应付账款　　　　　　　　　　　　　　　　　　　　　　　　　　第　页　单位：元

20××年		凭证		摘要	借方	贷方	借或贷	余额
月	日	字	号					
9	1			期初余额			贷	16 000
	3	转	1	购买办公用品		500	贷	16 500
	30			本月合计		500	贷	16 500

借方		库存现金	贷方	
初	1 100		(付4)	18 000
(付3)	18 000			
发	18 000		发	18 000
余	1 000			

(1)

借方		库存商品	贷方	
初	2 000		(转6)	20 000
(转5)	28 520			
发	28 520		发	20 000
余	10 520			

(2)

借方		固定资产	贷方	
初	16 000			
余	160 000			

(3)

借方		累计折旧	贷方	
			初	50 000
			(转2)	1 000
			发	1 000
			余	51 000

(4)

借方		生产成本	贷方	
(转3)	8 000		(转5)	28 520
(转4)	20 520			
发	28 520		发	28 520
余	0			

(5)

借方		应付职工薪酬	贷方	
(付4)	18 000		初	2 000
			(转4)	20 520
发	18 000		发	20 520
			余	4 520

(6)

图9-3　总分类账 T 型账户

借方		应交税费	贷方	
(付1)	390	(收1)		5 200
		(转9)		3 500
发	390	发		8 700
		余		8 310

(7)

借方		盈余公积	贷方	
		初		30 000
		余		30 000

(8)

借方		实收资本	贷方	
		初		10 000
		余		10 000

(9)

借方		本年利润	贷方	
(转8)	26 000	初		62 000
(转10)	3 500	(转7)		40 000
发	29 500	发		40 000
		余		72 500

(10)

借方		主营业务收入	贷方	
(转7)	40 000	(收1)		40 000
发	40 000	发		40 000

(11)

借方		主营业务成本	贷方	
(转6)	20 000	(转8)		20 000
发	20 000	发		20 000

(12)

图 9-3 总分类账 T 型账户（续）

借方	管理费用		贷方
（转1）	500	（转8）	1 500
（转2）	1 000		
发	1 500	发	1 500

（13）

借方	营业外支出		贷方
（付2）	4 500	（转8）	4 500
发	4 500	发	4 500

（14）

借方	所得税费用		贷方
（转9）	3 500	（转10）	3 500
发	3 500	发	3 500

（15）

图 9-3　总分类账 T 型账户（续）

2. 期末账务处理

（1）将库存现金日记账、银行存款日记账的余额分别与库存现金总账、银行存款总账的余额核对。

（2）编制明细账户本期发生额及余额表，将各明细分类账的余额与相关总分类账的账户余额进行核对。本例中只列示原材料和应付账款的相关明细账户，如表9-22、表9-23所示。

表 9-22　原材料明细账户本期发生额及余额表

20××年9月30日　　　　　　　　　　　　　　　　　　　单位：元

明细分类账户	计量单位	单价	期初余额		本期发生额				期末金额	
			数量	金额	收入		发出		数量	金额
					数量	金额	数量	金额		
A 材料	千克	2	1 000	2 000	500	1 000	1 000	2 000	500	1 000
B 材料	千克	5	2 000	10 000	400	2 000	1 200	6 000	1200	6 000
合计				12 000		3 000		8 000		7 000

表9-23 应付账款明细账户本期发生额及余额表

20××年9月30日   单位：元

明细分类账户名称	期初余额		本期发生额		期末余额	
	借方	贷方	借方	贷方	借方	贷方
安阳公司		16 000	0	0		16 000
鸿发超市		0	0	500		500
合计		16 000	0	500		16 500

（3）编制所有总分类账户的试算平衡表，如表9-24所示。

表9-24 所有总分类账户的试算平衡表

20××年9月30日   单位：元

账户名称	期初余额		本期发生额		期末余额	
	借方	贷方	借方	贷方	借方	贷方
库存现金	1 000		18 000	18 000	1 000	
银行存款	85 000		45 200	25 890	104 310	
原材料	12 000		3 000	8 000	7 000	
库存商品	2 000		28 520	20 000	10 520	
固定资产	160 000				160 000	
累计折旧		50 000		1 000		51 000
应付账款		16 000		500		16 500
应付职工薪酬		2 000	18 000	20 520		4 520
应交税费			390	8 700		8 310
生产成本			28 520	28 520		
实收资本		100 000				100 000
盈余公积		30 000				30 000
本年利润		62 000	29 500	40 000		72 500
主营业务收入			40 000	40 000		
主营业务成本			20 000	20 000		
管理费用			1 500	1 500		
营业外支出			4 500	4 500		
所得税费用			3 500	3 500		
合计	260 000	260 000	240 630	240 630	282 830	282 830

（4）核对基本无误后，根据总分类账和相关明细分类账的记录编制会计报表，本例中只编制资产负债表和利润表，如表9-25、表9-26所示。

表 9-25　华信公司 20××年资产负债表

编制单位：华信公司　　　　　　　　　　20××年 9 月 30 日　　　　　　　　　　单位：元

资产	期初数	期末数	负债及所有者权益	期初数	期末数
流动资产：			负债：		
货币资金	86 000	105 310	应付账款	16 000	16 500
存货	14 000	17 520	应付职工薪酬	2 000	4 520
流动资产合计	100 000	122 830	应交税费		8 310
			负债合计	18 000	29 330
非流动资产：			所有者权益：		
固定资产	110 000	109 000	实收资本	100 000	100 000
非流动资产合计	110 000	109 000	盈余公积	30 000	30 000
			未分配利润	62 000	72 500
			所有者权益合计	192 000	202 500
资产总计	210 000	231 830	负债及所有者权益总计	210 000	231 830

表 9-26　华信公司 20××年利润表

编制单位：华信公司　　　　　　　　　　20××年 9 月　　　　　　　　　　　　单位：元

项目	本期金额
一、营业收入	40 000
减：营业成本	20 000
税金及附加	
销售费用	
管理费用	1 500
财务费用	
二、营业利润（亏损以"-"号填列）	18 500
加：营业外收入	
减：营业外支出	4 500
三、利润总额（亏损总额以"-"号填列）	14 000
减：所得税费用	3 500
四、净利润（亏损以"-"号填列）	10 500

第三节　科目汇总表核算组织程序

科目汇总表核算组织程序是根据原始凭证或原始凭证汇总表编制记账凭证，然后根据记账凭证定期编制科目汇总表，并据以登记总分类账，定期编制会计报表的一种会计核算组织程序。

一、科目汇总表核算组织程序的基本内容

1. 账簿组织

科目汇总表核算组织程序下，会计凭证、会计账簿、会计报表的设置内容与记账凭证核算组织程序基本一致，只是在会计凭证中增设了科目汇总表。

科目汇总表是按一定时期全部记账凭证所涉及的会计科目进行归类，根据记账凭证定期汇总编制，列示相关总账科目的本期借方、贷方发生额合计数，并据以登记总分类账的一种汇总记账凭证。

科目汇总表的编制时间应根据企业经济业务量的多少来确定。业务量较多的单位可以每日汇总编制一次，业务量较少的单位可以每 5 天或每 10 天汇总一次；而编制张数取决于科目汇总表的格式，一般有如表 9-27、表 9-28 所示的两种格式。

表 9-27　科目汇总表（格式一）

年　月　日至　日　　　　　　　　　　　　　科汇字第　号

会计科目	总账页数	本期发生额		过账
		借方	贷方	
合计				

表 9-28　科目汇总表（格式二）

年　月　　　　　　　　　　　　　　　　　　科汇字第　号

会计科目	总账页数	1—10 日		11—20 日		21—31 日		合计	
		借方	贷方	借方	贷方	借方	贷方	借方	贷方
合计									

2. 记账程序

科目汇总表核算组织程序下，对经济业务进行账务处理的具体步骤如图 9-4 所示，可归纳如下。

（1）根据原始凭证或原始凭证汇总表，填制收款凭证、付款凭证或转账凭证。

（2）根据收款凭证和付款凭证，逐笔登记库存现金日记账或银行存款日记账。

（3）根据记账凭证和原始凭证或原始凭证汇总表，逐笔登记明细分类账。

（4）根据记账凭证定期汇总编制科目汇总表。

（5）根据科目汇总表登记总分类账。

（6）期末，将库存现金日记账、银行存款日记账和各明细分类账的余额与相关总分类账的账户余额进行核对。

（7）期末，根据总分类账和相关明细分类账的记录编制会计报表。

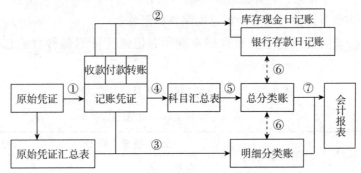

图 9-4　科目汇总表核算组织程序

3. 记账方法

科目汇总表核算组织程序下，业务处理过程中所采用的各种专门核算方法，如填制凭证、登记账簿、编制报表等，除了科目汇总表的编制方法不同外，其他与记账凭证核算组织程序基本相同，此处不再赘述。

二、科目汇总表核算组织程序的特点

1. 主要特点

科目汇总表核算组织程序的主要特点是，先定期将所有记账凭证汇总编制成科目汇总表，然后根据科目汇总表登记总分类账。科目汇总表核算组织程序是在记账凭证核算组织程序的基础上演变而来的，是目前较普遍使用的一种会计核算组织程序。

2. 优点与缺点

科目汇总表核算组织程序的优点有：①简化登记总账的工作量；②可以进行试算平衡，保证记账工作的准确性。

科目汇总表核算组织程序的缺点有：①不能清晰地反映账户之间的对应关系；②定期编制科目汇总表的工作量比较大。

3. 适用范围

科目汇总表核算组织程序适用性比较强，大、中、小型单位都可以使用，但应用最广泛的还是经营规模较大、经济业务较多的单位。

三、科目汇总表核算组织程序应用实例

本部分仍沿用上节实例进行相关账务处理，要求每月汇总一次，编制科目汇总表。

1. 日常业务的账务处理

（1）基本账务处理。

科目汇总表核算组织程序下，总分类账是定期编制科目汇总表后据以登记的，所以，日常业务的基本账务处理包括编制会计凭证、登记日记账以及登记明细分类账。这部分内容与记账凭证核算组织程序相同，具体处理参考上节内容。

（2）日常基本业务结束后，定期汇总编制科目汇总表。

上节实例中，华信公司应于月底根据本期所有记账凭证编制科目汇总表，如表9-29所示。

表9-29　华信公司20××年9月科目汇总表

20××年9月1日至30日　　　　　　　　　　　　　　科汇字第1号

会计科目	总账页数	本期发生额		过账
		借方	贷方	
库存现金		18 000	18 000	
银行存款		45 200	25 890	
原材料		3 000	8 000	
库存商品		28 520	20 000	
累计折旧			1 000	
应付账款			500	
应付职工薪酬		18 000	20 520	
应交税费		390	8 700	
生产成本		28 520	28 520	
本年利润		29 500	40 000	
主营业务收入		40 000	40 000	
主营业务成本		20 000	20 000	
管理费用		1 500	1 500	
营业外支出		4 500	4 500	
所得税费用		3 500	3 500	
合计		240 630	240 630	

具体编制步骤如下。

1）确定科目汇总表格式以及编制日期和编号。

2）汇总本期业务涉及的所有总分类账户，并填制在科目汇总表"会计科目"栏。

3）分别汇总各个总分类账户的借方发生额和贷方发生额，并填制在科目汇总表"本期发生额"栏；以"银行存款"账户为例，可以 T 型账户为工作底稿，如图 9-5 所示，根据收字第 1 号凭证（第 10 笔业务）计算借方发生额合计为 45 200 元，根据付字第 1、2、3 号凭证（第 1、3、5 笔业务）汇总计算贷方发生额合计为 25 890 元，然后分别填制在科目汇总表的"借方"和"贷方"栏。

4）所有账户发生额汇总登记后，把本期借方发生额合计和贷方发生额合计填制在"合计"栏中，并进行试算平衡，检查双方金额是否相等。

借方		银行存款	贷方	
（收1）	45 200		（付1）	3 390
			（付2）	4 500
			（付3）	18 000
发	45 200		发	25 890

图 9-5 银行存款总分类账 T 型账户工作底稿

（3）根据科目汇总表登记相关的总分类账，并在科目汇总表"过账"栏中登记，一般以"√"注明。

以银行存款总分类账为例，如表 9-30 所示。

其他账户登记方法相同，此处不再赘述。

表 9-30 总分类账（银行存款）

会计科目：银行存款　　　　　　　　　　　　　　　　　　　　　　第　页　单位：元

20××年		凭证		摘要	借方	贷方	借或贷	余额
月	日	字	号					
9	1			期初余额			借	85 000
	30	科汇	1	本期发生额	45 200	25 890	借	104 310
	30			本月合计	45 200	25 890	借	104 310

比较记账凭证核算组织程序和科目汇总表核算组织程序下的银行存款总分类账（见表 9-19、表 9-30），首先，可以看出根据科目汇总表登记的总分类账内容较少，即登记总账的工作量较少；其次，通过"凭证"栏的内容可以看出登记总分类账的依据不同。另外，通过"本月合计"栏，可以看出总分类账的本期借方、贷方发生额合计及期末余额是相同的。也就是说，在两种不同的核算组织程序下，账务处理的具体程序有所不同，但最终给出的会计信息是一致的。

2. 期末账务处理

科目汇总表核算组织程序下，期末的账务处理与记账凭证核算组织程序基本一致，相关表格见上节内容。

（1）将库存现金日记账、银行存款日记账的余额分别与库存现金总账、银行存款总账的余额核对。

（2）编制明细账户本期发生额及余额表，将各明细分类账的余额与相关总分类账的账户余额进行核对。

（3）核对基本无误后，根据总分类账和相关明细分类账的记录编制会计报表。

第四节　汇总记账凭证核算组织程序

汇总记账凭证核算组织程序是根据原始凭证或原始凭证汇总表编制记账凭证，然后根据记账凭证定期编制汇总记账凭证，并据以登记总分类账，定期编制会计报表的一种会计核算组织程序。

一、汇总记账凭证核算组织程序的基本内容

1. 账簿设置

汇总记账凭证核算组织程序下，会计凭证、会计账簿、会计报表的设置内容与记账凭证核算组织程序基本一致，只是在会计凭证中增设了汇总记账凭证。

汇总记账凭证是根据审核无误的记账凭证编制的。首先将一定时期的记账凭证按照会计科目逐一归类，然后对各会计科目的借方、贷方发生额进行加总，计算出该账户发生额合计，并据以编制汇总记账凭证。

汇总记账凭证可以根据具体业务的需要，确定编制时间，可以每1天、5天、10天或15天汇总一次，月末进行合计，据以登记总分类账。汇总记账凭证按照反映经济业务的性质不同，可分为汇总收款凭证、汇总付款凭证以及汇总转账凭证。

（1）汇总收款凭证的编制。

汇总收款凭证是按借方科目（即"库存现金"和"银行存款"两个科目）设置，再按与其相对应的贷方科目加以归类，定期汇总，按月编制。月末，结算出汇总收款凭证中各贷方科目的合计数及借方科目的合计数，据以登记相关科目的总分类账。汇总收款凭证的格式如表9-31所示。

表9-31 汇总收款凭证

借方科目：   年   月   汇收字第   号

贷方科目	金额				记账	
	1—10日收款凭证 第 号至第 号	11—20日收款凭证 第 号至第 号	21—31日收款凭证 第 号至第 号	合计	借方	贷方
合计						

汇总收款凭证中的内容可以看作一借多贷的会计分录，虽然是将多个记账凭证汇总在一起，但是其账户之间的对应关系仍然比较清晰。这也是汇总记账凭证的优点之一。

（2）汇总付款凭证的编制。

汇总付款凭证是按贷方科目（即"库存现金"和"银行存款"两个科目）设置，再按与其相对应的借方科目加以归类，定期汇总，按月编制。月末，结算出汇总付款凭证中各借方科目的合计数及贷方科目的合计数，据以登记相关科目的总分类账。汇总付款凭证的格式如表9-32所示。

表9-32 汇总付款凭证

贷方科目：   年   月   汇付字第   号

借方科目	金额				记账	
	1—10日付款凭证 第 号至第 号	11—20日付款凭证 第 号至第 号	21—31日付款凭证 第 号至第 号	合计	借方	贷方
合计						

（3）汇总转账凭证的编制。

汇总转账凭证是按转账凭证的贷方科目设置，按与其相对应的借方科目加以归类，定期汇总，按月编制。月末，结算出汇总转账凭证中各借方科目的合计数以及各贷方科目的合计数，据以登记相关科目的总分类账。汇总转账凭证的格式如表9-33所示。

表9-33 汇总转账凭证

贷方科目：　　　　　　　　　　　　　　　年　月　　　　　　　　　　汇转字第　号

借方科目	金额				记账	
	1—10日转账凭证 第　号至第　号	11—20日转账凭证 第　号至第　号	21—31日转账凭证 第　号至第　号	合计	借方	贷方
合计						

　　由于转账凭证的贷方科目不可能统一，编制的汇总转账凭证会比较分散，特别是转账业务较多时，编制的汇总转账凭证数量一般比较多，编制汇总转账凭证的工作量比较大，据以登记总分类账的工作也不会很轻松。所以，如果某个贷方科目的转账凭证数量不多，可以直接根据转账凭证登记总分类账。

　　另外，在采用汇总记账凭证核算组织程序时，还要注意会计分录的书写形式。由于汇总收款凭证是按借方科目设置、按贷方科目汇总的，所以会计分录宜采用一借一贷或一借多贷的形式，不宜采用一贷多借或多借多贷的形式，以免收款凭证在汇总过程中由于多次使用而产生汇总差错。相应地，汇总付款凭证和汇总转账凭证是按贷方科目设置的，所以会计分录宜采用一贷一借或一贷多借的形式。

　　2. 记账程序

　　汇总记账凭证核算组织程序下，对经济业务进行账务处理的具体步骤如图9-6所示，可归纳如下。

　　（1）根据原始凭证或原始凭证汇总表，填制收款凭证、付款凭证或转账凭证。

　　（2）根据收款凭证和付款凭证，逐笔登记库存现金日记账或银行存款日记账。

　　（3）根据记账凭证和原始凭证或原始凭证汇总表，逐笔登记明细分类账。

　　（4）根据收款凭证、付款凭证和转账凭证分别编制汇总收款凭证、汇总付款凭证以及汇总转账凭证。

　　（5）根据汇总收款凭证、汇总付款凭证以及汇总转账凭证登记总分类账。

　　（6）期末，将库存现金日记账、银行存款日记账和各明细分类账的余额与相关总分类账的账户余额进行核对。

　　（7）期末，根据总分类账和相关明细分类账的记录编制会计报表。

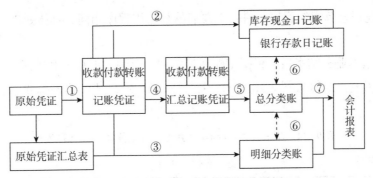

图9-6 汇总记账凭证核算组织程序

3. 记账方法

汇总记账凭证核算组织程序中的各种专门核算方法，与记账凭证核算组织程序基本一致，但特别要注意的是汇总收款凭证、汇总付款凭证、汇总转账凭证的编制方法，以及汇总记账凭证核算组织程序下总分类账的登记方法。

二、汇总记账凭证核算组织程序的特点

1. 主要特点

汇总记账凭证核算组织程序的主要特点是，先定期将所有记账凭证按收款、付款和转账凭证分别归类编制成汇总记账凭证，再根据汇总记账凭证登记总分类账。

2. 优点与缺点

汇总记账凭证核算组织程序的优点有：①可以简化登记总账的工作量；②汇总后仍能清晰地反映账户之间的对应关系。

汇总记账凭证核算组织程序的缺点有：①定期编制汇总记账凭证的工作量较大，特别是汇总转账凭证；②记账凭证的汇总不利于日常核算工作的合理分工。

3. 适用范围

汇总记账凭证核算组织程序一般适用于经营规模较大、经济业务较多的单位，特别是转账业务较少、收付款业务较多的单位。

三、汇总记账凭证核算组织程序应用实例

本节中仍沿用"第二节 记账凭证核算组织程序"中的应用实例进行相关账务处理，要求每月汇总一次，编制汇总记账凭证。

1. 日常业务的账务处理

（1）基本账务处理。

汇总记账凭证核算组织程序下，总分类账是定期编制汇总记账凭证后据以登记的，所以，日常业务的基本账务处理只包括编制会计凭证、登记日记账以及登记明细分类账。这部

分内容与记账凭证核算组织程序、科目汇总表核算组织程序相同，具体处理参考本章第二节内容。

（2）日常基本业务结束后，根据记账凭证定期汇总编制汇总记账凭证。

第二节实例中，华信公司采用月末一次汇总的方式，其中，汇总收款凭证如表9-34所示。

表9-34　华信公司20××年9月汇总收款凭证（银行存款）

借方科目：银行存款　　　　　　　　　　20××年9月　　　　　　　　　　汇收字第1号

贷方科目	金额	记账	
	1—30日收款凭证第1号	借方	贷方
主营业务收入	40 000		
应交税费	5 200		
合计	45 200		

具体编制步骤如下。

1）确定汇总记账凭证的格式以及编制日期和编号，以汇总收款凭证为例，其编号设为"汇收字第1号"。

2）汇总本期所有银行存款收款凭证，其借方科目均为银行存款，所以直接在"借方科目"栏填"银行存款"；再根据各个凭证中涉及的总分类账户名称，在"贷方科目"栏填写对应的账户名称，如在第二节中华信公司20××年9月仅有"收字第1号"凭证（第10笔业务），所以在"贷方科目"栏只填写"主营业务收入"和"应交税费"即可。

3）分别汇总各个贷方科目的贷方发生额，并填制在汇总记账凭证的"金额"栏中；如第二节中，华信公司应根据"收字第1号"凭证分别登记"主营业务收入"和"应交税费"的金额，即40 000元和5 200元。

4）各个贷方科目发生额汇总登记后，将所有科目的贷方发生额汇总合计填制在"合计"栏，这个金额同时也是借方发生额合计，即45 200元。

这样，汇收字第1号凭证基本编制完成。由于第二节华信公司经济业务中没有库存现金收款凭证，故不用编制。按照同样的方法，编制贷方科目分别为"库存现金"和"银行存款"的汇总付款凭证，分别如表9-35、表9-36所示。

表9-35　华信公司20××年9月汇总付款凭证（库存现金）

贷方科目：库存现金　　　　　　　　　　20××年9月　　　　　　　　　　汇付字第1号

借方科目	金额/元	记账	
	1—30日付款凭证第4号	借方	贷方
应付职工薪酬	18 000		
合计	18 000		

表9-36 华信公司20××年9月汇总付款凭证（银行存款）

表9-36 华信公司20××年9月汇总付款凭证（银行存款）

贷方科目：银行存款　　　　　　　　　　20××年9月　　　　　　　　汇付字第2号

借方科目	金额/元	记账	
	1—30日付款凭证第1号至第3号	借方	贷方
原材料	3 000		
应交税费	390		
营业外支出	4 500		
库存现金	18 000		
合计	25 890		

汇总转账凭证是按转账凭证的贷方科目设置的，而华信公司转账业务较多，而且贷方科目全不相同，编制的汇总转账凭证数量会比较多，所以，华信公司可以只编制汇总收款凭证和汇总付款凭证，不编制汇总转账凭证，直接根据转账凭证登记总分类账，具体内容见本章第二节。

（3）根据汇总记账凭证登记相关的总分类账，并在汇总记账凭证"记账"栏中登记。

以银行存款总分类账为例，如表9-37所示。其他账户登记方法相同，此处不再赘述。

表9-37 华信公司20××年9月总分类账（银行存款）

会计科目：银行存款　　　　　　　　　　　　　　　　　　第　页　单位：元

20××年		凭证		摘要	借方	贷方	借或贷	余额
月	日	字	号					
9	1			期初余额			借	85 000
9	30	汇收	1	本期收款	45 200		借	130 200
9	30	汇付	2	本期付款		25 890	借	104 310
9	30			本月合计	45 200	25 890	借	104 310

比较不同的核算组织程序下银行存款总分类账的登记内容（见表9-19、表9-30、表9-37）可以总结出，它们之间最主要的区别在于记总分类账的依据和方法不同。

2. 期末账务处理

汇总记账凭证核算组织程序下，期末的账务处理与其他核算组织程序基本一致，相关账表内容见本章第二节。

（1）将库存现金日记账、银行存款日记账的余额分别与库存现金总账、银行存款总账的余额核对。

（2）编制明细账户本期发生额及余额表，将各明细分类账的余额与相关总分类账的账户余额进行核对。

（3）核对基本无误后，根据总分类账和相关明细分类账的记录编制会计报表。

本章小结

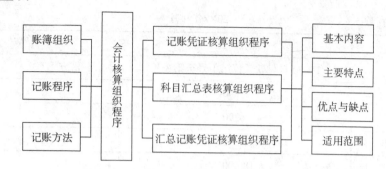

练习题

一、单项选择题

1. 在会计核算中填制和审核会计凭证、根据会计凭证登记账簿、根据账簿记录编制会计报表，这个过程的步骤以及三者的结合方式称为（　　）。

   A. 会计凭证传递　B. 会计账簿组织　　　C. 会计工作组织　　　D. 核算组织程序

2. 各种会计核算组织程序的主要区别是（　　）。

   A. 登记明细分类账的依据和方法不同　　B. 总账的格式不同

   C. 登记总分类账的依据和方法不同　　　D. 编制会计报表的依据

3. （　　）是最基本的会计核算组织程序，其他各种核算组织程序都是在此基础上发展形成的。

   A. 记账凭证核算组织程序　　　　　　　B. 科目汇总表核算组织程序

   C. 汇总记账凭证核算组织程序　　　　　D. 日记总账核算组织程序

4. 记账凭证核算组织程序一般适用于（　　）的企业。

   A. 规模较大、经济业务比较复杂　　　　B. 规模不大，但经济业务比较复杂

   C. 规模不大、经济业务比较简单　　　　D. 工业企业和商品流通业

5. 在科目汇总表核算组织程序下，总分类账的记账依据是（　　）。

   A. 原始凭证　　　　B. 记账凭证　　　　C. 科目汇总表　　　D. 汇总记账凭证

6. 科目汇总表的汇总范围是全部科目的（　　）。

   A. 借方余额　　　　B. 贷方余额　　　　C. 借、贷方发生额　D. 借、贷方余额

7. 科目汇总表核算组织程序适用于（　　）。

   A. 规模较小、业务较少的单位　　　　　B. 所有单位

   C. 规模较大、业务较多的单位　　　　　D. 工业企业

8. 科目汇总表核算组织程序与汇总记账凭证核算组织程序的共同优点是（　　）。

   A. 保持科目之间的对应关系　　　　　　B. 简化总分类账登记工作

   C. 进行了所有科目发生额的试算平衡　　D. 总括反映同类经济业务

9. 汇总记账凭证核算组织程序下，汇总转账凭证按科目（　　）进行设置。

A. 借方　　　　　　B. 贷方　　　　　　C. 增加方　　　　　　D. 减少方

10. 汇总记账凭证核算组织程序（　　）。

    A. 能够清楚地反映各个科目之间的对应关系

    B. 不能清楚地反映各个科目之间的对应关系

    C. 能够通过汇总记账凭证进行试算平衡

    D. 适用于规模较小、业务较少的单位

二、多项选择题

1. 一个好的核算组织程序应该满足的条件有（　　）。

    A. 与单位的经营特点相适应　　　　　　B. 能够及时、准确、完整地提供会计信息

    C. 可以简化核算程序，提高工作效率　　D. 有利于会计人员及部门间的分工协作

2. 在我国企业中，常用的会计核算组织程序有（　　）。

    A. 记账凭证核算组织程序　　　　　　B. 汇总记账凭证核算组织程序

    C. 科目汇总表核算组织程序　　　　　　D. 计算机核算组织程序

3. 能够减轻登记总分类账工作量的是（　　）。

    A. 记账凭证核算组织程序　　　　　　B. 汇总记账凭证核算组织程序

    C. 科目汇总表核算组织程序　　　　　　D. 日记总账核算组织程序

4. 在各种会计核算程序下，总分类账可以根据（　　）进行登记。

    A. 原始凭证　　B. 记账凭证　　　　C. 科目汇总表　　　　D. 汇总记账凭证

5. 适用于单位规模较大、业务量较多的核算组织程序是（　　）。

    A. 记账凭证核算组织程序　　　　　　B. 汇总记账凭证核算组织程序

    C. 科目汇总表核算组织程序　　　　　　D. 日记总账核算组织程序

6. 科目汇总表能够（　　）。

    A. 作为登记总账的依据　　　　　　B. 起到试算平衡的作用

    C. 反映各科目之间的对应关系　　　　D. 反映各科目的期末余额

7. 以记账凭证为依据，按有关账户的贷方设置，按借方账户归类的有（　　）。

    A. 汇总收款凭证　B. 汇总付款凭证　　C. 汇总转账凭证　　D. 科目汇总表

8. 汇总收款凭证的编制方法是（　　）。

    A. 按现金、银行存款科目的借方设置

    B. 按现金、银行存款科目的贷方设置

    C. 按与设置科目相对应的贷方科目进行归类、汇总

    D. 按与设置科目相对应的借方科目进行归类、汇总

9. 汇总记账凭证核算组织程序下，为了便于编制汇总转账凭证，转账凭证中的科目对应关系应为（　　）。

    A. 一借一贷　　B. 一借多贷　　　　C. 一贷多借　　　　D. 多借多贷

10. 汇总记账凭证核算组织程序的优点是（　　）。

A. 便于试算平衡   B. 便于了解账户之间的对应关系

C. 减轻了登记总分类账的工作量 D. 程序简单，适用于规模较小的单位

三、判断题

1. 由于各单位的业务性质、规模大小、管理要求不同，所以各单位采用的会计核算组织程序也各不相同。（ ）

2. 各种会计核算组织程序的主要区别是总分类账的格式不同。（ ）

3. 不论采用哪种会计核算组织程序，总分类账与明细分类账都应该平行登记。（ ）

4. 记账凭证核算组织程序是最基本的会计核算组织程序。（ ）

5. 采用科目汇总表核算组织程序，既可以减轻登记分类账的工作量，又可以做到试算平衡，还能够清晰地反映账户之间的对应关系。（ ）

6. 科目汇总表核算组织程序和汇总记账凭证核算组织程序的主要相同点是汇总的方法一致。（ ）

7. 汇总记账凭证核算组织程序适用于规模小且经济业务较少的单位。（ ）

8. 汇总记账凭证都是按照贷方科目设置的。（ ）

9. 汇总记账凭证核算组织程序要求企业必须编制专用记账凭证，即收款凭证、付款凭证、转账凭证。（ ）

10. 在汇总记账凭证核算组织程序下，若某一贷方科目的转账凭证数量不多，可以直接根据转账凭证登记总分类账。（ ）

四、名词解释

1. 会计核算组织程序 2. 记账凭证核算组织程序 3. 科目汇总表

4. 科目汇总表核算组织程序 5. 汇总记账凭证核算组织程序

五、简答题

1. 什么是会计核算组织程序？

2. 科学组织会计核算组织程序有何意义和要求？

3. 常用的会计核算组织程序有哪几种？

4. 记账凭证核算组织程序有什么特点？简述其基本内容。

5. 科目汇总表核算组织程序有什么特点？如何编制科目汇总表？

6. 汇总记账凭证核算组织程序有什么特点？如何编制汇总记账凭证？

7. 简要说明记账凭证核算组织程序、科目汇总表核算组织程序、汇总记账凭证核算组织程序的优缺点和适用范围。

8. 比较科目汇总表核算组织程序和汇总记账凭证核算组织程序的相同点和不同点。

六、实务题

1.【目的】练习记账凭证核算组织程序的账务处理。

【资料】鑫华工厂某年10月初账户余额及当月发生的经济业务资料如下。

（1）鑫华工厂9月30日的总分类账余额如表9-38所示。

表9-38　鑫华工厂总分类账余额（9月30日）

账户名称	借方余额/元	账户名称	贷方余额/元
库存现金	3 500	短期借款	170 000
银行存款	580 000	应付账款	100 000
应收账款	40 000	应付职工薪酬	30 000
其他应收款	1 100	应交税费	65 500
原材料	90 000	应付利息	20 000
库存商品	60 900	实收资本	1 000 000
固定资产	900 000	盈余公积	50 000
生产成本	10 000	本年利润	150 000
		累计折旧	100 000
合计	1 685 500	合计	1 685 500

其中，原材料明细分类账户余额如表9-39所示。

表9-39　原材料明细分类账户余额

明细账户名称	数量/千克	单价/(元·千克⁻¹)	金额/元
甲材料	6 000	10	60 000
乙材料	2 000	15	30 000
合计			90 000

库存商品明细分类账户余额如表9-40所示。

表9-40　库存商品明细分类账户余额

明细账户名称	数量/件	单位成本/(元·件⁻¹)	金额/元
A产品	150	406	60 900
B产品	0	0	0
合计			60 900

生产成本明细分类账户余额如表9-41所示。

表9-41　生产成本明细分类账户余额　　单位：元

明细账户名称	成本项目			金额
	直接材料	直接人工	制造费用	
A产品	10 000	0	0	10 000
B产品	0	0	0	0
合计	10 000	0	0	10 000

其他明细账户省略。

（2）鑫华工厂10月份发生下列经济业务。

1）1日，收回古德工厂所欠货款12 000元，已经存入银行。

2）2日，从上海明星厂购入甲材料500千克，每千克9.80元，共计4 900元；乙材料20千克，每千克15元，共计300元；增值税税额共676元。两种材料均未到达，材料款已从银行支付。

3）2日，采购员王红出差借支现金800元。

4）2日，以银行存款支付购入甲材料的装卸费、搬运费共100元。

5）3日，以银行存款偿还流动资金借款49 000元。

6）4日，甲、乙两种材料均已到达，验收入库。

7）4日，各部门领用材料如表9-42所示。

表9-42 各部门领用材料汇总

用途	甲材料		乙材料		合计/元
	数量/千克	金额/元	数量/千克	金额/元	
生产B产品	4 000	40 000	500	7 500	47 500
车间部门	1 000	10 000	80	1 200	11 200
管理部门			100	1 500	1 500
合计	5 000	50 000	680	10 200	60 200

8）5日，以银行存款支付第三季度未付的短期借款利息6 000元。

9）7日，以银行存款上缴税金3 000元。

10）8日，购买办公用品300元，以银行存款支付。

11）13日，计提本月份固定资产折旧6 680元，其中，车间负担5 180元，行政管理部门负担1 500元。

12）13日，接受投资者投入设备90 000元，设备投入使用。

13）15日，以银行存款偿还所欠红星工厂购料款58 500元。

14）23日，核算应由本月负担的短期借款利息1 500元。

15）23日，销售甲材料200千克，价款3 000元，增值税税额为390元，款项收到存入银行。

16）23日，结转上述所售材料成本2 000元。

17）24日，采购员王某出差回厂，报销差旅费共720元，收回多余现金80元。

18）25日，销售A产品70件，单价为600元/件，货款共42 000元，增值税税额为5 460元，款项已收存银行。

19）25日，开出现金支票从银行提取现金50 000元备发本月工资。

20）25日，以现金发放本月份工资，共计50 000元。

21）26日，销售给古德公司A产品80件，单价为600元/件，货款48 000元，增值税税额为6 240元，货款尚未收到。

22）29 日，以银行存款支付销售 A 产品的运杂费 300 元。

23）29 日，结算本月份应付职工工资 50 000 元，其中，生产 A 产品的工人工资为 20 000 元，生产 B 产品的工人工资为 10 000 元，车间技术人员和管理人员工资为 8 000 元，厂部行政管理人员工资为 12 000 元。

24）29 日，按照规定的工资总额 14% 提取职工福利费 7 000 元。其中，制造 A 产品的生产工人福利费 2 800 元，制造 B 产品的生产工人福利费 1 400 元，车间管理人员福利费 1 120 元，厂部管理人员福利费 1 680 元。

25）30 日，本月份共发生制造费用 25 500 元，按产品工人工资比例将其分配计入产品生产成本，其中，计入 A 产品 17 000 元，计入 B 产品 8 500 元。

26）30 日，A 产品 120 件全部完工并验收入库，结转实际生产成本 49 800 元。

27）31 日，结转销售成本，本月共售出 A 产品 150 件，成本共计 61 500 元。

28）31 日，将本月主营业务收入和其他业务收入结转到"本年利润"账户。

29）31 日，将本月主营业务成本、其他业务成本、管理费用、销售费用、财务费用结转到"本年利润"账户。

30）31 日，按所得税率 25% 计算本月应交所得税为 2 500 元，并将所得税费用结转到"本年利润"账户。

【要求】

（1）根据以上经济业务编制记账凭证，并按收款、付款、转账分类顺序编号。

（2）根据收款凭证、付款凭证逐日逐笔顺序登记库存现金日记账和银行存款日记账。

（3）根据原始凭证以及记账凭证登记明细分类账。

（4）根据记账凭证逐笔登记总分类账。

（5）根据明细分类账编制明细账户本期发生额及余额表，并与相关总分类账的账户余额进行核对。

（6）根据总分类账资料编制总分类账户发生额及余额试算平衡表。

（7）根据账簿资料编制资产负债表和利润表。

2.【目的】练习科目汇总表核算组织程序的账务处理

【资料】同实务题 1。

【要求】

（1）根据上题所编制的记账凭证编制科目汇总表。

（2）根据科目汇总表登记总分类账。

3.【目的】练习汇总记账凭证的编制

【资料】同实务题 1。

【要求】

（1）根据上题所编制的收款凭证编制汇总收款凭证。

（2）根据上题所编制的付款凭证编制汇总付款凭证。

（3）根据上题中贷方科目为"原材料"的转账凭证编制汇总转账凭证，其他省略。

参 考 文 献

［1］中华人民共和国财政部. 企业会计准则［M］. 北京：经济科学出版社，2019.

［2］中华人民共和国财政部. 企业会计准则应用指南［M］. 上海：立信会计出版社，2019.

［3］财政部会计资格评价中心. 初级会计实务［M］. 北京：经济科学出版社，2019.

［4］全国会计从业资格考试辅导用书编写组. 会计基础［M］. 成都：西南财经大学出版社，2016.

［5］张捷，刘英明. 基础会计［M］. 6版. 北京：中国人民大学出版社，2019.

［6］李海波，蒋瑛. 新编会计学原理［M］. 20版. 上海：立信会计出版社，2019.

［7］葛军. 会计学基础［M］. 3版. 北京：科学出版社，2012.